可以拆下使用

特別附錄

MAPPLE まっぷる 哈日情報誌

親子遊 九州

U0082414

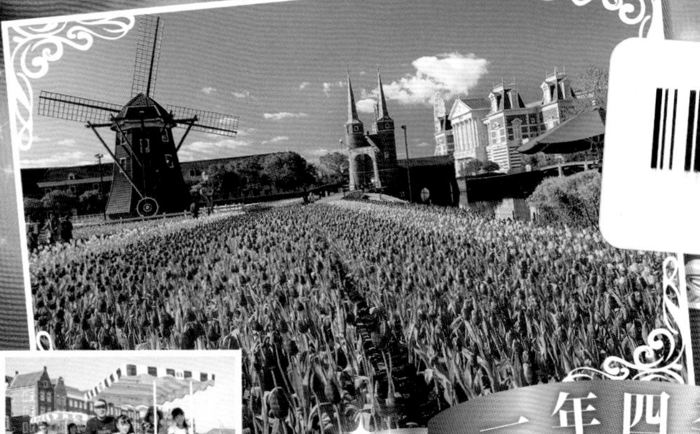

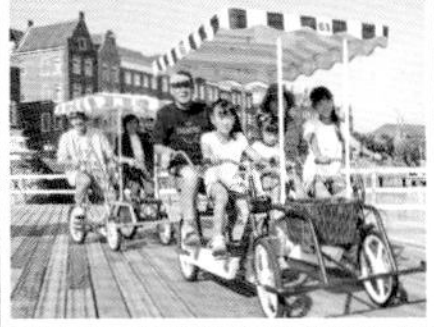

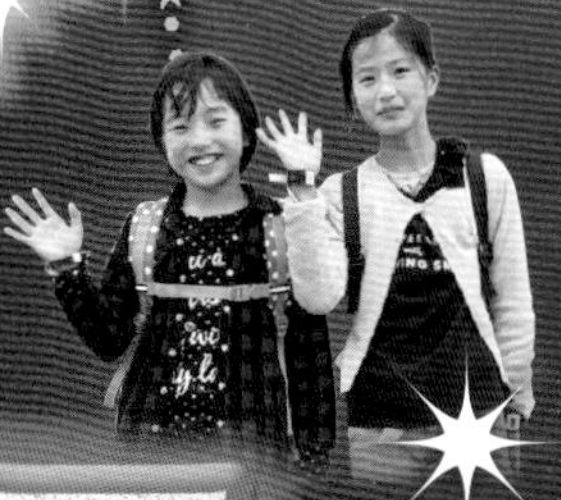

一年四季

當季活動&熱門景點彙整

豪斯登堡BOOK

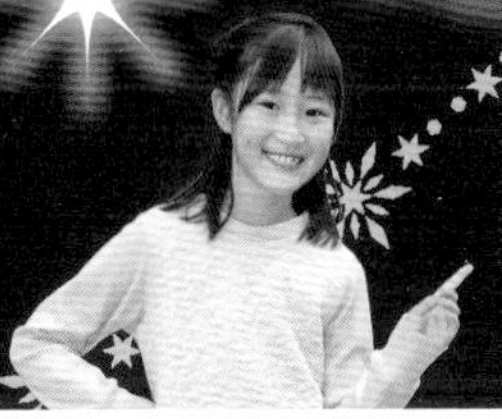

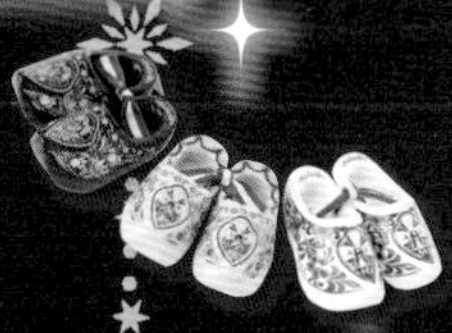

面向長崎縣大村灣的豪斯登堡，
是九州首屈一指的主題公園。
每年都會推出新的遊樂設施和精心設計的活動，
吸睛程度百分百。
重現中世紀歐洲街景、152萬m²的腹地內，
繽紛的四季花卉與霓彩燈飾也是一大亮點。

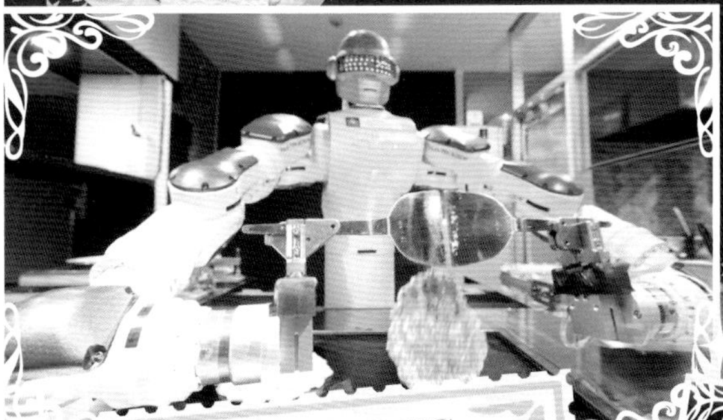

CONTENTS

豪斯登堡DATA

0570-064-110（綜合導覽Navi Dial）
9:00～21:00（最後入園，會有季節性變動）
休 無休　所 長崎県佐世保市ハウステンボス町1-1
JR大村線豪斯登堡站步行即到
P 1次800日圓（官方飯店住宿房客免費）
HP http://www.huistenbosch.co.jp/
※各遊樂設施、商店等的營業時間可能會有變動
書末地圖 13G

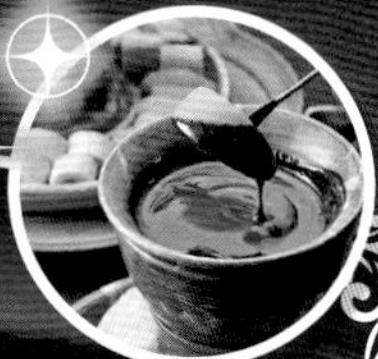

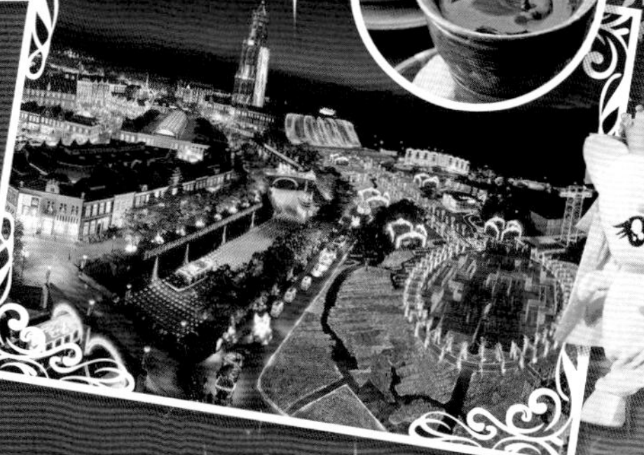

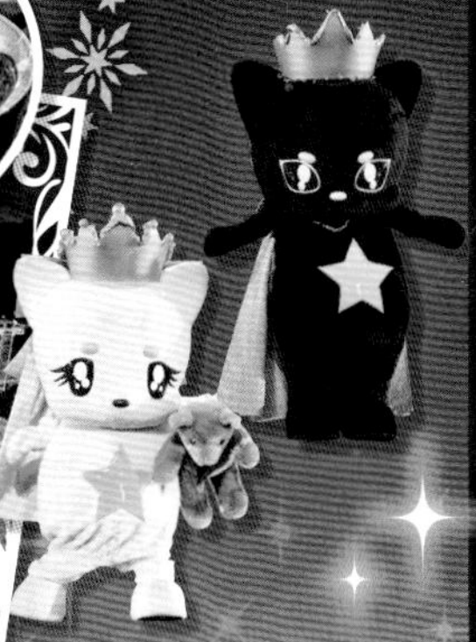

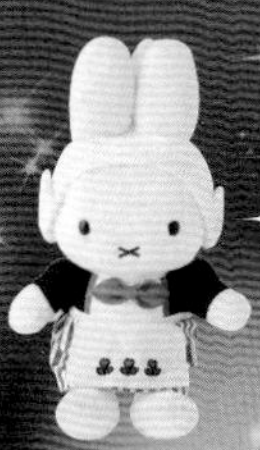

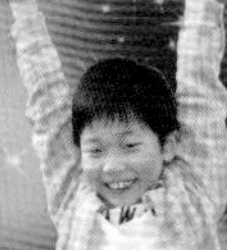

ハウステンボス／J-18300

豪斯登堡

出發之前
建議事先預習

完整

主題公園全區介紹

若想盡情暢遊相當於33個東京巨蛋大、面積廣達152萬m²的豪斯登堡，就得先掌握10大區域的地理位置及各自的特色。以下是行前實用資訊與豪斯登堡園區的導覽介紹。

海港碼頭
De Liefde號
大村灣
港口區
港口區→主題公園區
Ⅴ 阿姆斯特丹城
阿姆斯特丹大飯店
阿姆斯特丹廣場
中央諮詢中心
Ⅳ 顫慄城
離迎賓大門 約3750步 15分
港口大門
從港口區進入主題園區時必需持有豪斯登堡入園券。
Ⅲ 娛樂設施城
噴泉廣場
白色摩天輪
離迎賓大門 約2500步 10分
Ⅸ 藝術花園
離迎賓大門 約2500步 10分
Ⅱ 花卉道路
風車博物館
離迎賓大門 約1250步 5分
Ⅹ 冒險公園
Ⅰ 迎賓區
園內飯店手提行李寄放處
JR 豪斯登堡大倉飯店
入國諮詢中心
豪斯登堡日航大飯店
園外計程車乘車處
迎賓大門（入國）
離JR豪斯登堡站步行5分
豪斯登堡入國口（園外巴士乘車處）
奇特酒店
送客大門（出國）
第一停車場
飯店房客停車場
第二停車場
第四停車場
JR豪斯登堡站
大村線

知道賺到 入園前的HOW TO

門票種類一覽

豪斯登堡的門票可依目的、造訪時段等不同需求來選擇，大多數人會購買的票種為「1日通票」。若不玩遊樂設施也不進博物館參觀的遊客，可挑選以遊逛園區為目的的「閒遊券」；若傍晚以後才入園也有夜間優惠票。其他的門票資訊請上官網確認。

豪斯登堡的主要票券

票券種類	適用項目					費用 [年長者]需出示可確認年齡的身分證件			
	入園	通票對象設施	園區巴士	運河遊艇	MUSE HALL	成人（18歲以上）	（國中·高中生）	（4歲~小學生）	年長者（65歲以上）
1日通票	○	○	○	○	○	7000日圓	6000日圓	4600日圓	6500日圓
閒遊券	○		○			4500日圓	3500日圓	2200日圓	4500日圓

※2018年3月1日時的費用（有例外日）

WEB購票

當天不需排隊買票又能快速入園的秘訣，就是上官網購票。首先開啓官網頁面，依「HOME >> ご来場ガイド >> チケット料金 >> パスポート」的順序，選擇1DAYパスポート欄位的「WEBで購入」即可。依照指示完成購票手續後，只需下載至手機或列印出來當天帶著就OK了！

善用交通工具

園區內的移動方式，若事先已決定好路線和目的地，徒步前往也沒問題，但有小小孩或年長者同行的話則建議多加利用園內的交通工具。除了園區巴士、觀光計程車外，還有穿梭於全長6km運河上的遊艇、提供2人或4人共乘等各種車款的「飛馳」租借自行車也很推薦。

運河遊艇

持通票者免費，其餘600日圓

3小時1500日圓～

「飛馳」租借自行車

擁有6大王國的豪斯登堡

談到豪斯登堡時，常掛在嘴巴上的當屬光之王國、花卉王國、遊戲王國、音樂與表演王國、健康與美的王國、機器人王國等6大王國。以此6大主軸（6大王國）為關鍵字，提供1年365天豐富多變的活動與娛樂。

便利設施齊聚

Ⅰ 迎賓區

有入國諮詢中心和為園內飯店住宿客設計的手提行李寄放處等便利設施，還可以在迎賓大門附近見到Kirari和Kirara的身影。

園區入口的奈耶諾德城堡

荷蘭的田園風景

Ⅱ 花卉道路

有三座風車與整片綿延的花海，為豪斯登堡最具代表性的風景。春天能欣賞鬱金香、冬天有三色堇等，一年四季百花綻放。

春天的花卉道路

眾多備受矚目的遊樂設施

Ⅲ 娛樂設施城

搭載最新技術的體驗型遊樂設施相當充實，「VR-KING」、「奇妙餐廳」也都在此區。

奇妙餐廳的ROBOT料理長Andrew

世界規模最大的恐怖城

Ⅳ 顫慄城

從常見的鬼屋到最新型態的恐怖遊樂設施一應俱全，能挑戰各式各樣的恐怖體驗。晚上還會結合3D投影燈光秀，吸引不少遊客駐足。

燈光秀和3D光雕投影為夜晚增添了不少熱鬧氣氛

乘坐型娛樂設施VR-KING

豪斯登堡的中心街區

Ⅴ 阿姆斯特丹城

「Nijntje」的米飛兔布偶(M) 3300日圓

中央是舉辦各式活動的阿姆斯特丹廣場，周邊則林立著販售荷蘭民俗藝品和雜貨、九州特產品等的伴手禮店。

© Mercis bv

阿姆斯特丹廣場

海風徐徐的港口區

Ⅵ 港口城

港口城座落在豪斯登堡最深處的大村灣，有「遊戲博物館」和擁有美麗巴洛克式庭園的「豪斯登堡宮殿」。

緊鄰於大村灣的區域

森林湖泊環繞的療癒空間

Ⅶ 森林小別墅

以森林和湖泊環繞的木屋「森林小別墅」為中心，另外還有健康餐廳、SPA設施Healthcare Resort等療癒設施。

位居綠意蔥蘢的森林中

高塔聳立的餐廳街

Ⅷ 高塔城

地標塔樓「德姆特倫高塔」高105m。地下1樓到2樓為餐廳街，能吃到長崎什錦麵、檸檬牛排等各種美食。

從園內任何角落都能望見的地標塔樓

集花海、綠意、燈光秀於一體

Ⅸ 藝術花園

將歐洲庭園樣式以現代設計手法呈現的區域，晚上還會打上燈光。為冬天「光之王國」的主會場，建構出如夢似幻的世界。

初夏時節能欣賞到2000種、120萬株盛開的玫瑰

激發冒險的精神

Ⅹ 冒險公園

有以繩索、原木組成的空中大冒險「天空之城」及許多可活動全身的遊樂器材，也有多款適合小朋友的遊樂設施。

提供豐富多樣的戶外遊樂設施

大人小孩都能樂在其中 目前人氣最夯的

娛樂設施城 搭乘機器人展開對戰
兒童機器人館 ●こどもロボットかん

最大的噱頭就是能夠實際操縱的搭乘型機器人「Battle King」，以雷射槍攻擊敵人後計分判斷勝負。館內還設有販售小朋友喜愛的機器人商品的店舖以及機器人製作體驗區。

年齡限制「Battle King」小學生以下者建議與保護者同乘（合計體重100kg以下）
所需時間 自由（Battle King 2分鐘）
營業時間 9:00~21:00
Battle King 1次500日圓（兒童機器人館可免費入場）

機器人製作教室可以免費使用（材料包費用另計）

日本初登場！超級吸睛的 機器人遊樂設施

舞蹈動作流暢的「MANOI」

娛樂設施城

機器人的體驗型博物館 機器人館 ●ロボットのやかた

可以和機器人一起玩和聊天，藉由各式各樣的體驗學習新知的機器人體驗型博物館。其中又以擅長唱歌和跳舞的小型機器人表演的舞台秀，以及機器人操縱體驗區最受歡迎。

操作兩腳站立的機器人「KHR」挑戰走迷宮和踢足球

年齡限制 無
所需時間 自由
營業時間 9:00~21:00
需出示通票

※監修：機器人遊樂館 岡本正行

娛樂設施城 挑戰操縱無人機&Airwheel炫風車
Wonder Wheel

「Wonder Wheel」內提供支援乘載型移動機器人的Airwheel炫風車、遠端遙控無人機的操縱體驗。除了適合新手嘗鮮的無人機體驗項目，進階玩家還能參加可自由取景拍攝園區的空拍團。受理報名的時間與相關細節需洽詢。

Airwheel炫風車試乘體驗&講習（約30分鐘）1000日圓等，無人機飛行體驗（約30分鐘）1500日圓等

冒險公園 體驗日本最長的300m空中移動
Shooting Star ●シューティングスター

可從山丘上一路穿越森林、運河往下滑行的空中飛索遊樂設施，滑索道全長有300m。享受刺激與暢快感的同時，還能欣賞豪斯登堡的景色。禁止穿涼鞋、高跟涼鞋及裙子，天候不佳時會暫時關閉。

年齡限制 小學生以上，體重介於35~90kg（小學生需經保護者同意）
所需時間 20分鐘
營業時間 9:00~21:00
需出示通票（第2次以後500日圓）

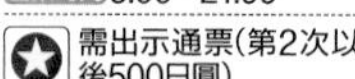

長褲和球鞋的租借費各500日圓

快速飛越運河上方一路向前滑行

遊樂設施

有許多運用最新技術的遊樂設施，大人小孩都可以一起同樂唷！

工作人員
中平先生

在豪斯登堡40多種遊樂設施中，精選出人氣度最高的幾款為大家做介紹。有當前最具話題性的機器人遊樂設施、利用最新技術的虛擬實境體驗遊戲等，不只小孩，連大人也玩得不亦樂乎。

操控左右手把就能移動，朝敵人方向按下發射鍵猛力攻擊吧！

令人興奮的最新虛擬實境體驗

BOSS
P1 75
P2 90
P3 50

配備HADO護目鏡和HADO火球發射器即可展開戰鬥的「Real Monster Battle」，揮動手腕就能發射出火球

Powered by HADO

Powered by HADO

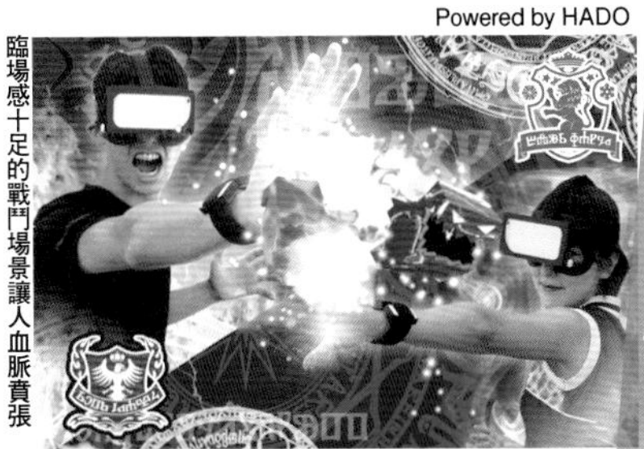
臨場感十足的戰鬥場景讓人血脈賁張

顫慄城 以不可思議的力量為武器與靈界幽靈共同戰鬥

召喚師之戰

サモナーバトル

運用擴增實境系統「HADO」的最新遊樂設施。以與現世相對的「靈界」為舞台，將徘徊於靈界的幽靈們召喚前來作戰。透過出拳攻擊的動作搭配如爆炸般的強大威力一舉打倒敵人吧。

年齡限制 13歲，8～13歲以下需經保護者同意（需戴面罩）
所需時間 10分鐘
營業時間 9:00～21:00
需出示通票

港口城 應用AR・VR系統的遊戲專門館

The Virtual

ザ・ヴァーチャル

備有使用最新AR（擴增實境）系統「HADO」的遊戲，以及必需透過頭戴式顯示器的3種VR（虛擬實境）遊樂設施。3D影像會與自己的動作連動，能感受彷彿穿越到遊戲世界中的奇妙體驗。

年齡限制 8歲以上，未滿13歲需經保護者同意（需戴面罩）
所需時間 10分鐘
營業時間 9:00～21:00
需出示通票（第2次以後300日圓）

「鳥獸樂園」、「Hashilus」等VR遊樂設施也很熱門

©BANDAI NAMCO Entertainment Inc.
開發：BANDAI NAMCO Entertainment Inc.

螢幕尺寸寬6.5m、縱深11.5m，一次可容納24個人一起玩

阿姆斯特丹城 釣起傳說中的大魚！

釣魚大冒險

つりアドベンチャー

在約520吋的巨大螢幕中，有60多種現實存在的魚類和傳說中的超巨大魚悠游其間。魚兒上鉤時釣竿狀的遊戲遙控器會出現震動，捲軸也變得沉重許多，手感相當真實。當幾乎覆蓋整個螢幕的傳說巨魚現身時，更是全場的目光焦點。

年齡限制 無
所需時間 自由
營業時間 9:00～21:00
需出示通票（第2次以後500日圓）

能一展身手盡情暢玩的戶外遊樂設施！

障礙物總共有37種，與同伴互相幫忙共同度過難關吧

挑戰前必需戴上安全帽和護具

冒險公園 日本最大規模的空中大冒險

天空之城

てんくうのしろ

由繩索、原木、輪胎等障礙物所組合而成的巨大體能訓練遊樂器材，得充分運用頭腦及雙手雙腳才能克服障礙物慢慢挺進。分成高3m與6m＆9m的兩條路線，玩的時候不可穿高跟涼鞋及裙子。天候不佳時會暫時關閉。

年齡限制 小學生以上，身高110cm以上（小學生需經保護者同意）
所需時間 30分鐘
營業時間 9:00～21:00
3m路線：需出示通票（第2次以後500日圓）
6m＆9m路線：持通票者1000日圓

顫慄城 360度全方位空間中的恐怖體驗

VR恐怖館

ブイアールホラーハウス

將曾經在受詛咒的管風琴館中被當成祭品的少女記憶，透過特殊裝置體驗整個過程。經由頭戴式顯示器和特效座椅所呈現的恐怖場景逼真程度超乎想像，驚悚的氛圍從四面八方席捲而來。

能否承受得住發生在少女身上的恐怖體驗呢？

年齡限制 4歲以上
所需時間 10分鐘
營業時間 9:00～21:00
需出示通票

讓小朋友玩到渾然忘我 適合兒童&嬰幼兒的遊樂設施

室內遊樂設施也相當豐富，不論天氣好壞都能玩得盡興！

工作人員 渡瀨小姐

以下是針對小小孩也能玩得開心、適合嬰幼兒&兒童的遊樂設施一覽，可恣意彈跳或滑行的遊樂器材、能發揮創造力和感性的遊樂區，都能讓全家人留下美好的回憶。

在球池玩到欲罷不能的小朋友們

充氣遊具設置在大型帳篷內所以下雨天也OK

坐上滑橇從全長約20m的斜坡一路往下，不只小孩連大人也玩得意猶未盡

冒險公園 蹦跳、翻滾歡樂無限 輕飄飄樂園

ふわふわランド

有動物、超跑等多款造型的軟軟充氣遊具。由於避震效果很好，不論蹦跳還是滑行都能大玩特玩。

年齡限制 視遊具而異，小學生以下需有保護者同行
所需時間 自由
營業時間 9:00～21:00
需出示通票（部分設施需收費）

小朋友最愛玩的泰山繩

冒險公園 有許多小朋友可以玩的遊樂設施 神奇的童話森林

メルヘンふしぎのもり

提供多款適合小朋友搭乘的設施。除了行駛於全長74m軌道上的原木造型小火車、落差4m的自由落體外，還備有超大尺寸的兒童車。

年齡限制 視遊具而異
所需時間 自由（視遊具而異）
營業時間 9:00～21:00
需出示通票（部分設施不需要），兒童車持通票者200日圓（第2次以後500日圓）

嘎搭嘎搭穿梭於林間的小火車

冒險公園 挑戰逃出成功率僅1%的任務 恐龍森林

きょうりゅうのもり

在解開恐龍相關謎題的同時，還得在30分鐘限制時間內走出森林的計時遊戲。透過專用平板掃描隱藏於森林中的QR碼，一步一步完成任務。提供免費租借鞋具的服務，天候不佳時可能關閉。

年齡限制 學齡前兒童需有保護者同行
所需時間 30分鐘
營業時間 9:00～21:00
需出示通票

姿態、表情都迫力十足的恐龍

全家人同心協力一起解開謎題吧

雨天時範例 OK 有條件下OK NG
費用範例 通票對象設施 通票優惠對象設施（收費） 通票對象外設施（收費） 現金

原本的2D平面恐龍在螢幕中搖身一變成了3D立體

MEDIAFRONT JAPAN

著色畫紙可免費索取，另有可切割做成紙雕的款式售價500日圓

娛樂設施城

手繪恐龍躍然螢幕中！

恐龍樂園

●きょうりゅうランド

塗上顏色後掃描一下，自己的畫作就會出現在螢幕上。立體的動態影像加上時而可愛滑稽的畫面，十分有趣。若站在附設的AR相機前，還能見到變身成恐龍的自己也在螢幕裡呢！

完成了～！

小朋友當然超愛，但就連大人也出乎意外地樂在其中！

塗呀塗畫呀畫

年齡限制 無
所需時間 自由
營業時間 9:00～21:00
需出示通票(第2次以後500日圓)

藝術花園

享受一趟11分鐘的空中之旅

白色摩天輪

●しろいかんらんしゃ

高達48m的純白摩天輪，旋轉一圈約需11分鐘。從車廂向外眺望，可將仿歐洲街景設計的豪斯登堡以及美麗海景都盡收眼底。夜間還會點上超過7萬顆的LED燈泡裝飾，能欣賞與白天各異其趣的風情。

晚上會綻放出七色彩虹光芒

年齡限制 無
所需時間 11分鐘
營業時間 9:15～22:00
持通票者600日圓，其餘700日圓

32個車廂內皆附空調，相當舒適

實用資訊

租借嬰兒車

有適合未滿3歲使用的三輪嬰兒車A型1000日圓，以及適合幼童的B型嬰兒車400日圓。由於不提供預約，建議最好盡早租借。

B型嬰兒車

施設名	場所	時間
租借自行車「飛馳」 ※港町店僅提供B型	迎賓區（入國店）、港口城（港町店）	9:00～19:30
中央諮詢中心 ※僅提供B型	阿姆斯特丹城	9:30～19:00
阿姆斯特丹大飯店 ※限園內飯店房客，僅提供B型	阿姆斯特丹城	全天
歐洲大飯店 ※限園內飯店房客，僅提供B型	港口城	全天

哺乳室

施設名	場所
入國諮詢中心	迎賓區
娛樂設施城哺乳室	娛樂設施城
恐龍樂園	娛樂設施城
中央諮詢中心	阿姆斯特丹城

可更換尿布的場所

園內有15處多功能廁所備有尿布墊，園內外共有18處女用廁所設有換尿布專用檯。多功能廁所男性也能入內使用，直接推嬰兒車進入也OK！

能買到紙尿褲的商店

施設名	場所
Vondel	娛樂設施城
Souvenir	阿姆斯特丹城
Sea Breeze	港口城

休息室・兒童活動室

施設名	場所
恐龍樂園	娛樂設施城
米菲兔專賣店	阿姆斯特丹城

走失聯絡卡

為防範小朋友走失，可至入國諮詢中心索取需填入姓名、年齡、緊急聯絡方式的「走失聯絡卡」。若萬一發生走失的狀況，請立即通知附近的工作人員。

※卡夾需歸還

風車在花圃中悠悠轉動著
田園風景
喀擦!
拍照建議
花田中設有小徑，能拍出身邊群花環繞的構圖取景。

2月上旬～4月中旬為鬱金香的賞花期

花卉道路

花卉道路

花田中風車迎風轉動的風景，是最值得推薦的拍照景點。從運河沿岸的三座風車可一窺荷蘭的世界遺產小孩堤防風車群，角落還有露天咖啡廳、重現乳酪農家風貌的乳酪專門店。

往來於運河上的運河遊艇

也可到花圃間的露天咖啡廳坐坐

與豪斯登堡的人氣明星同框

喀擦!

迎賓區

迎賓大門

相當於入國口(入園口)的迎賓大門會有豪斯登堡吉祥物Kirari和Kirara出來迎接大家，不妨一起合影留念吧。

光之王國的造型人偶，分別是光之王子Kirari與光之公主Kirara

讓人超想上傳社群網站的絕美景色

充滿回憶的照片

最佳拍照景點

每逢有活動就會出場的「鬱金香寶寶」

以下列出看了會忍不住猛按快門，又想立刻分享至社群網站的精選必拍景點。

與米飛兔一起
喀擦!
拍照建議
米飛兔登場的時間可事先從店門口的佈告欄或官網查詢。

大人小孩都愛不釋手的米飛兔

阿姆斯特丹城

「Nijntje」前

© Mercis bv

「Nijntje」是提供近1000項米飛兔相關商品的米飛兔專賣店。店門口每天都有好幾場「與米飛兔相見歡」的活動，是絕佳的拍照機會。

夜晚的霓彩燈光秀相當漂亮

港口城

豪斯登堡宮殿

「豪斯登堡宮殿」是在荷蘭王室的許可下，仿造前荷蘭女王碧翠絲所居住宮殿的外觀所打造。宮殿後方的巴洛克式庭園，則是18世紀原本要用於荷蘭宮殿的設計圖但後來沒有實現的「夢幻庭園」。

拍照建議

庭園內有神殿樣式的列柱、噴泉、雕刻、裝飾花壇等多處拍照景點。

營業時間 9:00～21:00

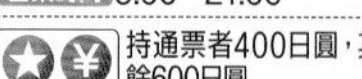
持通票者400日圓，其餘600日圓

費用範例 通票對象設施 通票優惠對象設施（收費） 通票對象外設施（收費） 現金

廣場上有設置露天座位的餐廳和咖啡廳，不妨在這兒享受片刻的優雅時光吧

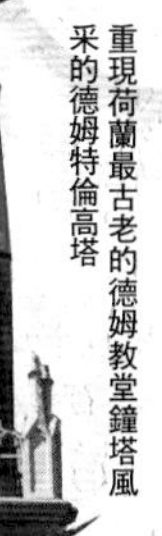

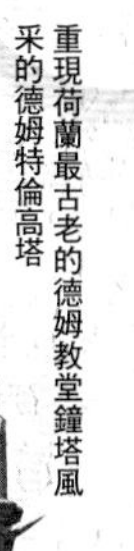

豪斯登堡官方導覽手冊『HUIS TEN BOSCH GUIDE MAP』中也有刊載活動資訊

拍照建議

若要拍攝活動畫面，請索取當天在入國口發放的活動指南或上官網「本日活動節目表」的頁面查詢。

瞄準熱鬧活動的精采瞬間 喀擦！

以阿姆斯特丹廣場為會場的季節活動「花與音樂廣場」

阿姆斯特丹城

阿姆斯特丹廣場

相當於豪斯登堡中央廣場般的存在，為舉辦音樂現場演奏、舞蹈表演等活動的會場，總是聚集許多遊客。周邊設有伴手禮店、咖啡廳，一年四季的花卉植栽也十分吸睛。

裝飾玻璃博物館的上方矗立著好幾座尖塔，花鐘前方也是相當推薦的拍照景點

重現荷蘭最古老的德姆教堂鐘塔風采的德姆特倫高塔

在高105m的地標塔樓前的 喀擦！

從德姆特倫高塔朝港口城方向走會有座橋，過橋後就是最佳的取景地點

高塔城

德姆特倫高塔

高達105m的豪斯登堡地標塔樓。於離地80m處設有觀景室，能以360度的視野飽覽整個豪斯登堡園區。

營業時間 9:30～22:00

須出示通票

拍照建議

由於塔樓很高，若要拍到全景就得稍微離遠一點，或是利用往下的階梯採低角度拍攝，以仰角方式取景就能讓整座高塔完美入鏡。

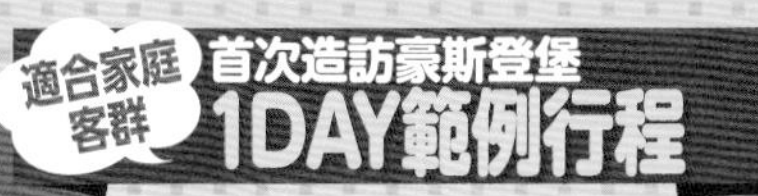

適合家庭客群 首次造訪豪斯登堡 1DAY範例行程

輕飄飄樂園

可在彈跳床和充氣遊具上翻滾、蹦跳♪

LINK➡ 附錄6

步行5分

恐龍森林

挑戰掃描QR碼解開謎題的計時遊戲

LINK➡ 附錄6

步行10分

兒童機器人館

實際操縱機器人對戰的「Battle King」很受歡迎

LINK➡ 附錄4

步行即到

奇妙餐廳

品嘗由機器人親手料理的什錦燒、甜甜圈等餐點

LINK➡ 附錄14

步行5分

召喚師之戰

運用AR系統「HADO」展開激烈對戰

LINK➡ 附錄5

步行10分

Nijntje

米飛兔商品的專賣店，Nijntje為「米飛兔」的荷蘭文名稱

LINK➡ 附錄8

© Mercis bv

步行10分

Café Deli Plus

來份賞心悅目又美味的甜點當下午茶吧

LINK➡ 附錄15

步行10分

白色摩天輪

從離地約48m的最高處能將豪斯登堡盡收眼底的摩天輪

LINK➡ 附錄7

日本第一璀璨迷人的感動體驗

光之王國 完全指南

耀眼絢麗的夜間點燈非看不可

來看看被評為日本第一的豪斯登堡夜景吧！
本頁介紹推薦的觀景地，
以及璀璨夜景中的遊樂設施、活動等。

「光之街」的矚目焦點

藝術花園

冬天 光之藝術花園・蔚藍海浪

白天繁花錦簇的藝術花園，晚上則化作一片藍色光海。波浪般的璀璨光景如夢似幻，走在步道上彷彿置身於大海中。

整片的藍光波浪海

推薦重點
從高66m的「光之瀑布」傾瀉而下的生動畫面

光之瀑布從後方的德姆特倫高塔流瀉而下

藝術花園

全年 光之動物園

藝術花園的一隅擺飾著以大象、紅鶴等動物為主題的造型燈。將藍光看作是大海，還能一窺海豚悠游的可愛模樣

推薦重點
邊欣賞繽紛絢麗的動物，還能邊享受浪漫的夜間漫步

夜光ZOO探險去

五顏六色的動物陸續映入眼簾

港口城

全年 光之交響樂

如寶石般閃耀動人的庭園

「豪斯登堡宮殿」內的巴洛克式庭園每晚都會舉辦霓彩燈光秀，集音樂、燈光、噴泉於一身的演出美輪美奐。燈光秀每隔30分鐘上演一次。

持通票者400日圓，其餘600日圓

推薦重點
古典音樂與燈光躍動搭配得天衣無縫，讓人感動莫名

幾何學圖案的庭園也燈光熠熠閃爍

連續4年獲選 日本第一的夜景

由4800位專業夜景鑑賞師為中心進行遴選，自2013年首屆大會以來，豪斯登堡已連續4年被評為全國燈光排名綜合娛樂部門第一，坐擁名符其實的「日本第一夜景」稱號。

光雕投影

每晚舉辦燈光饗宴

※放映時間依季節會有變動，放映中禁止使用鎂光燈拍照

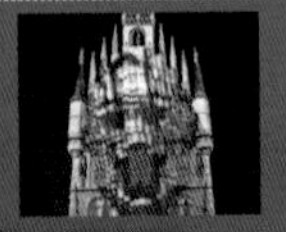

THE REVIVAL OF THE DRAGON
阿姆斯特丹城
會投影在阿姆斯特丹廣場花鐘前的裝飾玻璃博物館外牆上，巨龍飛舞盤旋、煙火綻放的畫面都栩栩如生。

Glimpse into the Future ～未來的時間旅行～
阿姆斯特丹城
投影在裝飾玻璃博物館後方的建築物上。以「未來的時間旅行」為主題，出現建物旋轉、機器人等變化多端的影像，讓人看得目不暇給。

TFM超級3D燈光秀
觀慄城
結合3D光雕投影與燈光秀的日本首創「投影燈光秀」，搭配音樂隨之變化萬千的光影猶如漫天飛舞般。

太鼓達人 ©BNEI
觀慄城
與遊戲「太鼓達人」共同合作的燈光秀。投影在河岸建築物上的畫面，會跟著玩家的演奏內容連動變化。當天受理報名登記，再抽籤決定玩家人選。

置身燈海中的體驗參加型活動

藝術花園

全年 光與噴泉之運河

結合噴泉與音樂的燈光秀表演。搭乘從迎賓區出發的運河遊艇，就能在船上欣賞演出。

遊覽七彩霓虹的運河

以藝術花園和阿姆斯特丹城間的運河區段為舞台

光與噴泉之運河遊艇
（運河巡洋艦）

營業時間 日落～營業結束前15分鐘出發(最後)

★¥ 持通票者400日圓，其餘800日圓

推薦重點
還有另外3款遊艇行程也很大推，比光與噴泉之運河遊艇更加高檔。

光與噴泉之咖啡遊艇

優雅享用咖啡&甜點

可在運河遊艇上品嘗蛋糕套餐，邊一路飽覽光之街與燈光秀的景致。僅於冬天營業，採事前預約制。

所需時間 25分鐘
營業時間 舉辦日期和時間需確認
¥ 2000日圓（附蛋糕套餐）

光之王國 運河遊艇環繞一周

緊跟在光之遊行的後面

航行於2016年10月新推出「光之遊行&光之運河水上秀」(請參照下方內容)後方的特別遊艇。僅於冬天營業，採事先預約制。

所需時間 25分鐘
營業時間 舉辦日期和時間需確認
¥ 1200日圓（附飲料）

遊行咖啡廳遊艇

一起參加光之遊行吧

穿梭在進行「光之遊行&光之運河水上秀」活動的遊艇之間，能感受猶如身處遊行隊伍中的氛圍。附蛋糕套餐，採事前預約制。

所需時間 40分鐘
營業時間 舉辦日期和時間需確認
¥ 2000日圓（附蛋糕套餐）

●問い合わせ：☎0956-27-0354（船舶運航課）

沐浴在璀璨燈光中
暢玩人氣遊樂設施

全年 Rink Fantasia

採用溜冰鞋滑行時光影也會隨之變化的「互動式投影」技術，只要一移動地面的光影就出現變化，感覺就像是跟光影一起玩遊戲般。

推薦重點
牆面上的光雕投影也很精采

與光影來場追逐遊戲

場地並非真的冰塊，因此一整年都能開心溜冰

年齡限制 小學生以上，鞋子尺寸22cm以上
所需時間 20分鐘
營業時間 9:00～22:00
★ 須出示通票(第2次以後500日圓)

雨天時範例 ■OK ■有條件下OK ■NG

費用範例 ★通票對象設施 ★通票優惠對象設施（收費） ★通票對象外設施（收費） ¥現金

一年間各式各樣的活動

豪斯登堡一年四季皆有琳瑯滿目的活動，以下精選出其中最具人氣&最值得推薦的活動為大家做介紹。

全日本最多的700個品種 依序含苞綻放

漫步在五彩繽紛群花簇擁的園區！

花之王國

期間限定伴手禮

鬱金香熊各2000日圓
裝在鬱金香造型的小提袋內，可隨身帶著走。設計款式每年都不一樣

由夜景觀光推進協議會代表理事丸丸元雄擔任策劃的新形態奇幻燈光秀，運用OLED技術打造的5000株鬱金香會隨著音樂的節奏閃閃發光。

2月10日～4月15日

一百萬株的大鬱金香節

鬱金香節是豪斯登堡的代表性花卉活動，花田中風車悠悠轉動的「花卉道路」亦為豪斯登堡的象徵性風景。園內處處可見盛開的鬱金香，品種數量位居日本之冠。

2月10日～4月15日	4月19日～5月6日	5月12日～6月3日	6月2日～7月1日
鬱金香節	豪斯登堡花卉日本盃	2000種 120萬株 玫瑰節	繡球花節

9月下旬

九州第一煙火大會

總共施放22000發的煙火大會，為豪斯登堡規模最大的煙火盛宴。同場還有世界煙火師競技大會的決勝戰，由淘汰制過關斬將的海外代表與日本代表最後決一勝負。

會同時舉行世界煙火師競技會的決勝戰

CHECK
煙火大會的頭等席
若想好好欣賞煙火表演建議可選擇特別觀覽席，備有附便當、優惠等多種票券。
搭乘「De Haar號」從海上眺望煙火也廣受好評。

西日本最大規模的「九州第一煙火大會」，以搭配音樂的方式呈現煙火秀

12月31日 在日本最盛大的煙火中跨年

跨年倒數

於除夕夜當晚取代除夜之鐘所施放的煙火秀，規模為全日本之最。最後會以日本最大級的連續發射煙火Star Mine作為結尾。

美麗花容與華麗香氣令人身心舒暢

花卉道路
依紅、粉紅、黃等各種顏色排列的鬱金香花田。活動期間中，無論何時造訪都能看到滿開的盛況

5月12日～6月3日
2000種 120萬株 玫瑰節

園內各處有近2000個品種、120萬株的玫瑰花綻放。藝術花園內的「大型玫瑰庭園」美輪美奐，甚至被世界性的玫瑰權威Alain Meilland讚譽為「奇蹟般的場所」。

期間限定甜點
玫瑰甜點
園內的餐廳、咖啡廳會推出以玫瑰為主題的餐點，一次享受視覺和味覺的雙重饗宴。

吸睛焦點 
大型玫瑰庭園
共有12座別具匠心的庭園，能欣賞以人氣品種玫瑰打造而成的迷宮「Labyrinth」、拱廊等造景。同時也是玫瑰節的主要會場

玫瑰運河
活動期間從藝術花園到高塔城全長1km的運河兩岸，放眼望去盡是絢麗綻放的玫瑰花

以各個季節的盛開花卉為主角的花之王國，與「光之王國」同列為豪斯登堡的熱門活動。尤其春天的「鬱金香節」與初夏的「玫瑰節」，每年都盛大空前。

6月23日～7月16日 百合節	10月上旬～11月上旬 花之世界大會	11月上旬～中旬 秋季玫瑰節	12月上旬～2月下旬 大蝴蝶蘭展

7月1日～9月9日
水之王國

日本最大規模、佔地約5000m²的「海上遊樂公園」就座落在港口城的濱水區。有滑水道、蹺蹺板等50多種遊樂設施飄浮在海面上，從10歲以上的小朋友到大人都能樂在其中。

藝術花園內有全長約180m的滑水道，以及小小孩也能利用的「水之王國大型游泳池」

可自備水槍來玩的「潑水節」

CHECK
發光夜間泳池
「水之王國大型游泳池」一到夜晚就變身成為「發光泳池」，水面上浮著發光游泳圈、發光球，營造出一股夢幻般的氛圍。
※部分泳池限18歲以上

9月中旬～10月底
萬聖節

豪斯登堡的萬聖節活動規模一年比一年盛大，有「萬聖節變裝大賽」、音樂演出等。期間中只要全身變裝入園，就能以優惠價格購買通票票券。

變裝不僅好玩還能享優惠！

每年園內都會出現與萬聖節有關的巨大裝飾

可隨心所欲精心裝扮在園內遊行

趕走所有夏日暑氣 大人小孩都玩到欲罷不能

漂浮著50多個遊樂設施的「海上遊樂公園」，需穿上救生衣才能玩

爸比媽咪和小孩都大大滿足！

全家一起同樂 美食&甜點

娛樂設施城

200年後的餐廳 連廚師、服務生都是機器人!?

奇妙餐廳

●へんなレストラン ロボット

世界首創、前所未有的高科技自助百匯餐廳，料理長、酒保、服務生、接待員等主要員工全都是機器人。吧檯上擺有什錦燒、甜甜圈之類的機器人手作料理，也提供另外付費的雞尾酒和軟性飲料。與機器人交談或觀看機器人之間的對話互動也很有樂趣。費用請上豪斯登堡官網確認。

營業時間 11:00～15:00、17:00～21:00 席數 桌位106席

料理長 **Andrew** 關西出身(?)、最擅長的料理是什錦燒

吸引家庭客群的焦點

除了什錦燒、披薩、義大利麵等多樣小朋友愛吃的餐點外，果凍、布丁之類的甜點選項也很豐富。不過最大的亮點，莫過於讓人驚呼連連的機器人初體驗！

酒保 **Daniel** 提供20款左右的雞尾酒，軟性飲料也應有盡有

DMM.make ROBOTS

PHILIPS

霜淇淋作業員 **Yasukawa** 總是邊開心放聲高歌邊製作霜淇淋

服務生 **Tapia** 每桌都有提供接待服務的Tapia，不僅會自我介紹還能替人算命占卜

Pinoccio特製馬鈴薯培根披薩…1300日圓
炸得又香又脆的馬鈴薯薄片與自家製義大利培根，加上乳酪更是絕配！

高塔城

以特製的披薩窯爐烤出香脆餅皮

PINOCCIO

●ピノキオ

美味的秘密在於運用有田燒登窯技術的特製披薩窯爐，能享受表層香脆、裡層Q彈有嚼勁的絕妙口感。

吸引家庭客群的焦點

雖無兒童餐，但直徑約28cm的披薩可全家人一起分食。只提供木製座椅，因此較適合已經能獨坐的幼童。

營業時間 11:00～21:00 席數 桌位72席

港口城

將長崎、九州鮮魚做成蓋飯品嘗

海鮮與陶器城

●かいせんとうきのしろ

長崎的漁獲量全日本第二，不僅能吃到鋪上大量時令魚貝類的海鮮蓋飯，季節菜色也相當豐富。盛裝器皿皆為有田燒，也提供販售服務。

營業時間 11:00～15:00、17:00～21:00 席數 吧檯6席、桌位38席

吸引家庭客群的焦點

適合小朋友的餐點除了迷你海鮮蓋飯外，還有將炸雞和馬鈴薯沙拉等以船型容器裝盛的舟盛蓋飯，也有透明生烏賊、生魚片等單品料理。
※視漁獲狀況有時會無法供應

極上海鮮蓋飯(竹)…1880日圓
蓋飯內有炸蝦、蓮藕天麩羅和3種生魚片，分量飽足。

兒童船型蓋飯…980日圓
鮭魚、鮭魚卵的迷你海鮮蓋飯+炸物或香腸

漁夫風蛤蠣濃湯麵包盅…680日圓
利用歐式麵包做成容器，全部都能吃下肚

虎河豚漢堡…980日圓
以高級食材的長崎產酥炸虎河豚佐塔塔醬

國王漢堡…800日圓
內餡有厚切肉排、培根、煎蛋和蔬菜

港口城

輕鬆來份海鮮速食午餐！

SEAFOODWAAG DAM

●シーフードワーフ・ダム

有虎河豚漢堡、總匯三明治、蛤蠣濃湯麵包盅等以海鮮為主角的美味速食，佐世保漢堡也很受歡迎。

營業時間 10:00～21:30 席數 桌位22席

吸引家庭客群的焦點

可當午餐或肚子有點餓想吃點東西時能輕鬆利用正是魅力所在。漢堡麵包會在出餐前將表皮稍微烤過，因此多了份香氣與酥脆口感。

由機器人擔任主廚引發時下話題的百匯餐廳、地產地消的在地料理店、散步途中可順道前往的甜點店等，列舉多家可闔家同享的餐廳及咖啡廳。

一次滿足正餐與甜點的需求

Café Deli Plus

●カフェデリ プリュ

由豪斯登堡的飯店甜點師三浦英樹所經營的輕食咖啡廳，還能吃到與直營烘焙坊合作推出的三明治。

營業時間 11:00~21:00
席數 桌位28席

吸引家庭客群的焦點
有多款只有豪斯登堡園區內才吃得到的甜點，絕不可錯過!

鹹派&戚風蛋糕套餐…1200日圓
以少量多樣的方式品嘗美食

娛樂設施城 現做巧克力的香甜迷人滋味

Chocolate House

●チョコレートハウス

店內設有工房可享用當場現做的美味巧克力，有別處嘗不到的巧克力飲料、巧克力披薩等各式各樣的巧克力品項。

營業時間 11:00~21:00
席數 桌位60席、露台20席

吸引家庭客群的焦點
除了巧克力相關餐點外還有咖哩、義大利麵等50多款菜色，即便家人口味喜好不一也沒問題。

巧克力鍋…2600日圓
一份鍋物內含香蕉、草莓等7種水果以及麵包、棉花糖。需預約

配料和分量都能自由選擇!

Yogurt Waag

●ユーグルトワーフ

採自助式服務，能製作自己獨創組合的優格冰淇淋。提供12種口味的優格冰淇淋，配料約有30種。

營業時間 9:00~21:30
席數 桌位14席、露台12席

優格冰淇淋…100g290日圓(含配料秤重計價)
先選擇優格冰淇淋的口味，再自行盛裝喜歡的配料，最後到櫃台結帳

吸引家庭客群的焦點
不只種類、連分量也能自由調整，很適合無法獨力吃完一人份的幼童。還能享受東挑西選的點餐樂趣。

有各式各樣
可愛雜貨&美味食品

伴手禮目錄

以下精選出多款豪斯登堡限定版的造型玩偶、工藝品、長崎銘菓和食品等伴手禮，每一樣都讓人超想帶回家。

基本款米菲兔玩偶…1050日圓

© Mercis bv

系列商品中，手執荷蘭國旗，穿著木鞋的是豪斯登堡的原創米菲商品

凍凍熊票夾…各1300日圓

以豪斯登堡原創的凍凍熊為設計的票夾，可用來放場內通票，也很適合平常拿來放月票

立體Memo Stand(風車、高塔城)…各700日圓

風車和高塔城形的便條夾，很適合當作家居擺設，亮晶晶的很有魅力。

The Castle of Cheese的丹麥產奶油乳酪…1550日圓
TAFEL SAUS…480日圓

高品質的奶油乳酪搭配以青蔥、柴魚片、高湯醬油製成的TAFEL SAUS實為絕品美味

三麗鷗大集合
各1130日圓

和三麗鷗合作推出的系列商品，去看看只有豪斯登堡買得到的三麗鷗卡通明星商品吧

入住官方飯店

一次將豪斯登堡玩得徹底

共通DATA
☎0570-064-300
(綜合預約中心)
IN15:00、OUT11:00
※所示價格為2人1室入住時的1人份住宿費用(森林小別墅除外)

豪斯登堡的廣大腹地內有40多種遊樂設施，從早到晚還有各式各樣的活動炒熱現場氣氛。若要玩得盡興，不妨留宿一晚吧。

既奇特又有趣!

奇特酒店

全世界首創&唯一的機器人飯店。正如「奇特酒店」之名，櫃台、行李搬運、主要工作人員都是機器人，還以「第一間聘用機器人員工的飯店」被列入金氏世界紀錄。入住該飯店的期間，處處都是前所未有的體驗。客房皆為雙床房，Superior和Deluxe房型則可加床至最多4人入住。從入國口附近的「園內飯店手提行李寄放處」前，有免費接駁巴士往來於飯店之間。若要前往園區，則可利用一旁的入園大門。

¥純住宿9200日圓～(以電話預約1室須追加1000日圓)

從Check in開始就樂趣十足

3位(?)櫃台人員由左至右分別為希望先生、夢子小姐、未來先生。除了日文外還精通各國語言，請依照指示辦理入住手續

面積28m²的Superior Room最多可入住4人，住宿費用1人7100日圓～(小學生以下不佔床者免費)

由鬱金香機器人來負責接待

每間客房內都配有1台鬱金香機器人，還會透過唱歌、問答遊戲逗樂旅客

奇特酒店的原創商品以自動販賣機的形式販售，只有這裡才買得到

飯店內的自動販賣機售有兒童衛浴用品、充電器、零食、限定商品等

奇特酒店限定販售的奇特麵包(楓糖麵包)500日圓

位於園區正中央地理位置優越

阿姆斯特丹城

阿姆斯特丹大飯店

地處豪斯登堡中心位置的阿姆斯特丹城，玩累了還能回房休息的這點極具吸引力。裝潢設計唯美浪漫的房型，深得女性的青睞。全數客房的面積皆超過45m²以上。

¥純住宿15800日圓～

以花卉圖案裝飾博得女性歡心的「Laura Ashley Room」(圖示為其中一例)

阿姆斯特丹廣場就近在咫尺

格調高雅的頂級飯店

歐洲大飯店

為豪斯登堡所有官方飯店中等級最高者。一踏進飯店內，就有古典音樂的現場演奏與季節花卉熱情迎接旅客。客房風格以歐洲傳統品味為基礎，營造出簡約洗練的高級氛圍。還提供房客可直接在飯店專用的運河遊艇上Check in & Check out的貼心服務。

¥純住宿23800日圓～

以古典家具為主軸的歐式精品房(圖示為其中一例)

每當夜幕低垂從客房流洩出來的燈光映照在內海，更增添不少華麗的氣氛

猶如自家般的舒適氛圍

森林小別墅

座落於森林、湖畔的別墅風飯店。由於是整棟包租，即使小朋友大聲喧嘩也不怕吵到周遭的人。客房為樓中樓樣式，1樓是寬敞的客廳、2樓有兩間獨立的客房。

¥純住宿11800日圓～(4人入住時的1人份費用)

還備有豪斯登堡內唯一能讓寵物入住的「Dog Villa」

散發木質溫潤感的居家氛圍

共有104棟別墅佇立於森林湖泊環繞的幽靜地區

親子旅遊好康優惠! 住宿房客的專屬服務

	歐洲大飯店	阿姆斯特丹大飯店	森林小別墅	奇特酒店
贈送再入園護照(住宿期間僅限1次／不佔床兒童除外)	★	※1	★	
贈快速通關券(縮短通票可使用的設施之等待時間)	★	★	★	
免費使用房客專用停車場	★	★	★	★
園內商店購買的商品免費配送至住宿飯店	★	★	★	
免費從園內飯店手提行李寄放處將隨身行李配送至住宿飯店	★	★	★	
房客專用的租借自行車(收費，需預約)	★	★	★	★
提前入園(可於開園前1小時入園)	★	※2	★	★
提供2位小學生以下不佔床的免費優惠	★	★	★	※3
備有兒童衛浴用品	★	★	★	※4

※1 阿姆斯特丹大飯店僅提供住宿最後一天的再入園護照
※2 阿姆斯特丹大飯店就位於園內，開園前即可在園區自由活動
※3 奇特酒店的一張床只能容納1人
※4 奇特酒店內設有自動販賣機，可自行購買兒童用牙刷、拖鞋等衛浴用品

本書的使用方法

首先一起來看看本書的使用方法吧！只要了解怎麼看，就能從眾多景點中找到自己想去的目的地喔！

標示書末「九州出遊MAP」的刊載頁數。可以馬上知道設施的位置。

將各設施適合遊玩的年齡大致分為四個階段，提供讀者參考。

設施資訊

費用　使用設施時所需要的費用

所需大約時間

標示於各景點遊逛時所需的（平均）時間

 1日  半日  3小時  1小時

有餐廳

嬰兒車

標示有無租借、是否可攜帶入內。若可租借則標示付費、免費等。

兒童廁所

標示有無兒童用大小的廁所。包含一般廁所內附有兒童馬桶之廁所。

換尿布空間

標示有無換尿布空間、尿布台。

哺乳室

標示有無哺乳室、嬰兒房。

DATA

電話號碼　本書標示的是各設施的洽詢用號碼。基本上使用的語言是日文，且撥打時可能採國際電話費用計算，請知悉。

營業時間、開館時間　餐飲店為開店到打烊、最後點餐的時間，設施則是標示至可以入館的最晚時間。

公休日　休原則上只標示公休日，過年期間等不予標示。

所在地　所住址

交通方式（公共交通）　最近車站到達目的地所需時間的參考值。

交通方式（租車自駕）　最近IC到達目的地所需時間的參考值。

停車場　P標示有無停車場、輛數、費用。部分內文有省略。

親子遊 CONTENTS
九州

Let's Go!

刊頭大特集

我會出現在0元・平價景點的費用欄裡面喔

P.26 依區域別介紹 編輯部推薦的

親子遊景點

各景點的內容依種類分成不同顏色喔

P.95

出遊攻略BOX

特別附錄

豪斯登堡BOOK

利用本書前請詳細閱讀下列事項

本書刊載的內容為2016年10月～2017年4月採訪、調查時的資訊。本書出版後，餐飲店菜單和商品內容和費用、金額等各種刊載資訊可能有所變動，也可能因為季節性的變動、缺貨、臨時公休、歇業等因素而無法利用。因為消費稅的調高，各項費用可能變動，因為會有部分設施的標示費用為稅外的狀況，消費之前請務必確認後再出發，因本書刊載內容而造成的糾紛和損害等，弊公司無法提供補償，請在確認此點之後再行購買。

因為2016年熊本地震的影響，本書刊載的內容可能有所變更。出遊時，請向各設施、相關機構洽詢最新資訊。

先輩媽咪的心得分享!!

讓出遊加倍歡樂的訣竅

以下是出遊經驗豐富的前輩媽咪們大方分享的各種訣竅。有許多能讓出遊變得更輕鬆愜意、馬上派得上用場的技巧，請大家一定要試試喔。

規劃寬鬆的行程計畫

帶小朋友一起出門，其實會比想像中來得花時間。切勿以大人的角度來思考，先配合孩子的步調安排較為鬆散的行程，這樣即使在準備、出發時遇到延誤或行程須大幅度變更的狀況，也能不慌不忙地一一對應。搭電車或開車移動時，最好避開容易塞車的時段。

行程餘裕很重要喲
很重要喲

Check Point

- □避免打亂小孩的生活作息
- □先從居家附近的散步開始挑戰
- □建議於人潮較不擁擠的10～15時搭電車

選擇大人也會感興趣的場所

有時都已經專程出門了，小孩卻一直在嬰兒車裡睡覺。決定出遊地點時不妨挑選連大人也覺得有趣的場所，如此一來就能玩得更加盡興。在孩子年紀還小、尚未習慣出遊前，可以先挑戰備有尿布台、熱水、出租嬰兒車等服務的購物中心，不需大包小包輕鬆就能出門。

也得滿足大人的玩樂需求才行!

Check Point

- □選擇媽媽也覺得好玩的地方
- □挑選不需攜帶太多東西出門的場所
- □建議從購物中心開始挑戰

出遊前必做的事先調查！

移動時要搭乘何種交通工具、目的地有無哺乳室和換尿布的空間等，都必須仔細調查。若為短時間的出遊行程，可以騰出雙手的嬰兒揹帶會比較方便，要帶嬰兒車的話就得先確認車站內有無電梯。選擇餐廳的重點則在於能否提供愉快親子時光的空間環境，造訪時建議避開人潮較多的時段。需要事前預約的店家可先告知會有小孩同行，並詢問一下嬰兒車能否入店。

Check Point

- □確認哺乳室及換尿布的場所
- □查詢車站內有無電梯
- □搜尋適合親子光顧的店家

準備妥當

實用網站

天氣

氣象新聞
http://weathernews.jp/

日本氣象協會
http://www.tenki.jp/

交通資訊

JR九州 列車運行資訊
https://www.jrkyushu.co.jp/trains/unkou.php

搜尋車站
http://ekitan.com/

福岡市交通局
http://subway.city.fukuoka.lg.jp/

NAVITIME 停車場檢索
http://subway.city.fukuoka.lg.jp/

醫療相關

兒童緊急救護
http://kodomo-qq.jp/

車輛道路救援

JAF ✆0570-00-8139
(JAF 路面服務救援電話)
※付費、全國共通，PHS 及部分 IP 電話不適用
http://www.jaf.or.jp/

兒童網站

Yahoo! Kids
http://kids.yahoo.co.jp/

暈車的應對方法

搭車前

- 充足的睡眠
- 搭車前 30 分鐘先吃暈車藥
- 避免空腹狀態
- 噴除臭劑消除車內味道
- 著寬鬆衣物

搭車時

- 開窗吸取新鮮空氣
- 眺望遠方景色（避免看近物）
- 坐在巴士前排，維持寬闊視野
- 口含糖果，飲用少許碳酸飲料
- 勿大幅度轉動頭部，將頭靠在椅背上

我完全沒暈車呢，大家也試試吧！

挑選住宿的訣竅

有嬰幼兒同行時和室是安心首選，高低段差較少、看顧起來也輕鬆許多。若有提供副食品就更好了，若沒有則要確認客房內或該樓層是否置有微波爐。如果有室內浴池或包租浴池就不需顧忌其他住宿客人，能夠悠閒地慢慢享受。

參考看看吧♪ 前輩媽咪口耳相傳 出遊秘訣大公開

一定要事先確認出遊地的公休日。**可先上Instagram搜尋出遊地點的照片**，找出小孩可能會覺得有趣的地方。

在嬰兒車掛上S型勾環，即可吊掛包包或購物袋。我是選用固定式的大型勾環，掛重物也沒問題。

要記得攜帶智慧型手機沒電時的應急**行動電源**，方便擦拭的**防蚊濕紙巾**也很好用。

為了能看到兒童座椅上的小孩表情，還特別安裝了**專用後照鏡**。的確讓人安心不少，小孩好像也很開心。

我很愛用裝在寶特瓶上的**直飲式瓶蓋**，連小小孩也能輕鬆上手，即使打翻寶特瓶或倒放也不會漏出來。

年齡別☑建議攜帶物品！

0歲

- ☐ **哺乳披巾** 若出遊地點沒有哺乳室也能照常餵乳，專用披巾超輕便又好攜帶。
- ☐ **嬰兒揹帶** 即使有帶嬰兒車也要準備揹帶，有時得抱著哄才能止哭。
- ☐ **除菌濕紙巾** 小朋友會到處東摸西摸，因此請選用低刺激性的產品。
- ☐ **手帕** 比毛巾容易乾，小孩覺得冷時還可拿來禦寒，若替換衣物沒了也能當圍裙來使用。

1~2歲

- ☐ **大毛巾** 也能用來遮陽或防寒。
- ☐ **密合式塑膠袋** 可以裝吃剩的點心、用過的尿布。
- ☐ **熱水** 除了補給水分外，還能稀釋調味較重的外食
- ☐ **玩具** 小孩耍脾氣時的安撫物，選一個不佔體積的小玩具就好。

3歲以上

- ☐ **塑膠提袋&塑膠袋** 百元商店所販售的盒裝抽取式捲筒垃圾袋，隨身攜帶十分方便。
- ☐ **替換衣物** 流汗時、吃東西弄髒或尿濕褲子時的備用衣物，也別忘了襪子。
- ☐ **小包裝點心** 小孩不開心或肚子餓的時候就能派上用場。
- ☐ **急救物品** 攜帶蚊蟲叮咬藥、OK繃、消毒潔手凝露等以備不時之需。

出遊Check List★

有沒有東西忘了帶？

用餐

- ☐ 奶粉（依每餐份量分裝）
- ☐ 奶瓶
- ☐ 熱水、冷水
- ☐ 嬰兒食品
- ☐ 副食品湯匙
- ☐ 圍兜
- ☐ 飲料
- ☐ 零食

移動

- ☐ 嬰兒揹帶
- ☐ 嬰兒車

換尿布

- ☐ 紙尿布
- ☐ 屁屁濕紙巾
- ☐ 塑膠袋

衣服

- ☐ 紗布衣
- ☐ 替換衣物
- ☐ 披肩
- ☐ 小毛巾
- ☐ 大毛巾
- ☐ 帽子

其他

- ☐ 面紙
- ☐ 濕紙巾
- ☐ 相機
- ☐ 防曬乳
- ☐ OK繃
- ☐ 鋪墊
- ☐ 防蚊蟲藥、蚊蟲止癢藥
- ☐ 傘·雨衣
- ☐ 小玩具·繪本

豐富的熱門資訊!!

全家一起出門去！

出遊新熱門景點15

在九州各縣有許多出遊景點，並且陸續有新景點持續登場。在這裡首先聚焦在2016年春季之後開幕、或是大幅整修後重新開幕的熱門景點。下次的假期，你想要去哪裡呢?

1 海洋世界海之中道

全館重新整修，以療癒為主題

2017年4月中旬重新開幕

福岡縣 福岡市

マリンワールド海の中道

書末地圖21C

福岡縣人氣首屈一指的水族館，1995年開幕以來首次進行全面改裝。將搖身一變成為以療癒為主概念的文化度假設施，可體驗到被海洋與岸邊自然包圍的奇幻空間。全新的展示內容也值得注目。

資訊 P.27

入口的示意圖

玄界灘水槽的示意圖

2 香椎花園 森林家族樂園

變身為玩樂與療癒合而為一的遊樂園!

2017年3月中旬重新開幕

福岡縣 福岡市

書末地圖21B

自1956年創業以來，因為是福岡市內唯一的遊樂園而深受各世代的喜愛。在這次的大幅整修中，先是重建了地標性的摩天輪，也新設置了公園高爾夫球場，成為任何年紀都能玩得很開心的遊樂園。

資訊 P.30

盛開著季節花卉的花塔意像圖

3 水上公園

享用「世界第一的早餐」

2016年7月重新開幕

福岡縣 福岡市

すいじょうこうえん

書末地21F

位在福岡市天神與中洲之間中間處的都市公園。在公園一角誕生了「SHIP'S GARDEN」，1樓有被譽為「世界第一的早餐」而聞名的輕食餐廳「bills福岡」(✆092-733-2555)進駐。

✆092-711-4424(福岡市みどり推進課)

營 入園自由、SHIP'S GARDEN頂樓露台為6:00～24:00，餐廳視店鋪而異 休 無休 所 福岡市中央区西中洲13 交 市營地下鐵機場線天神站步行6分 P 無

「SHIP'S GARDEN」建築物的船舶外型，彷彿就要從旁邊的那珂川出航一般

4 天神CLASS

大人小孩都能玩樂其中的複合型商業設施

2016年4月開幕

福岡縣 福岡市

てんじんクラス

書末地圖21F

天神CLASS為複合型商業設施，在大樓的5樓至7樓是福岡市立中央兒童會館。設施內有Sony Store、巧克力專賣店、可透過最新數位作業機器體驗創作的「TECK PARK」等進駐，可滿足多樣的需求。

營 8:00～23:00(視店鋪而異) 休 12月28日～1月3日(店鋪除外) 所 福岡市中央区今泉1-19-22 交 西鐵天神大牟田線西鐵福岡(天神)站步行5分 P 特約停車場(30分100日圓)

位於國體道路旁的7層樓建築物

5 KITTE博多

JR博多站前的大型景點

2016年4月開幕

福岡縣 福岡市

キッテはかた

書末地圖21F

與JR博多站相鄰的大型商業設施。在2樓及地下1樓與博多站、JR博多CITY相連接，交通非常方便。主要進駐商家有「博多丸井」及大型飲食區等而大受注目。

✆092-292-1263(服務台)

營 7:00～24:00(視店鋪而異) 休 無休(視部份店鋪·設施而異) 所 福岡市博多区博多駅中央街9-1 交 JR鹿兒島本線博多站步行即到 P 223台(30分200日圓)

地下1樓、9樓、10樓的飲食區共有50店鋪

6 出光美術館(門司)

名叫海賊!? 的創業者收藏品

2016年10月重新開幕

福岡縣 北九州市

いでみつびじゅつかん(もじ)

書末地圖11B

位在門司港懷舊地區中的美術館，展示品是以出光興產創業者出光佐三所收集的出光收藏品為中心。重新整修後改善了藝術鑑賞的空間。而出光佐三就是小說及電影造成話題的「名叫海賊的男人」的原型。

展示以陶器及繪畫為中心的「出光收藏品」

✆093-332-0251

營 10:00～16:30 休 週一(逢假日則開館) ¥ 大人700日圓，高中、大學生500日圓，中學生以下免費(限與監護人同行) 所 北九州市門司区東港町2-3 交 JR鹿兒島本線門司港站步行8分 P 無

7 久留米市美術館

原名石橋美術館的全新開始

2016年11月重新開幕

福岡縣 久留米市

くるめしびじゅつかん

書末地圖14D

承續1956年開館的石橋美術館，就位在石橋文化中心(參照P.36)內，除了展覽會之外也會舉辦研討會等適合兒童的活動。

被美麗庭園圍繞的美術館

✆0942-39-1131 營 10:00～16:30 休 週一(逢假日則開館)、過年期間、有臨時休館 ¥ 依展覽會而異 所 久留米市野中町1015 交 西鐵天神大牟田線西鐵久留米站，轉搭西鐵巴士千本杉方向，車程5分，在文化センター前下車，步行即到 P 220輛(2小時200日圓、之後每30分100日圓)

8 佐賀縣 有田町

JR有田站前的熱門景點

2016年10月開幕

KILN ARITA

キルン アリタ　書末地圖 13E

佐賀縣有田町以瓷器之鄉而聞名，這裡是從JR有田站步行即到的複合型觀光設施，除了觀光服務處、租車公司櫃台之外，還有菜色皆使用當地產物的「Café Hestia」。

「Cafe Hestia」的人氣菜色「有田ポキ丼」（900日圓）

0955-42-4052（觀光服務處） 9:00～17:00 休無休（咖啡廳為不定期休） 所西松浦郡有田町本町丙972-31 JR佐世保線有田站步行即到 P2輛（免費）

9 長崎縣 長崎市

展望台空間變寬敞了!!

2016年4月重新開幕

鍋冠山公園

なべかんむりやまこうえん　書末地圖 25D

內行人才知道的長崎市夜景景點，尤其可以一望長崎港的展望台更是特別。整修後展望台空間變得寬敞，可以更舒適地享受市區的眺望景色。

公園的全景。展望台比以前更往前方突出了

095-822-8888（長崎市コールセンター「あじさいコール」）

休自由入園 所長崎市出雲2-144-1 長崎本線長崎站搭長崎巴士往二本松C棟方向24分，二本松団地下車，步行15分 P13輛（免費）

10 大分縣 九重町

於九重開張的大型SPA度假設施

2016年10月開幕

HOT LAGOON大分

ホットラグーンおおいた　書末地圖 3F

在有不少溫泉及觀光設施的九重，出現了這個複合型設施。有可著泳裝、親子同遊的室外溫泉泳遊池「棚湯」及三溫暖等，還有充實的餐廳及伴手禮店等設施。在館內是以手環來取代現金的使用。泳裝出租為500日圓，館內服裝出租為200日圓。

※目前因重新裝潢暫時停業中

0977-28-2002 11:00～21:00（週六日、假日為10:00～） 休第3週四 ¥大人1500日圓、兒童（3歲～小學生）800日圓 所玖珠郡九重町野上3711-44 JR久大本線由布院站搭計程車15分 P80輛（免費）

主概念為「感受大自然的SPA度假村」

大浴池之外的SPA設施皆需穿著泳裝

11 大分縣 玖珠町

注目名瀑「慈恩瀑布」附近的公路休息站!

2016年7月開幕

公路休息站 慈恩の滝くす

みちのえき じおんのたきくす　書末地圖 15D

這座公路休息站就位在玖珠山浦地區著名的慈恩瀑布附近，內有銷售當地產的蔬菜及玖珠米等特產品的物產館，以及提供道路資訊與觀光資訊的櫃台。

0973-77-2260 9:00～17:00 休過年期間 所玖珠郡玖珠町山浦618-24 JR久大本線杉河內站步行5分 P30輛（免費）

買得到伴手禮的最佳選擇，在參觀慈恩瀑布時順路前來吧

12 熊本縣 人吉市

不搭不行!JR九州新觀光列車登場!!

2017年春季運行

特急「翡翠 山翡翠」

とっきゅう「かわせみ やませみ」

「翡翠 山翡翠」是連接JR鹿兒島熊本站與JR肥薩線人吉站之間的觀光特急列車，是由工業設計師水戶岡銳治所設計，為2節車廂的柴油列車。1天約往返3班次，每天運行。從車窗眺望球磨川的湍急水流，一邊享受鐵道之旅。詳細需洽詢。

050-3786-1717（JR九州服務中心）

車身顏色是球磨川與人吉球磨森林的形象色

13 熊本縣 熊本市

品嚐西瓜與水果的美味!

2016年11月開幕

公路休息站 すいかの里 植木

みちのえき すいかのさと うえき　書末地圖 18B

植木町是全國首屈一指的西瓜產地，同時也是哈密瓜與蜜柑等水果的產地，這裡銷售有植木產的農產品，以及在這裡才買得到的水果汁義式冰淇淋、西瓜波蘿麵包等產地直銷的商品。

096-272-2333 9:00～18:30 休第3週四（逢假日則翌平日休）、1月1～3日 所熊本市北区植木町岩野160-1 JR鹿兒島本線熊本站搭產交巴士往山鹿溫泉，車程50分，植木岩野下車，步行即到 P99輛（免費）

附近有植木溫泉、田原坂等觀光景點

14 宮崎縣 宮崎市

魚尾獅是新地標

2016年3月重新開幕

宮交Botanic Garden青島

みやこうボタニックガーデンあおしま　書末地圖 19H

由青島亞熱帶植物園取得命名權後重新整修全新開幕。記念與姊妹園——新加坡植物園友好50周年所獲贈的魚尾獅像，在美麗盛開的群花中更是醒目。

約2260㎡的園內種植了棕櫚等熱帶的植物

0985-65-1042 8:30～17:00（大溫室為9:00～） 休無休（大溫室為非假日的週二休） ¥免費 所宮崎市青島2-12-1 JR日南線青島站步行10分 P無

15 宮崎縣 日南市

變身為內容更豐富的公路休息站

2016年4月重新開幕

公路休息站 なんごう

みちのえき なんごう　書末地圖 9D

配合東九州自動車道從福岡縣北九州市順利通車到宮崎市的時期進行整修。餐廳面積為過去約2倍大，菜色也以洋食為中心全部換新。成為更有魅力的公路休息站。

0987-64-3055 8:30～18:00（10～3月為～17:00，餐廳為11:00～16:30） 休無休（有變動的可能） 所日南市南郷町贄波3220-24 JR日南線南郷站搭計程車10分 P22輛（免費）

餐廳最推薦的菜色是芒果鬆餅（880日圓）

宮崎市鳳凰自然動物園的「騎乘大象先生!」重出江湖!!

這個自從宮崎縣發生口蹄疫之後中止的人氣企畫，在2017年5月重出江湖了。每天下午13:30開始「與大象先生拍記念照」之後，實施對象為小學3年級以下的兒童，費用為500日圓。與熟練的大象訓練師一起騎乘。有可能因為天候及大象身體狀況而中止。

只有能單獨爬上騎乘大象的高台的兒童才可以參加體驗

宮崎市鳳凰自然動物園

みやざきしフェニックスしぜんどうぶつえん　書末地圖 19F

資訊 P.81

讓人興奮不已!!
絶對
非去不可

招牌&人氣

遊樂設施數日本第一

格林主題樂園

P.14

有多樣有趣
的遊樂設施
等著你♪

讓人想一去再去
充滿玩心

大分海洋宮殿 海之卵 水族館

大分縣 大分市 書末地圖 19A 資訊 參照P.74

水族館**面對著別府灣**而建，館內展示特別下了一番工夫，以讓人感受有如**「置身在海中」為目標**，能更近距離感受生物們豐富多樣的活動和可以與海豚交流的**室外型設施「海豚池」很有人氣**。

這裡最
令人期待!
因為和動物們的距離
相當近，可以距離地觀賞
充滿迫力的表演哦。

業務部門的
堀浩也先生

來與人氣角色見面吧
三麗鷗卡通樂園 和諧樂園
P.16

有好多可愛的機關♡

刺激類和歡樂類應有盡有
城島高原公園
P.18

想親子一起去

全部都要玩哦!

景點4

從小孩到大人、全家都可同樂的遊樂園及主題樂園，和與可愛生物近距離接觸的水族館，都是假日出遊的招牌景點。在這裡為各位挑選出有豐富多樣適合兒童和幼兒的遊樂設施及活動、設備也很充實的人氣景點!

海豚在眼前一躍而起!水花四濺充滿迫力

欣賞動作整齊畫一的海豚跳躍

海豚的表演秀

在海豚池一天會舉辦2次海豚秀。可近距離觀賞到跳躍和套圈圈等海豚多才多藝的模樣。

多才多藝的海豚們

靈活地接住圈圈!

幼兒資訊

館內為無障礙空間，嬰兒車可暢行無阻。嬰兒車有10台供出租，使用條件為3歲以下且體重在20kg以下。部份水槽還設置有小台子，方便個子不高的小朋友觀看。

透過哺乳室中的專用對講機可以要求沖泡牛奶用的熱水

館內有4處哺乳室

圖示凡例  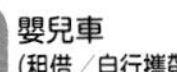 嬰兒車(租借/自行攜帶)  兒童廁所  換尿布空間  哺乳室

招牌&人氣景點4

大分海洋宮殿 海之卵水族館

高8m的大水槽有90種1500尾魚兒悠游其中

紅魚的飼料是鯖魚哦！

肚子餓了～

大回遊水槽的魚類解說

在大回遊水槽中展示了鯊魚、魟魚等棲息在豐後水道的90種、1500尾的魚兒。在週六日、假日還會舉辦潛水員餵食解說的活動。

這裡最令人期待！
魟魚和日本緋鯉的同類在吃魚的瞬間，以及魚群追著潛水員的樣子很有趣。

海之卵的回遊型水槽在50年前是世界首創

海之卵館內圖

2F：美人魚廳(大回遊水槽)、故鄉的水邊、教學室、入口、別府灣水池 ①、大觸摸池、觸摸地域、海豚水池、觸摸池

M2F·2F：海之卵表演、海象、海豹、北海獅、表演舞台、叢林水槽、桃色鵜鶘、餐廳A-ZOO、麥哲倫企鵝、博物館商店、② 兒童遊戲區、海豚池

1F：海象、南美海狗、叢林水槽、海豚水池、灰海豹、珊瑚、大水槽、Fan Fare、斑海豹、深海展專區、藝術專區、海之卵大廳、出口、③ 實驗廳、哺乳室、開放式商店

幼兒、兒童人氣拍照景點

② 兒童遊戲區

設置有多樣海象等海中生物外型的遊戲器材。乘坐在海象背上或企鵝岩石前，都很適合拍攝紀念照。

多項海洋生物造型的遊戲器材

網羅可親子同樂的菜色

在館內有2處餐廳。1樓的Fan Fare是全部120席的美食區。有放了溫泉蛋的「海之卵牛五花丼」（900日圓）和兒童午餐等菜色。2樓的餐廳A-ZOO則以漢堡、燉牛肉等洋食為主。兒童餐的咖哩飯（700日圓）過敏體質也能吃。

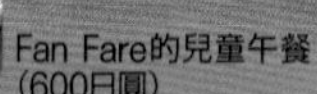

Fan Fare的兒童午餐（600日圓）

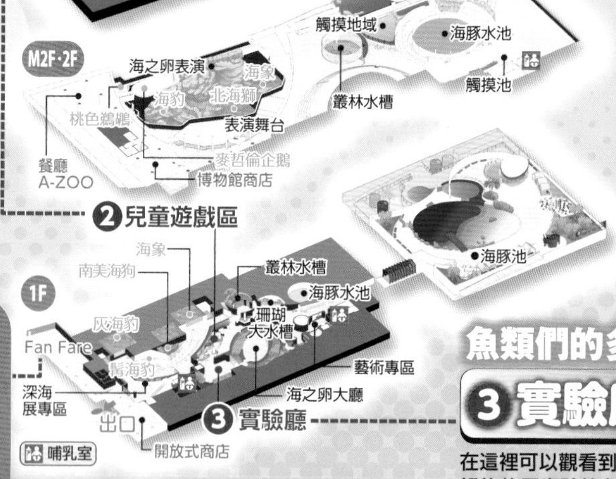

① 別府灣水池

在室外3個觸摸水池中最為寬廣的，有日本竹筴魚、鯔魚等魚類在裡面游著。設計上看起來與別府灣相連，把手放到水池裡說不定還可以觸摸到魚兒。

在與大海合為一體的巨大水池中觸摸魚兒

與別府灣合為一體，非常遼闊

魚類們的多樣表演

③ 實驗廳

在這裡可以觀看到石鯛穿越圈圈、電鰻的放電實驗等魚類的表演。1天進行2次，每天為不同內容。

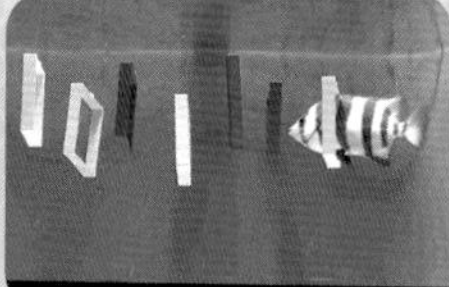

「石鯛一郎的明星就是你！」中，石鯛只會穿過固定顏色的圈圈

沒有玻璃牆的水族館

海豚池

「與動物遊玩×與藝術遊玩」為主題的海灘。有面對著別府灣、開放感構造的水族館，和貝殼、珊瑚礁外型的3項遊戲器材，可以悠閒的度過時間。

海豚近在腳邊
海豚水池

進到海豚悠閒游泳的水池中，近距離觀察海豚。水池水深僅約40cm，即使小朋友也可以安心遊玩。最好事先準備毛巾及替換衣物。

靈活自在的泳姿…

這裡最令人期待！
可以在超近的距離下，看到接近自然狀態的泳姿。

與各式各樣的動物見面
魚池

依不同季節會有斑海豹等各式各樣的生物登場。因為動物們也很自在，幸運的話，可能還可以觸摸到牠們。

在彩色的珊瑚迷宮探險
珊瑚迷宮

在砂灘上放置著紅色、黃色等色彩鮮豔的珊瑚外形的石塊。可以走在珊瑚上，或從下方鑽過，用像是魚兒般的心情玩耍。

在貝殼洞窟上畫畫
貝殼畫布

貝殼形狀的洞窟裡面為畫布，可以自由的在上面作畫。

海之卵表演

用又粗又長的鬍子上頂球的表演

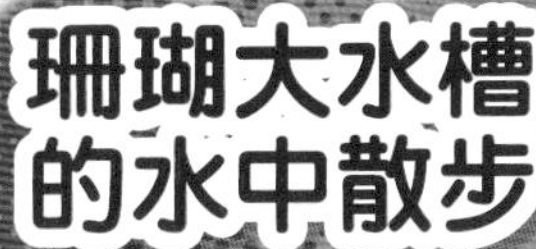

被稱為海之卵最強藝人的海象的表演，有讓人大爆笑的橋段

表演1天演出3場。有海象、鵜鶘活用著各自的特色，展現與訓練師有默契的演技。表演之後還可以觸摸海象和拍照。

這裡最令人期待！
在表演後的交流時間，可以觸摸海象的身體和鬍鬚。

表演結束後是交流的時間

輕輕的哦…

鼓起勇氣摸海象了！

珊瑚大水槽的水中散步

日本首座以人工照明成功繁殖珊瑚的水槽。1天2次的水中散步時，潛水員會進入水槽餵食熱帶魚及解說。

熱帶魚聚集在潛水員附近的畫面很夢幻

七彩的珊瑚水槽中熱帶魚與潛水員一起游泳

人氣的伴手禮

小朋友最喜歡

在1樓的開放式商店及2樓的博物館商店中有豐富的原創周邊商品。動物外型的商品最適合送給朋友作為伴手禮。

巧克力餅乾…540日圓
包了巧克力的餅乾。包裝上的海象和海豚等圖案是貼紙。

溫泉海象…918日圓
海象泡溫泉的迷你玻璃擺飾品。圓圓的外型很可愛。

コロコロマスコット…各540日圓
附有海豚和海象的立體娃娃的自動鉛筆。共4種類。

要走遍廣大的園內需要一點體力，建議搭乘途經8個停留所繞行園內1圈的路面火車（園內周遊車）。費用為回數券3張或使用通票。

先決定好想玩的遊樂設施再搭上路面火車吧

充滿刺激的雲霄飛車
空中翻轉與螺旋回轉

招牌&人氣景點4

NIO

這座雲霄飛車的座椅像滑雪纜車一樣吊掛在軌道上，雙腳呈懸空狀態，在九州只有這裡有。有2次空中翻轉及3次螺旋回轉。

¥需回數券8張或使用通票

遊樂設施數量日本第一！
大人小孩都大滿足的遊戲器材齊聚一堂

格林主題樂園

熊本縣 荒尾市 書末地圖 14H 資訊 參照P.59

遊樂設施一共有**81種**。從**充滿刺激感**的「Star Flyer 悟空」，到「異色瓢蟲雲霄飛車」等**小朋友可搭乘的兒童遊樂設施**都有，無論任何年紀都可以玩得盡興。

小小孩和兒童

2歲以上就可乘坐的雲霄飛車

異色瓢蟲雲霄飛車

大紅色瓢蟲車身的雲霄飛車，2歲以上即可搭乘。因為可以在近距離從各種角度拍照，應該可以拍下幾張尖叫時的可愛表情。

¥需回數券3張或使用通票

幼兒當然請與成人一起搭乘

幼兒資訊

正面入口前廣場的大象造型「兒童廁所」為小朋友專用的廁所，馬桶等為設備改為小型。園內有4處哺乳室，正面入口旁的哺乳室中設置有4間個人房，備有嬰兒床與椅子。服務中心則有銷售褲型尿布。

OK 有 有 有

「兒童廁所」為可愛的大象造型

ヒナタキッズ內的哺乳室。有3間個人房。

無齒翼龍

船艙造型為無齒翼龍。操作船艙的踩板及方向盤，可以上下左右移動。身高90cm以上兒童可搭乘，幼兒則需有中學生以上的同行者陪伴。

¥需回數券4張或使用通票

搭著恐龍飛上天空

坐著可愛的恐龍翱翔

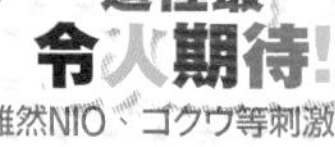

這裡最令人期待！

雖然NIO、ゴクウ等刺激型的遊樂設施讓人印象深刻，但大約有一半的遊樂設施是小朋友也可以玩的！

宣傳公關課的南大介先生

圖示凡例

嬰兒車（租借／自行攜帶）

兒童廁所

換尿布空間

哺乳室

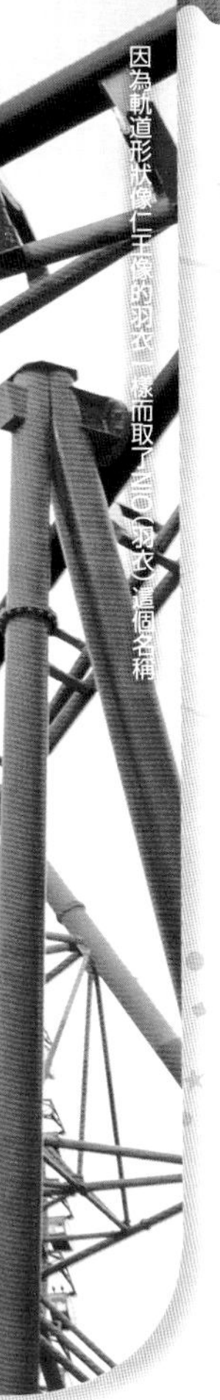
因為軌道形狀像仁王像的羽衣一樣而取了NIO（羽衣）這個名稱

活動身體開心玩樂

這裡最令人期待！
這裡也有幼兒和兒童的遊戲器材。小朋友在這裡玩耍，大人就在咖啡廳稍作休息。

3歲以下需保護者陪同

ヒナタキッズ

設置有球池、溜滑梯、畫畫區等的室內設施。館內也有咖啡廳「ヒナタカフェ」，有霜淇淋、奶昔、無酒精飲料等供休息時享用。

¥需回數券3張或使用通票

ヒナタカフェ
霜淇淋300日圓～，有16種配料可供選擇

午餐推薦！ 合理價格的飯店主廚料理 Restaurant Valencia

在園內有由飯店主廚大展身手的餐廳。可以從漢堡排、義大利麵等當中任選1項主菜，外加自助吧及飲料吧。實施日請向HOTEL BLANCA洽詢(✆0968-66-1133)

¥「任選午餐自助吧」1480日圓(小學生為1380日圓、3歲～學齡前兒童僅使用自助吧及飲料吧時為650日圓)
飲料吧另需400日圓

好吃又可愛 注目的伴手禮3

Premium Cheesecake…1300日圓
用了2種奶油起司、卡芒貝爾乾酪

這裡買得到 ★グリーンおばさんのお菓子工房

Chocottomarble Cookie…648日圓
餅乾有有巧克力、草莓、抹茶3種口味。印了摩天輪和GAO等圖案的包裝很可愛。

這裡買得到 ★Candy House ★Dream House ★おみやげ屋イースト

PRINT COOKIE…670日圓
印有NIO、悟空等遊樂設施圖案的餅乾。

這裡買得到 ★Candy House ★Dream House ★おみやげ屋イースト ほか

提供外帶餐點的商店也很豐富！

在園內四處有速食和飲料等的外帶商店，在店外面也有露天座位，可以自在地直接推嬰兒車進入。

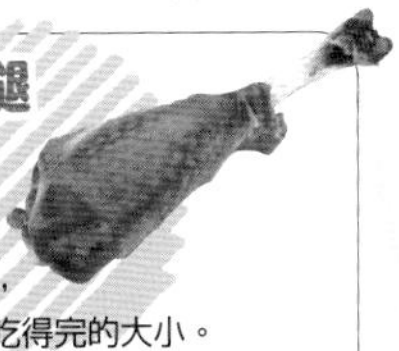

煙燻火雞腿…650日圓
表面酥脆，裡面充滿肉汁。有骨頭方便拿取，同時也是小朋友吃得完的大小。

SHOP ★ケバブサンドハウス ★くまさんのキッチン ★アンダルシア

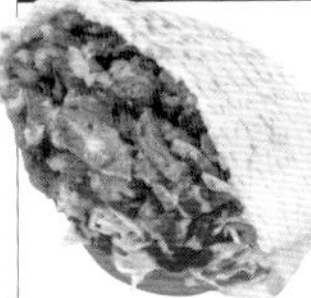

牛肉卡博…550日圓
內餡放了很多牛肉，醬汁有甜味、中辣、大辣，小朋友的話推薦點甜味。

SHOP ★ケバブサンドハウス

可麗餅…400日圓～
品項超過40種。巧克力草莓可麗餅、巧克力香蕉可麗餅是大人小孩都喜歡的口味。

SHOP ★CAFE BERRY'S (左圖) ★SPICE (右圖)

珍珠飲品…330日圓～
有大量Q彈口感的珍珠，肚子小餓時當點心剛剛好。

SHOP ★CAFE BERRY'S (右圖) ★SPICE (左圖)

都可以玩的遊樂設施有約40種

興奮錦標賽

來比賽誰的開車技術比較好

要避開隨處設置的障礙物，一面取得跑道上的點數並開往終點的卡丁車。車子為兩人座，2歲以上即可搭乘。5歲以下需中學生以上同行者陪同。

¥需回數券3張或使用通票

如果撞到側欄就會扣分

インディーカート

在山間舒適的賽車

全長600m的車道過彎需要高技巧

在彎彎曲曲及上下起伏的跑道上行走的卡丁車。有1人座和2人座的車子，2人座的2歲以上可搭乘，但駕駛必需為10歲以上。

¥需回數券2張或使用通票(2人搭乘時需回數券4張或使用通票)

工作車滑胎賽車

小小孩司機們駕駛著工作車

乘坐著警車、消防車等很受小朋友歡迎的車輛來競賽。當然車輛規格也是小朋友的尺寸。2歲以上可使用，5歲以下需中學生以上同行者陪同。

¥需回數券3張或使用通票

高超的過彎技巧是致勝的關鍵

人魚天堂

坐上海豚形狀船艙，時而穿越洞窟時而滑下坡道，延著水池緩緩地環繞一圈。2歲以上可搭乘，幼兒則需高中生以上同行者陪同。

¥需回數券3張或使用通票

搭著海豚玩水囉

在滑下坡道處是拍照的最好機會

凱蒂貓唱唱跳跳
可愛度爆表的舞台表演

大巡遊PARALLEL

會有凱蒂貓、美樂蒂等三麗鷗角色人物登場的遊行表演。坐在最前面的話，還有機會和角色人物擊掌。因為舞台區有屋頂，下雨天也不怕。

進入充滿**夢幻感**的三麗鷗世界

招牌&人氣景點4

三麗鷗卡通樂園 和諧樂園

大分縣 日出町 書末地圖 3E 資訊 參照P.73

由凱蒂貓領軍的**三麗鷗角色人物**營造出**夢幻的主題樂園**。除了KITTY城、雲霄飛車等人氣遊樂設施外，**白天晚上**皆有舉行的**表演秀**也很有人氣。

這裡最令人期待！
來這裡可以見到幼兒和兒童，甚至大人都很喜歡的凱蒂貓和美樂蒂等角色人物。

工作人員
岩野優美小姐

幼兒資訊

小朋友4歲以上需購買兒童票。在園內全部的高低落差處都設有緩坡，方便嬰兒車移動。部份西式廁所中設有兒童馬桶。

OK 有 有 有

哺乳室中放置有沖泡牛奶用的熱水瓶及降溫杯

CINNAMOROLL'S SPIN TRICK

滑板造型的遊樂設施上畫有肉桂狗及他的伙伴，會一邊旋轉一邊傾斜下滑。4歲以上可搭乘，未滿6歲者需和大人一起搭乘。

不同於可愛外觀，意外地很刺激

快速的**擺盪**與**旋轉**好好玩

圖示凡例 OK 嬰兒車（租借／自行攜帶） 有 兒童廁所 有 換尿布空間 有 哺乳室

燈光秀主要在週六、日、假日的特定日舉行

夢幻般的粉彩色光線

夜間的和諧樂園燈光秀

「大巡遊PARALLEL星光ver」「光的七夕傳說區」、鐳射表演「光影★奇觀」等，有各種不同的燈光秀。演出日期需洽詢。

服裝和表演內容會每季更換

KITTY城

在凱蒂貓的家拍照留念

這裡是園內人氣最高的設施

統一為粉紅色系的凱蒂貓的家。在房間中有很多凱蒂貓臉造型的可愛家具和家飾品。
還可和凱蒂貓握手和免費拍記念照。

遊園小火車

連接和諧公園車站與嘉年華會廣場車站的電車。
有慶祝生日的粉紅色「HAPPY BIRTHDAY KITTY號」和可愛肉桂狗的水藍色「HAPPY SMILE CINNAMON號」。

享受單程5分鐘的鐵道之旅

載著大家的笑臉出發囉♪

午餐推薦！

角色人物造型菜色豐富，讓人超想拍照

在園內有4處餐飲區，提供多種角色人物造型的可愛菜色。每間店各有不同的兒童菜單，其中美樂蒂和肉桂狗的馬克杯還可以帶回家

※菜單內容會因店鋪及時期而有不同

哈貝斯特屋的「布丁狗的牛肉燴飯」(1380日圓)

開車時要遵守交通規則

學習交通規則和交通禮儀1天就能取得駕照

KIDS DRIVING SCHOOL

搭乘附有多種功能的兒童用電動車，好好遵守紅綠燈、交通標誌和交通規則，以拿到駕照為目標吧！1台可以乘坐2個人，小學生二年級以下需大人陪同指導。

¥1000日圓(無法使用通票)

合格就可以拿到駕照哦！

招牌&人氣景點4

從刺激型到闔家歡樂型都有滿足各種目的的遊樂設施

城島高原公園

●きじまこうげんパーク

大分縣 別府市 書末地圖 22H 資訊 參照P.73

位在**標高700m**的城島高原上，被豐富大自然環繞的遊樂區。在寬敞的園內以刺激型、歡樂型、下雨天也OK的遊樂設施為中心，還有適合小朋友的**「城島玩具王國」**、KIDS DRIVING SCHOOL等，**有多種玩樂的型態**。

幼兒資訊

在城島玩具王國中設置有哺乳室及尿布台。相鄰的商店「ジョリエ」中有銷售紙尿布。園內的休息室中也設有哺乳室，每間洗手間裡都設置有尿布台。

城島玩具王國KID'S WORLD的哺乳室

這裡最令人期待！

從刺激型到歡樂型共30種以上的遊樂設施。在「城島玩具王國」中連小小孩也可以盡興。

宣傳部門的福田剛大先生

滑輪過山車 小朋友也能玩的迷你雲霄飛車

溜冰鞋造型的車廂色彩鮮豔，座位偏小，親子一起搭乘剛剛好。
3歲以上可以搭乘，身高未滿110cm的小朋友需有大人陪同。

¥300日圓或使用通票

適合第一次搭雲霄飛車的人

日本首座木製雲霄飛車

以6萬支木材組合而成，是最有人氣的遊樂設施。
身高120cm以上始可搭乘。

¥1000日圓或使用通票

木製骨架特有的振動特別刺激

城島玩具王國 擁有各種玩法的展館

玩具的主題樂園，當中有扮家家酒區、森林家族館等適合兒童的展區。尤其內有多美鐵路王國、樂高樂園、巨大遊戲器具的「あそぼっ!らんど」最有人氣。進入時需有大人陪同。

樂高樂園
有顏色、大小、形狀各異的樂高可以玩。共有三種樂高對應不同年齡層

扮家家酒區
可使用洋娃娃、化妝台、廚房、吸塵器的玩具來玩扮家家酒

¥「あそぼっ! ランド」為300日圓或使用通票(限1次)

鄉村式的家庭餐館 Mary Arden's

Mary Arden's是模仿英國鄉村農家的家庭餐館。提供洋食、和食、麵類、輕食、兒童餐等種類多樣的菜色。

有大分名產「とりてん」的豊後とり天定食，1000日圓

白鶴sky merry

可以搭著「白鶴媽媽」嘴裡咬著的座艙，一邊旋轉昇高到22m的高度。不只園區內一覽無遺，還可眺望到城島高原、由布岳、鶴見岳。

¥400日圓或使用通票

360度的玻璃窗，視野很棒

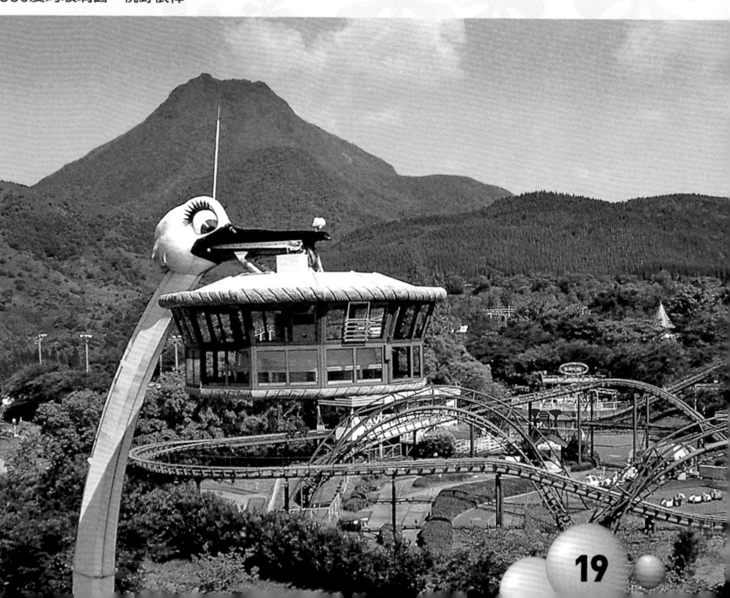

荷包不吃緊！

划算又好玩的平價景點

遊樂園和主題樂園雖然很棒，但親子一起去還是會擔心荷包大失血。這個時候就推薦門票便宜的動物園，或免費的公園等景點。以下就挑選出一家4口基本費用在2000日圓以下的划算景點。

★費用為一家4口（大人2位、小學生1位、幼兒1位）的狀況

與動物見面

前往門票便宜的市營動物園或免費入園的觀光牧場。參加可以和動物交流的活動吧。

福岡縣 福岡市　ふくおかしどうしょくぶつえん

一家4口 門票 1200日圓

福岡市動植物園

動植物園的人氣是來自「行動展示」，下了一番工夫讓遊客可以看到動物們最原來的模樣。在「亞洲熱帶溪谷區」中，可以從各個角度觀看馬來熊、豹等動物。相鄰的植物園也一起逛逛吧。

ZOO SPOT GUIDE

每週日及假日舉行。可以聽到只有飼養員才知道的動物癖好和習慣性等，非常珍貴。地點和時間、內容會依動物而有變動。請在網頁上（http://zoo.city.fukuoka.lg.jp/）確認。

好舒服～

馬來貘的「洗洗刷刷時間」

馬來熊舍

書末地圖21G　資訊 參照P.28

觀覽空間是由下往上看的玻璃牆，可以透過窗戶看到在四周步行的馬來熊。

網紋長頸鹿

有母長頸鹿「リンダ」和2017年秋天入園的公長頸鹿「ジュラ」。每天下午1時左右為餵食時間，可以看到長頸鹿用長長的舌頭靈活地吃樹葉的樣子。

兒童動物園「交流區」

在園內一角的兒童動物園中，可以觸摸天竺鼠或兔子。實施時間為週四之外的上午9時45分～11時45分，下午1時30分到4時15分。

因為會造成動物的精神壓力，所以不能抱起動物

馬來熊是世界上最小的熊

更近距離的感受動物們的存在

革命性的「行動展示」造成話題

幸運遇到餵食時段！熊拿起飼養員放置的蘋果及香蕉食用的模樣相當有魄力

我在這裡等大家來哦！

東北虎

貓科中最大的動物。有個性溫合的公虎「カイ」和脾氣有點差的「メイ」2頭老虎。

每隻動物的個性都不一樣。有任何不懂的事情都可以詢問飼養員。

飼養員
藤野正和

免費入園的觀光牧場 可與動物交流&玩遊樂器材

交流家畜舍
這裡有綿羊、山羊、雞等動物。天氣好的時候可以在室外與動物們交流。

交流廣場
集合了滾輪溜滑梯等遊戲器材的廣場。夏天氣溫高時，還有從撒水頭噴水的玩水時間。

一家4口 門票免費　福岡縣 福岡市　●も～も～らんどあぶらやまぼくじょう

哞哞樂園油山牧場

距福岡市30分鐘車程的觀光牧場，為免費入場。也備有擠牛奶、餵食綿羊&山羊以及騎馬等付費體驗課程。週末及假日舉辦的做奶油體驗1次300日圓。

書末地圖 10H　資訊 參照P.31

擠牛奶體驗
每天在上午及下午皆會舉行擠牛奶的體驗活動。參加一次為100日圓，當天上午9點開始放發號碼牌。人數上限為70人，週末的話建議提早入園。

用現擠生乳加工製成的牛奶及奶油在商店買得到

東展望台
在園內有東西兩處展望台，位在牛放牧地的東展望台，天氣晴朗時可一望福岡市區風景。

一家4口 門票1100日圓　鹿兒島縣 鹿兒島市　●かごしまひらかわどうぶつこうえん

鹿兒島市平川動物公園

穿過正面主入口後，就可以看到以櫻島及錦江灣的大型全景為背景，動物們群聚的動物公園。這裡飼育著約140種1000隻動物，最有人氣的是白虎和無尾熊。

書末地圖 20G　資訊 參照P.87

交流樂園
在可以觸摸的交流樂園中，有兔子及山羊等動物。觸摸區為上午10時到11時30分、下午1時30分～3時。交流區為上午9時30分到11時30分、下午1時30分到3時30分。

可愛程度破表！

天竺鼠
在觸摸區裡可以摸到天竺鼠。

草原犬鼠
站立起來四下張望的模樣非常可愛

狐獴
小巧身體加上大大的眼睛是牠迷人之處

黑猩猩舍
架了露台的高塔上，擅長爬樹的黑猩猩靈活地爬上爬下。

這裡見得到九州唯一的無尾熊及稀有的白虎

陸上最大的肉食動物

北極熊
這裡是日本飼育北極熊最南邊的動物園。牠在這裡時而慢步行走時而進到水池中，很悠閒地生活著。

亞洲小爪水獺
2016年誕生的小水獺和父母親互相依偎著作日光浴的模樣相當可愛。

無尾熊
九州只有這裡飼養無尾熊。可以見到2016年12月誕生的無尾熊寶寶。

荷包不吃緊！
划算又好玩的平價景點

到公園及遊樂園遊玩

有活動身體遊玩的廣場，也有多樣幼兒及兒童喜愛的遊戲器材的休閒設施，在1個地方就可以滿足多種玩法。

鯙魚隧道

鯙魚張開大嘴造型的有趣隧道。鑽進用黃色網子作成的身體，從嘴巴裡出來。

大章魚溜滑梯

章魚造型的溜滑梯。長度和傾斜度各有不同的滑道，迎合各年齡的小朋友。

特殊遊戲器材好好玩
海中生物造型的

鯨魚雲朵「蹦蹦床」

2個灌滿空氣的巨大彈跳床併排，使用年齡限制為3到12歲。其中一個高度只有1.7m，且6歲以下的小朋友優先，小小孩也可以安心遊玩。

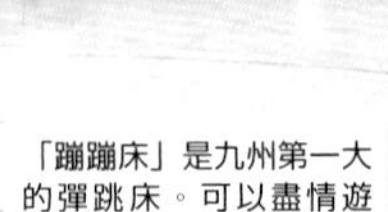

「蹦蹦床」是九州第一大的彈跳床。可以盡情遊玩，很受小朋友的歡迎！

工作人員
切手さや香小姐

福岡縣 福岡市 うみのなかみちかいひんこうえん

一家4口 門票 900日圓

海中道海濱公園

面積約293.5萬㎡的國營公園。有集合了海豚造型的滾輪溜滑梯等適合小朋友的遊戲器材的「神奇世界遊樂園」、飼養了約50種500隻動物的「動物森林」，以及以不同主題展示花卉的「花卉博物館」等，充滿值得一玩的景點。

書末地圖 21C　資訊 參照P.26

冒險池

在水深約10cm的池子上架設了使用繩索及輪胎的21種遊戲器材。

還有這些精彩景點哦！

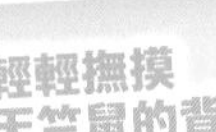

輕輕撫摸天竺鼠的背

溫馨動物舍

天竺鼠可以抱在膝上撫摸。時間為每天上午10時30分到12時，及下午1時10分到3日。

花卉博物館

意象為「沒有屋頂的美術館」。配合「街道中的花卉」、「水果與香氣」等主題，展示當季的花卉。

七彩街景

以「街道中的花卉」為主題重現了街景，牆面上裝飾著吊掛花籃等。

繽紛花壇

主題為「立體花壇」，花壇排放在不同高度的石堆上。

水邊小徑

主題為水生植物。集中了生長於水中、水岸、溼地的代表性植物。

花之圖樣

意識著日本傳統圖紋，用花卉繪出模仿玄界灘海浪的圖案。

一家4口 門票250日圓

福岡縣 北九州市 ひびきなだりょくち（グリーンパーク）

響灘綠地(GREEN PARK)

以「與水、綠意，以及動物們的交流」為主題的公園。面積有196萬㎡的廣大園內中，有大草坪廣場、熱帶植物園、自行車路線等。5月中旬到6月中旬會舉辦玫瑰嘉年華，可以欣賞到320種類2500株的當季盛開的玫瑰花。

書末地圖11C 資訊 參照P.35

北九州最大的公園 活用豐沃大自然

大草坪廣場

面積廣達4萬㎡的草坪廣場。可以讓小朋友在這裡奔跑，或享用便當，非常舒適。週末時還會舉辦活動。

Agrizm Cafe

大方使用北九州市內的蔬菜及水果等，講究產地自銷的咖啡廳。午餐盤餐（1080日圓）最有人氣。

袋鼠廣場

袋鼠寶寶你好！

飼養了約250隻袋鼠及岩袋鼠等。門票為大人300日圓，小、中學生150日圓。

遊戲水池

夏季人氣景點

外型像溜滑梯一樣的游泳池。水深約20cm，即使個子不高的小朋友也可以安心玩水。一旁設置有防曬用的海灘傘及遮陽棚等。

一家4口 門票800日圓

宮崎縣 宮崎市

兒童王國

1939年開園，有以60支杉木建造的樹屋，和設了5座遊戲器材的競技器具區，及可以玩扮家家酒的迷你屋等免費遊樂器材。

書末地圖19H 資訊 參照P.81

超長溜滑梯

約80年前開園起就很有人氣的遊樂器材。長度10m，非常刺激。

冒險樂園

集合了在大圓木上行走及抓著繩索前進的遊戲器材。

有適合小朋友的遊樂器材及活用大自然的運動器具

兒童廣場

有盪鞦韆、溜滑梯等遊戲器材，可免費使用。也有小朋友可以四處奔跑的遊戲空間。

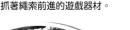

樹屋

高約6.4m的樹屋是使用宮崎縣產的杉木建造。可以爬上高約1.8m處的露台。

來欣賞美麗的花卉吧！

花卉資訊

一整年都有不同花卉盛開。配合開花時期還會舉辦各種活動。

山櫻花
開花時期／1月下旬～2月中旬
這裡有約25顆山櫻花樹，深粉紅色的花瓣相當鮮豔。

玫瑰
開花時期／4月下旬～5月下旬、10月下旬～11月中旬
園內的玫瑰園中，盛開著300種3500株的玫瑰。

繡球花
開花時期／6月上旬～6月下旬
有紫色、藍色、水藍色等色彩豐富的繡球花。

還有還有！划算又好玩的平價景點

在九州各地還有很多免費或平價景點。
以下就從中嚴選出最推薦的景點作介紹。
在親子出遊時加以活用吧！

★費用為一家4口(大人2位、小學生1位、幼兒1位)的情形

遊樂園 福岡縣 太宰府市 一家4口 1800日圓

太宰府遊樂園
★だざいふゆうえんち

書末地圖 10H 資訊 參照P.30

博物館 福岡縣 北九州市 一家4口 1200日圓

生命之旅博物館(北九州市立自然史・歷史博物館)
★いのちのたびはくぶつかん(きたきゅうしゅうしりつしぜんしれきしはくぶつかん)

書末地圖 22C 資訊 參照P.39

博物館 福岡縣 北九州市 一家4口 900日圓

九州鐵道記念館
★きゅうしゅうてつどうきねんかん

書末地圖 11B 資訊 參照P.39

體驗・學習 福岡縣 福岡市 一家4口 600日圓

博多飲食文化博物館(HAKU HAKU)
★はかたのしょくとぶんかのはくぶつかん(ハクハク)

書末地圖 21E 資訊 參照P.42

牧場 佐賀縣 佐賀市 一家4口 1400日圓

三瀨牧場橡果村
★みつせルベール ぼくじょうどんぐりむら

書末地圖 14B 資訊 參照P.46

公園 佐賀縣 吉野ヶ里町 一家4口 920日圓

吉野里歷史公園
★よしのがりれきしこうえん

書末地圖 14C 資訊 參照P.48

公園 佐賀縣 神埼市 一家4口 0日圓

高取山公園
★たかとりやまこうえん

書末地圖 14C 資訊 參照P.49

體驗・學習 佐賀縣 武雄市 一家4口 1320日圓

佐賀縣立宇宙科學館
★さがけんりつうちゅうかがくかん

書末地圖 13E 資訊 參照P.50

體驗・學習 佐賀縣 神埼市 一家4口 0日圓

養樂多總公司佐賀工場
★ヤクルトほんしゃさがこうじょう

書末地圖 14C 資訊 參照P.51

水族館 長崎縣 長崎市 一家4口 1620日圓

長崎企鵝水族館
★ながさきペンギンすいぞくかん

書末地圖 16D 資訊 參照P.55

牧場 熊本縣 産山村 一家4口 0日圓

産山牧場
★うぶやまぼくじょう

書末地圖 3H 資訊 參照P.61

動物園 熊本縣 熊本市 一家4口 700日圓

熊本市動植物園
★くまもとしどうしょくぶつえん

書末地圖 25H 資訊 參照P.62

博物館 熊本縣 御船町

一家4口 1200日圓

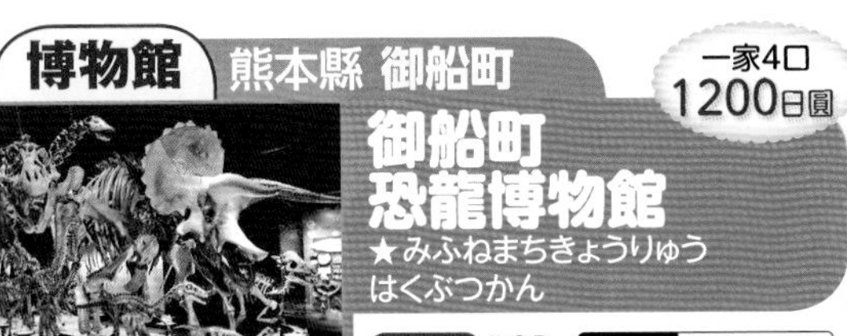

御船町恐龍博物館

★みふねまちきょうりゅうはくぶつかん

書末地圖18D 資訊 參照P.66

博物館 熊本縣 人吉市

一家4口 0日圓

人吉鐵道博物館 MOZOCA STATION 868

★ひとよしてつどうミュージアム モゾカステーションハチロクハチ

書末地圖6F 資訊 參照P.66

動物園 大分縣 大分市

一家4口 1270日圓

國立公園 高崎山自然動物園

★こくりつこうえん たかさきやましぜんどうぶつえん

書末地圖19A 資訊 參照P.74

牧場 大分縣 九重町

一家4口 0日圓

國立公園 九重群山牧場

★こくりつこうえん くじゅうやまなみぼくじょう

書末地圖23D 資訊 參照P.75

體驗・學習 大分縣 大分市

一家4口 840日圓

關崎海星館

★せきざきかいせいかん

書末地圖3F 資訊 參照P.79

牧場 宮崎縣 都城市

一家4口 0日圓

高千穗牧場

★たかちほぼくじょう

書末地圖8B 資訊 參照P.80

遊樂園 鹿兒島縣 志布志市

一家4口 1200日圓

Daguri岬遊樂園

★ダグリみさきゆうえんち

書末地圖9E 資訊 參照P.88

公園 鹿兒島縣 霧島市

一家4口 0日圓

霧島 神話之里公園

★きりしましんわのさとこうえん

書末地圖8B 資訊 參照P.88

公園 鹿兒島縣 霧島市

一家4口 0日圓

霧島高原 MAHOROBA之鄉

★霧島高原まほろばの里

書末地圖8B 資訊 參照P.89

公園 鹿兒島縣 鹿屋市

一家4口 0日圓（進入玫瑰園為1350日圓～）

鹿屋市 霧島之丘公園

★かのやしきりしまがおかこうえん

書末地圖8F 資訊 參照P.92

美術館 鹿兒島縣 湧水町

一家4口 770日圓

鹿兒島縣 霧島藝術之森

★かごしまけんきりしまアートのもり

書末地圖8A 資訊 參照P.93

依區域別介紹

編輯部推薦的

親子遊景點

從下一頁開始Check!

福岡市 充滿花卉與綠意的海岸公園

書末地圖21C

○うみのなかみちかいひんこうえん

海中道海濱公園

0歲 1~3歲 4~5歲 6歲以上

092-603-1111

大人	中小學生	65歲以上
410日圓	80日圓	210日圓

自行車出租1日券，大人700日圓，中學生以下400日圓。露天水上遊樂園大人1700日圓，中小學生880日圓，兒童(3歲以上)160日圓(含入場費，有可能調整)。神奇世界裡的遊樂設施為另外計費。

餐飲可以自行攜帶外食，或至綜合餐廳等用餐。投幣式置物櫃（100日圓）為退幣式。

這裡位於被博多灣與玄界灘包夾的半島正中央。面積廣達293.5萬㎡，共有海中道站、神奇樂園、西側自行車中心、陽光微風廣場、鴨池等6個出入口。四季都可以欣賞到不同花卉，吸引眾多家族遊客。

DATA 9:30～16:30(11~2月為~16:00，游泳池期間為9:00~17:00，可能有變動) 休12月31日、1月1日、2月第1個週一與其翌日 所福岡市東區西戶崎18-25 JR香椎線海中道站步行即到 海中道渡船碼頭步行5分 福岡都市高速香椎濱出口約10km P3100輛(1天520日圓)

盡是讓小朋友展現笑臉的遊戲器材!
重點看過來!

非常受小小孩們歡迎的「鯨魚雲朵蹦蹦床」

其1 神奇世界

設有卡丁車等遊樂設施，以及滾輪溜滑梯、海中生物造型的遊戲器材。

其3 動物森林

有草原犬鼠等50種類500隻動物，在最接近自然的狀態下飼養著。也有可以直接觸摸小動物的活動。

其2 兒童廣場

為草坪廣場及水邊遊戲器材的空間。劃分為遊戲廣場、冒險池、兒童堡壘等多個區域。

其4 玫瑰園

約有170種1300株玫瑰在春天及秋天盛開，在附近就可以聞到漂散的花香。

其5 大型草坪廣場

面積約24萬㎡的天然草坪廣場。在角落設置有海豚造型的大型遊戲器材。在休憩中心還有迷你高爾夫球（1次400日圓）及飛盤高爾夫（1個200日圓）等道具出租。

幼兒資訊

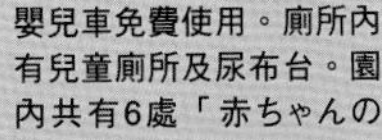

嬰兒車免費使用。廁所內有兒童廁所及尿布台。園內共有6處「赤ちゃんの駅」，內有哺乳室。

一起來check!

四季花卉

春天有櫻花、鬱金香、粉蝶花、玫瑰，夏天有繡球花，秋天有大波斯菊、玫瑰等，四季皆可欣賞美麗花卉。

露天水上遊樂園

每年7月上旬開放至9月中旬。有6種類型的泳池，最有人氣的是設有100m滑水道的滑水道池及長達300m的流水池。

福岡市 近距離欣賞多彩多姿的海中生物

○マリンワールドうみのなかみち

書末地圖21C

海洋世界海之中道

0歲 1~3歲 4~5歲 6歲以上

人氣海豚超可愛

☎092-603-0400

¥ 大人 2300日圓 中學生 1200日圓 小學生 1000日圓 兒童(4歲~) 600日圓

需確認攜帶之外食。
投幣式置物櫃為200～500日圓

大幅將全館翻新為以療癒為主概念的空間。煥然一新的「九州」主題水槽，是一個可以感受到被海洋與水岸自然包圍，充滿奇幻氛圍的文化度假設施。並於2018年4月中旬重新開幕，魅力更升級。

DATA 9:30～17:30（有季節性變動，閉館前1小時截止入館）休2月的第1個週一與其翌日 所福岡市東區西戸崎18-28 JR香椎線海中道站步行即到 海中道渡船碼頭步行即到 福岡都市高速香椎濱出口約8.5km P400輛（1天520日圓）

幼兒資訊

嬰兒車出租需500日圓保證金（使用後退還）。每個樓層都有兒童廁所。各女性廁所及1處男性廁所中設置有尿布台。哺乳室有1處。

一起來check!

大水槽的餵食秀

潛水員進入大水槽中直接餵食魚兒的活動。時間及次數需確認。

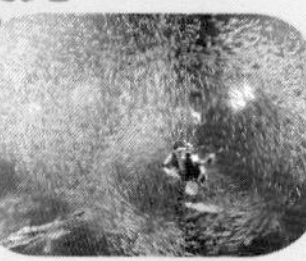

海豹的餵食體驗

在海豹池前方的自動販賣機購買飼料，即可體驗餵食樂趣。先買先贏，售完為止。

充滿迫力的高空跳躍、空中翻身讓人目不轉睛！

重點看過來！

其1 表演池（海豚、海獅秀）

全天候型的表演池約可容納1200人，每天都會進行海豚及海獅的表演秀。表演時間大約為30分，海豚秀一天會進行數次。表演時間會依季節及日期而有變動。

其2 外洋大水槽

水深7m、長110m、寬24m、水量1400噸的大型水槽，重現了九州的外洋，展示魚群及魚兒具速度感的動作。

其3 海獸島

可在「海獸」看到海豹、海獅、海豚等居住在海中的動物們。在四面皆以玻璃圍繞的「海中CUBE」觀察動物們在水中悠游的模樣。

其4 江豚池

來這裡可以看到2隻棲息在福岡近海的小型海豚「江豚」。可愛的表情非常討人喜歡。

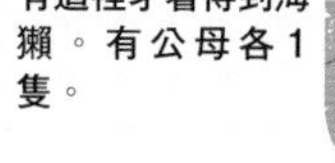

其5 海獺池

在關西地區以南只有這裡才看得到海獺。有公母各1隻。

福岡市

動物園與植物園合而為一

書末地圖21G

○ふくおかしどうしょくぶつえん

福岡市動植物園

0歲 1~3歲 4~5歲 6歲以上

可以看到動物原始模樣的「行動展示」

092-531-1968

大人 600日圓 高中生 300日圓

餐廳及商店等共計4處。建議自行攜帶外食。投幣式置物櫃為200日圓。

在這裡展示了約120種類的動物以及約2600種的植物。「亞洲熱帶溪谷區」中，動物原始生態的空間構造相當受歡迎。而可以觸摸到小動物的「兒童動物園」也相當具有人氣。植物園中有立體回遊式溫室，便於觀察熱帶花卉及果實。

DATA 9:00～16:30 休週一(逢假日則翌日休)、12月29日～1月1日
所福岡市中央区南公園1-1 JR鹿兒島本線博多站搭巴士車程20分，步行即到
福岡都市高速天神北出口約4km
P247輛(1日500日圓)

幼兒資訊

嬰兒車出租1天210日圓。只有動物園有兒童廁所。尿布台、哺乳室則是動物園、植物園皆有。

一起來check!

小木屋造型的商店

銷售有各種動物的布娃娃、胸章等，以及原創商品。「山猫拉麵」1包185日圓。

中央食堂

除了有咖哩飯及麵類之外，還有兒童盤餐及冰淇淋等菜色。手工豬排咖啡飯為850日圓。

欣賞動物們最自然的模樣

重點看過來！

其1 福岡市動物園

飼養了河馬、長頸鹿等約120種類的動物。每天下午1時左右有長頸鹿的餵食時間，可以看到長頸鹿進食的樣子。

其2 馬來熊舍

為了展示馬來熊的特色，在2處飼育場中充滿了各種創意。在這裡可以仔細觀察牠的長舌頭及使用爪子的模樣。

其3 兒童動物園

在這裡可以近距離地看到鴨子、兔子等小動物。交流區的營業時間為週四之外的上午9時45分到11時45分，與下午1時30分到4時15分。

其4 福岡市植物園

花壇、玫瑰園、野草園、紅葉樹園、溫室之外，在園內北側的高台上還有一處展望台。平常會舉辦玫瑰祭、各種展示會等活動。

其5 地軌式纜車

免費纜車連接動物園與植物園，讓移動更方便。受到有小朋友的家庭的好評。

福岡市　和麵包超人一起遊玩

○ふくおかアンパンマンこどもミュージアムインモール　書末地圖 21F

福岡麵包超人兒童博物館 in 購物商場

0歲　1~3歲　4~5歲　6歲以上

092-291-8855

¥ 1歲以上 1500日圓

小學生以下附贈記念品

有1處餐廳及7處輕食、咖啡廳。投幣式置物櫃為200～400日圓

為全日本第五座。位在「HAKATA RIVERAIN MALL」的5樓及6樓，利用玻璃帷幕的中庭空間，是一座完整呈現麵包超人世界的參加、體驗型博物館。因為位在室內，無論下雨或寒冷氣溫都不用怕。博物館、商店、餐廳合而為一，在遊玩的空檔還可以購物及用餐。

麵包超人會和同伴們在館內巡邏或散步

一起來check!

每日替換的勞作教室

在「咪咪老師的學校」舉辦的活動之一，使用漿糊及畫筆製作麵包超人和伙伴們的面具。人數限制為30名，所需時間為5到10分。

幼兒資訊

嬰兒車不得攜帶入內。在5樓售票處旁為嬰兒車放置處。兒童廁所有2處。在嬰兒室中設有尿布台，哺乳室有2處。

DATA ■10:00～18:00（視時期有變動）休無休（會因維修休館）、1月1日 所福岡市博多区下川端町3-1 HAKATA RIVERAIN MALL5·6F 交市營地下鐵機場線中洲川端站步行即到 車福岡都市高速千代出口約1km P無

©やなせたかし/フレーベル館·TMS·NTV
跟著快樂的音樂，大家一起來跳舞!!

重點看過來！

其1 福岡Dance! Dance! Museum

- 位在5樓的「やなせたかし劇場」所進行的舞台表演。
- 由麵包超人與他的伙伴帶來快樂的舞蹈。

其2 咪咪老師的學校

- 位在6樓，舉辦勞作教室、紙偶戲、人偶劇等有趣的活動。每天都會舉辦不同活動，也有季節限定的活動。

其3 沙場

- 位在出口旁，使用鬆散的砂子，是可以站著玩的砂池。場地很衛生，可以堆小山或挖洞玩樂。

福岡市　以花卉點綴**森林家族**的世界

○かしいかえん シルバニアガーデン　書末地圖 21B

香椎花園 森林家族樂園

0歲　1~3歲　4~5歲　6歲以上

092-681-1602

¥ 大人（中學生~）1000日圓　兒童（3歲~）600日圓　65歲以上 800日圓（需證明）

通票 2600日圓（另需門票）

餐飲設施及遊戲器材內不得攜帶外食。投幣式置物櫃為200日圓。

位在福岡市中心的遊樂園。主概念為「都市裡的綠洲」，於2017年3月重新開幕。至今也以賞花名勝而聞名，現在更加提昇規模，園內成為花卉公園，也更新及增設遊戲器材，增加公園高爾夫場，還擴大了用餐空間等。更加受到各年齡層的注目。

相隔44年重新整建的地標摩天輪（示意圖）

一起來check!

森林家族樂園

在重現了森林家族景色的森林家族樂園中，每天都會舉辦唱歌跳舞的表演秀。

幼兒資訊

嬰兒車出租1天300日圓（需保證金1000日圓，歸還時退700日圓）。兒童廁所1處，尿布台6處，哺乳室3處。

DATA ■10:00～17:00（有季節性變動）休不定休 所福岡市東区香住ケ丘7-2-1 交西鐵貝塚香椎花園前站步行即到 車福岡都市高速香椎濱出口約0.3k P1100輛（1天600日圓）

太宰府市　有好多適合**幼兒**的**遊戲器材**！

○だざいふゆうえんち　書末地圖 10H

太宰府遊樂園

0歲　1~3歲　4~5歲　6歲以上

092-922-3551

¥ 大人（中學生~）500日圓　兒童（3歲~）400日圓

騎乘物、各遊樂設施另需費用。

建議自行攜帶外食。雨天可在免費空間「まんまるーむ」遊玩。投幣式置物櫃為200日圓。

太宰府天滿宮來自全國各地的參拜人數在考試季節時到達高峰，這座遊樂園就位在天滿宮的腹地內。幾乎全部的遊樂設施只要有18歲以上同行者陪同都可以搭乘。「光之迷宮」、「小不點曲徑」、「Toy Swing」、「Magic Art」等遊樂設施最有人氣。

園內在春天有櫻花，秋天有楓紅，色彩優美

幼兒資訊

嬰兒車出租1天為300日圓。兒童廁所有2處，尿布台有3處，哺乳室有2處。

一起來check!

小不點曲徑

如果因為它的名稱而小看它，可能會遲遲找不到出口。是有著木頭溫潤質感的遊樂設施。費用為300日圓。

DATA ■10:30～16:30（週日、假日為17:00依季節調整）休不定期，7、12月有約5日的休園 所太宰府市宰府4-7-8 交西鐵太宰府線太宰府站步行8分 車九州自動車道太宰府IC約8km P使用太宰府天滿宮停車場（1000輛，1天500日圓）

圖示凡例
 大約所需時間
 雨天OK
 有餐廳

 可帶外食入內
 投幣式置物櫃

 嬰兒車（租借／自行攜帶）

 兒童廁所

 換尿布空間

 哺乳室
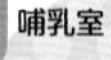

北九州市 觀察各種動物們的生態

○いとうづのもりこうえん

書末地圖 22B

到津之森公園

0歲 1~3歲 4~5歲 6歲以上

093-651-1895

大人 800日圓 中高生 400日圓 兒童（4歲~）100日圓

勿留下自行攜帶外食的垃圾。
投幣式置物櫃為200～300日圓

9月的動物愛護日免費入園。5月5日兒童節兒童免費入園。園區內遊戲回數券1本1000日圓。騎乘驢子為200日圓、餵食100日圓

由樹冠、森林地表、草原的世界，及鄉間森林、近距離接觸動物園、園地區域等8個地區所構成，有如綠意昂然的綠洲，深受遊客喜愛。在這裡可以觀賞到約100種類500隻動物在接近自然的環境中悠然生活的樣子，也會舉辦夜間動物園及季節性活動。

大象的餵食充滿魄力

重點看過來！

其1 草原世界

重現熱帶莽原氣候的地區，有長頸鹿、斑馬、獅子等動物。特色是重視觀賞方便性的多角度展示。

其2 近距離接觸動物園

可與浣熊、兔子、山羊等小動物近距離接觸的區域。還可以餵食浣熊、山羊，飼料費為100日圓。

其3 夜間動物園

暑假期間會延長開園時間舉行夜間動物園。可以觀察動物和白天完全不同的模樣。詳細需洽詢。

幼兒資訊

嬰兒車出租1天為100日圓。兒童廁所有3處，尿布台有8處，哺乳室則有2處。

DATA 9:00～17:00（夜間開園時會延長） 休週二（逢假日則翌日休，春假、暑假、出遊季節時為無休）、過年期間 所北九州市小倉北区上到津4-1-8 JR鹿兒島本線小倉站搭巴士車程20分，下車步行即到 北九州都市高速山路出口約3.3km P600輛（1天600日圓）

一起來check!

園地區域

在靠近北入口附近有摩天輪、旋轉木馬等適合小朋友的遊樂設施。費用約是200到300日圓左右。

福岡市 來與可愛動物們見面吧

○も～も～らんどあぶらやまぼくじょう

書末地圖 10H

哞哞樂園油山牧場

0歲 1~3歲 4~5歲 6歲以上

092-865-7020

入場費 免費

餐廳營業月份為3～11月。
餐廳等處不得攜帶外食時會有標識。

位在距離福岡市區約30分車程的油山山腰，總面積有47萬㎡的觀光牧場。這裡有可以體驗擠牛奶的「擠牛奶舍」、飼養了綿羊及山羊的「觸摸家畜舍」，還有滾輪溜滑梯等。擠牛奶體驗、騎馬體驗等每個設施都玩的話，可以悠閒地待上一整天。

園內的遊步道上可以觀賞放牧的牛隻

重點看過來！

其1 擠牛奶體驗

每天都會進行擠牛奶體驗活動。時間為10時30分起與下午1時15分起各30分鐘。人數限制為70位，體驗一次為100日圓。需取號碼牌。

其2 騎馬體驗

在騎馬場可以騎乘由工作人員牽引的馬。1人乘坐1圈為520日圓。4歲以上可以參加，時間為上午11時起及下午3時起，各30分。

其3 動物觸摸體驗

地點為飼養有馬、綿羊、雞的家畜舍。天氣好時可以在室外的柵欄中觸摸山羊。黃金週前後還會有剔綿羊的表演。

幼兒資訊

嬰兒車出租免費。兒童廁所有1處，尿布台有7處，在管理事務所中有哺乳室。

DATA 9:00～17:00 休週三（逢假日則翌日休）、12月29日～1月3日 所福岡市南区柏原710-2 JR鹿兒島本線博多站搭巴士車程30分，計程車15分 福岡都市高速野多目出口約8.7km P442輛（1次300日圓）

一起來check!

餐廳「Ayama‧Ruba」

招牌料理是烤肉網烤的BBQ。有肉、蔬菜、肉丸子等的「得々盛り合わせ」為2000日圓。

福岡

平價景點0元・

動物園・水族館・牧場

大牟田市 可與動物交流的休憩園區

○おおむたしどうぶつえん 書末地圖14H

大牟田市動物園

0歲 1~3歲 4~5歲 6歲以上

☎0944-56-4526

¥ 大人370日圓 高中生210日圓 4歲以上中學生以下80日圓

提供速食的商店有2處。投幣式置物櫃為100日圓。

旋轉木馬、摩天輪各200日圓

位在大牟田市幾乎正中間的延命公園內，飼養了長頸鹿、小貓熊等55種類275隻動物。最吸睛的是日本最長壽的白鵜鶘及白虎。園內也有可搭旋轉木馬及摩天輪的兒童遊樂園。

週六、日、假日舉行的「與蛇交流體驗」

有點可怕但又好想靠近。近距離接觸野生動物們！

重點看過來！

其1 長頸鹿觸摸體驗

在週六日、假日的上午11時30分起舉行。長頸鹿大大的臉就近在眼前，還可以摸摸牠。

其2 天竺鼠觸摸體驗

每天會進行2次觸摸天竺鼠的體驗活動。上午及下午各進行約30分鐘。人數額滿即結束。

其3 兒童遊樂園

位在出入口附近的兒童遊樂園。在天氣晴朗時，搭上摩天輪還可以一望有明海及長崎縣雲仙的美麗景色。

幼兒資訊

嬰兒車出租1天為100日圓。園內中央部份的休息空間內有哺乳室。哺乳室及2處女性廁所中併設有尿布台。

一起來check!

松鼠猴餵食

舉行日為週六、日、假日。松鼠猴靠近時可以親手餵食飼料，松鼠猴的動作相當可愛。

DATA 🕒9:30～16:30（12～2月為16:00）休第2、4個週一（逢假日則翌日休）、12月29日～1月1日 所大牟田市昭和町163 🚉JR鹿兒島本線大牟田站步行15分 🚗九州自動車道南關IC約13.5km P110輛（免費）

飯塚市 與動物交流、遊戲、當朋友

○ピクニカきょうわこく 書末地圖10F

Piknica共和國

0歲 1~3歲 4~5歲 6歲以上

☎0948-26-4822

¥ 大人（高中生～）700日圓 小人（3歲～）400日圓

園內無餐飲設施，建議自行攜帶外食。設置有桌椅供自由使用。

殘障人士大人500日圓、兒童350日圓。飼料費100～400日圓。合鴨賽跑200日圓、迷你高爾夫200日圓、騎馬500日圓

提供親近大自然及動物的機會，並希望能使更多人因此而喜歡上動物，是這裡的目標。在這裡可以自由地觸摸天竺鼠及小雞等動物，還有餵食體驗、騎乘迷你馬，夏季有釣淡水龍蝦等活動。在週六日、假日會舉行鴨子賽跑活動。

鴨子賽跑活動空檔的餵食體驗

幼兒資訊

可攜帶嬰兒車入內。廁所中設有尿布台。

一起來check!

自製麵包體驗

將麵團搭在竹棒上，再用炭火烘烤。在週六、日、假日不定期舉行，費用為300日圓。

DATA 🕒10:00～16:30（7・8月為～17:30）休週三、四（逢假日則營業）、12～2月僅週六、日、假日營業 所飯塚市八木山長倉2288 🚉JR篠栗線筑前山手站搭乘計程車車程20分 🚗九州自動車道福岡IC約15km P50輛（免費）

久留米市 飼養鳥類與動物

○くるめしちょうるいセンター 書末地圖14C

久留米市鳥類中心

0歲 1~3歲 4~5歲 6歲以上

☎0942-33-2895

¥ 大人（高中生～）250日圓 中小學生100日圓 兒童（4歲～）50日圓

雖有輕食商店但不定期休店，建議自行攜帶外食。投幣式置物櫃為100日圓。

PLAY LAND回數券1000日圓

這裡飼養了約80種6000隻鳥類及動物。其中印度孔雀數量很多，大約有100隻。還有特別天然記念物丹頂鶴、白貓頭鷹、黑腳企鵝、大眼斑雉等稀有鳥類。園內一角設有PLAY LAND。

在園內圓頂屋裡，可以近距離觀察紅鶴

幼兒資訊

嬰兒車出租免費。資料室及圓頂屋的女性廁所中有尿布台。資料室中有哺乳室。

一起來check!

PLAY LAND

在PLAY LAND中有旋轉木馬、摩天輪等遊樂設施。每年5月5日會舉辦活動。

DATA 🕒9:00～16:30 休第2個週一、12月29日～1月1日 所久留米市東櫛原町中央公園內 🚉西鐵天神大牟田線西鐵久留米站搭乘巴士5分，步行3分 🚗九州自動車道久留米IC約3km P372輛（免費）

圖示凡例  大約所需時間  雨天OK  有餐廳  可帶外食入內  投幣式置物櫃  嬰兒車（租借／自行攜帶） 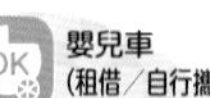 兒童廁所   換尿布空間  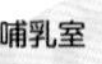 哺乳室

福岡市 綠意環繞的水岸公園

○おおほりこうえん 書末地圖21F

大濠公園

0歲 1~3歲 4~5歲 6歲以上

092-741-2004(大濠・西公園管理事務所)

餐廳與輕食、咖啡廳各有2處。

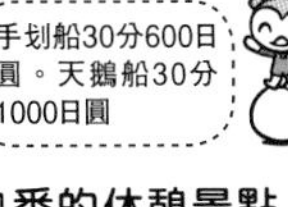

手划船30分600日圓。天鵝船30分1000日圓

池塘外圍有完善的遊步道。

福岡市民所熟悉的休憩景點。利用福岡城的外濠建造而成，以外圍約2km的池塘為中心整備而成。40萬㎡的腹地中在公園南側有12000㎡的日本庭園。池塘部份有提供遊覽船出租。

幼兒資訊

可攜帶嬰兒車入內。各廁所中皆設有兒童廁所及尿布台。雖然設備並非很完善，但與嬰兒同遊不會不方便。

一起來check!

遊覽船租借處

有手划船與天鵝船等小船，平日營業時間為上午11時至下午5時30分。週六、日、假日為上午10時開始營業，12月至2月暫停營業(需確認)。遊覽船租借處的洽詢為ボートハウス大濠パーク(092-406-4568)。

DATA 自由入園 休無休 所福岡市中央区大濠公園 市營地下鐵機場線大濠公園站步行即到 福岡都市高速西公園出口約1.5km P101輛(2小時內220日圓，之後每30分160日圓)

福岡市 花卉與綠色植物的美麗自然公園

○のこのしまアイランドパーク 書末地圖10F

能古島海島公園

0歲 1~3歲 4~5歲 6歲以上

092-881-2494

¥ 大人(高中生~)1200日圓 中小學生600日圓 兒童(3歲~)400日圓

可進行烤肉的餐廳外，共計有3處餐飲設施。投幣式置物櫃為200日圓。

能古槌球大賽9球500日圓。彩繪體驗800日圓~、陶藝體驗2200日圓~

10~11月上旬盛開的大波斯菊是能古島的秋季風情詩。

海岸線長12km的能古島位在博多灣內，公園位在島上北部，佔地15萬㎡。以賞花勝地聞名，在春天有櫻花、油菜花，夏天為向日葵，秋天為大波斯菊，冬天為日本水仙等四季依序盛開。另有重現博多過去街景的回憶之路、自然動物園、體育運動區、餐廳、烤肉會場、住宿設施等。

幼兒資訊

嬰兒車出租1天300日圓。園內有3處兒童廁所、尿布台、哺乳室。

一起來check!

季節性活動

在春天有「雛人形祭」及「兒童寫生大會」，夏天有無限制摘向日葵、秋天則是萬聖節活動等，有各式各樣的季節性活動。

DATA 9:00~17:30(週日、假日為~18:30) 休無休 所福岡市西区能古島 能古島渡船場搭乘巴士車程10分，步行即到 福岡市高速愛宕出口約3.5km(將車置於姪濱渡船場的停車場，搭船至能古島渡船場) P姪濱渡船場可停300輛(1天500日圓)

福岡市 充滿綠意的寬敞公園

○アイランドシティちゅうおうこうえん 書末地圖21B

島城中央公園

0歲 1~3歲 4~5歲 6歲以上

092-661-5980(管理事務所)

下雨天也可以進入體驗學習設施「Gurin・Gurin」中觀察亞熱帶的蝴蝶與植物。投幣式置物櫃為100日圓。

Gurin・Gurin的門票 大人(15歲~)100日圓、兒童(4歲~)50日圓

設置有彩色大型遊戲器材的「兒童廣場」

這裡是把2005年舉行的「花どんたく」會場遺跡整修成公園。在約15萬㎡的腹地內有修景池、多用途廣場、名為Folly的休憩所、大型遊戲器材等，以及內有綠與水諮詢室、植物愛好者論壇、溫室的體驗學習設施「Gurin・Gurin」等。

幼兒資訊

可攜帶嬰兒車入內。園內有5處多功能廁所中設有尿布台。體驗學習設施「Gurin・Gurin」內有哺乳室。

一起來check!

兒童廣場

為東園東側放置大型遊戲器材的廣場。有大小2個多用途廣場，是適合享用便當的地點。

DATA 自由入園(Gurin. Gurin為9:00~17:00) 休無休(Gurin・Gurin為週二及12月29日~1月3日) 所福岡市東区香椎照葉4 JR鹿兒島本線博多站搭乘巴士車程30分，步行即到 福岡都市高速香椎濱出口約1.5km P238輛(免費)

福岡市 親近油山的大自然

○あぶらやましみんのもり 書末地圖10H

油山市民之森

0歲 1~3歲 4~5歲 6歲以上

092-871-6969

腹地內無餐飲設施，建議自行攜帶外食。

烤肉器具出租，鐵板1塊400日圓、木柴1束400日圓。兒童用滑草板500日圓(使用後退還保證金200日圓)

被大自然環繞的的運動器材

位在距離市中心9km的油山的山腰處。在93萬7000㎡的腹地可體驗健行及露營。有活用坡面的滑草場、吊橋、展望台等，山林設施非常充實。另外運動器材區有蕩鞦韆、爬網子等可以親子同樂的遊戲器材。

幼兒資訊

嬰兒車出租免費。在中央廣場及自然觀察中心前的廁所中有尿布台。管理事務所中有哺乳室。

一起來check!

露營場

一整年皆可進行烤肉等當天來回的活動。暑假期間還可以露營過夜。

DATA 自由入園(商店為9:00~17:00) 休無休 所福岡市南区桧原855-4 市營地下鐵七隈線福大前站搭乘計程車20分 福岡都市高速堤出口約6km P330輛(1天300日圓，開放時間為9:00~18:00)

福岡

平價景點0元・

公園・植物園

福岡市 結實纍纍的果樹及花卉

○はなはたえんげいこうえん 書末地圖10H

花畑園藝公園

0歲 1~3歲 4~5歲 6歲以上

092-565-5114

¥免費

園內無餐飲設施，建議自行攜帶外食，

面積14萬7000㎡，種滿花卉及水果的廣大公園。內有以柑橘類果樹為主的「常綠果樹園」、桃子等的「落葉果樹園」、泡泡樹等的「珍果樹園」等，在春天有櫻桃，夏天有桃子、葡萄、無花果，秋天有蜜柑、柿子、栗子等，一整年都可享用各式各樣的水果。而在花壇廣場等處還可以欣賞到四季盛開的玫瑰及水果花。

春天櫻花盛開時，園內充滿賞花遊客

幼兒資訊

可攜帶嬰兒車入內。園藝中心的1樓有尿布台及哺乳室。

一起來check!

各式各樣的活動

3月底到4月初旬為「櫻花祭」，10月到11月則會舉行「寫生大會」「園藝祭」「採蜜柑」等活動。

DATA 9:00～17:00 休週一（逢假日則翌日休）、12月29日～1月1日 所福岡市南区柏原7-571-1 JR鹿兒島本線博多站搭乘巴士1小時，步行4分 福岡都市高速堤出口約3km P200輛(1天300日圓)

福岡市 有運動遊戲器材的運動公園

○いまづうんどうこうえん 書末地圖10G

今津運動公園

0歲 1~3歲 4~5歲 6歲以上

092-807-6625

¥免費

體育館費用大人300日圓；中小學、高中生150日圓。網球場1面1小時大人800日圓；中小學、高中生400日圓、夜間照明1小時1000日圓。球技場草地2小時大人3600日圓；中小學、高中生1800日圓，多用途球技場2小時大人3000日圓；中小學、高中生1500日圓

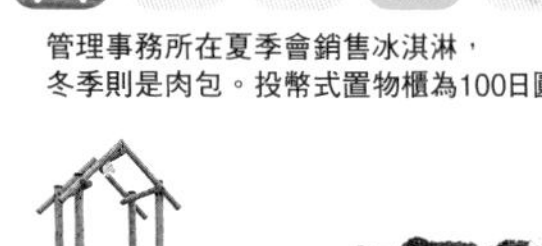

管理事務所在夏季會銷售冰淇淋，冬季則是肉包。投幣式置物櫃為100日圓。

最受小朋友歡迎的運動器材廣場，有爬圓木及吊橋等10種遊戲器材。「小朋友廣場」中還有5種木製遊戲器材及沙池。廣大的草地廣場中可以盡情享受野餐及運動。體育館及網球場夜間也可使用。

設置有各式遊戲器材的運動器材廣場。

幼兒資訊

可攜帶嬰兒車入內。園內廁所有5處設有兒童廁所。管理棟中有尿布台、哺乳室。

一起來check!

特殊的活動

每年5月會舉辦原創茶壺的製作，11月則有「工作機器大遊行」，可以坐上割草機等或操作。

DATA 9:00～21:00 休12月29日～1月3日(體育館為第4週四) 所福岡市西区今津津本 JR筑肥線今宿站搭乘巴士11分，步行即到 西九州自動車道今宿IC約5.7km P490輛(免費)

粕屋町 鴛與丁池周邊自然景色綿延

○かよいちょうこうえん 書末地圖10G

鴛與丁公園

0歲 1~3歲 4~5歲 6歲以上

092-938-2311(粕屋町都市計畫課)

¥免費

園內無餐飲設施，因此建議自行攜帶外食。

鴛與丁池為筑前三大池之一，而這裡就是環繞著鴛與丁池的公園。共有42萬㎡的腹地中，有粕屋町綜合體育館、水鳥觀察小屋、玫瑰園、風車的展望廣場，以及種植了700株櫻花的散步道。在春天與秋天時玫瑰園裡的玫瑰恣意盛放，每年5月會舉行玫瑰祭。

櫻花點綴的春天風景

幼兒資訊

可攜帶嬰兒車入內。玫瑰園與交流廣場的廁所有尿布台。

一起來check!

來挑戰吧!

全長4.2195km的遊步道，繞10圈就等於是全程馬拉松的距離。來挑戰看看吧！

DATA 自由入園 休無休 所糟屋郡粕屋町駕与丁3-2-1 JR福岡福北豊線長都原站步行10分 九州自動車道福岡IC約3km P400輛(免費)

大野城市 有各種在大自然中玩樂的設施

○おおのじょういこいのもり 書末地圖14A

大野城いこいの森

0歲 1~3歲 4~5歲 6歲以上

092-595-2300(中央公園)

中央公園・水邊公園為

¥免費

運動公園1小時430日圓(市內居民為210日圓)。迷你高爾夫球1人210日圓

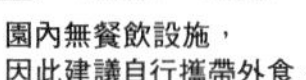

園內無餐飲設施，因此建議自行攜帶外食。

位在牛頸水壩周邊的公園。內有中央公園、水邊公園、運動公園、露營場。在中央公園內有設置了木製攀爬架、泰山吊繩、平衡木等的運動器材廣場、迷你高爾夫球場、戶外舞台。會使用火源的BBQ等活動不得進行。

中央公園內高20m、長90m的滾輪溜滑梯

幼兒資訊

可攜帶嬰兒車入內。管理棟中有尿布台、哺乳室。

一起來check!

中央公園

在中央公園內有18洞的迷你高爾夫球場，及高20m、長90m的滾輪溜滑梯。

DATA 9:00～18:00(11～2月為～17:00)、水邊公園為自由入園 休7・8月之外的週一(逢假日則翌日休)、12月27日～1月5日 所大野城市牛頸481-1 西鐵天神大牟田線西鐵下大利站搭乘計程車20分 九州自動車道太宰府IC約8km P230輛(1天210日圓)

圖示凡例

 大約所需時間  雨天OK  有餐廳  可帶外食入內  投幣式置物櫃   嬰兒車(租借／自行攜帶)  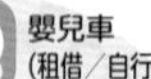 兒童廁所  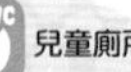 換尿布空間   哺乳室 

古賀市 古賀市內最大的公園

○こがグリーンパーク 書末地圖10E

古賀Green Park

0歲 1~3歲 4~5歲 6歲以上

092-943-0551（古賀Green Park管理事務所）

¥ 免費

多用途廣場場地費為5000日圓（使用照明10000日圓）、一半場地的使用費為2500日圓（使用照明5000日圓），居住於市內者需洽詢

園內無餐飲設施，因此建議自行攜帶外食。

以自然健康為題，綠意盎然的公園中設有照明設備的多用途廣場、古賀市溜冰公園、物產館等設施。遊戲山丘上有大型的複合型遊戲器材，很適合家族同遊。而設置在草坪廣場適合0～6歲的遊戲器材也很受歡迎。7月下旬到8月期間在せせらぎ水路每天都開放玩水。

遊戲山丘上的大型複合型遊戲器材

幼兒資訊

可攜帶嬰兒車入內。各廁所中皆設有尿布台。

一起來check!

野餐廣場

有著櫻花等花樹，佈滿草坪的廣場。可以在這裡進行野餐及BBQ，還有健康遊戲器材。BBQ限4月到10月期間，採預約制。

DATA 自由入園 休無休、多功能廣場為週一（逢假日則翌日休） 所古賀市青柳町587-1 JR鹿兒島本線古賀站搭乘巴士車程25分，步行即到 九州自動車道古賀IC約2.5km P240輛（免費，開放時間為6:00～22:00）

宗像市 運動與文化的綜合公園

○むなかたユリックス 書末地圖10D

宗像YURIX

0歲 1~3歲 4~5歲 6歲以上

0940-37-1311

¥ 天象儀

大人（高中生～）370日圓 中小學生150日圓 兒童（4歲～）100日圓

迷你高爾夫球為大人（中學生～）420日圓、小學生310日圓※費用有變更的狀況

有餐廳及提供外帶的商店。投幣式置物櫃小型100日圓、大型300日圓。

在這個綜合公園中，設置了圖書館、天象儀、AQUA DOME、草坪廣場、迷你高爾夫球場等。腹地內的室外游泳池宗像YURIX「YUYU POOL」（→P.103）在7月下旬到8月31日期間會開放。天象儀的節目為每季更換。

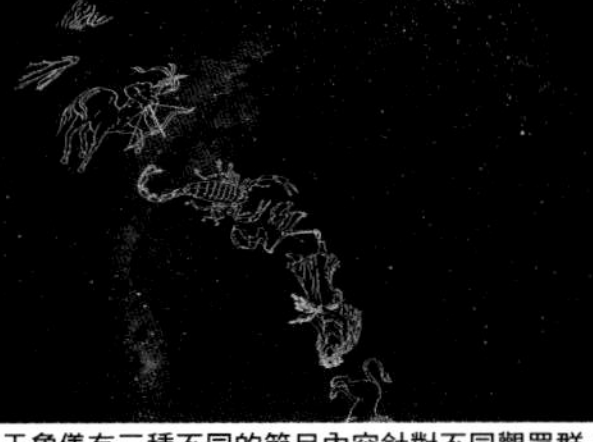

天象儀有三種不同的節目內容針對不同觀眾群。

幼兒資訊

嬰兒車出租免費。殘障廁所中有兒童廁所。尿布台併設於廁所中。本館中有哺乳室。

一起來check!

天象儀

特別有人氣的是適合小朋友觀賞的節目單，播出時間為週六日、假日的上午11時到下午2時。春假、暑假、寒假的平日下午2時。

DATA 本館9:00～22:00（視設施而異） 休週一（逢假日時則翌平日休）、盂蘭盆節、過年期間 所宗像市久原400 JR鹿兒島本線東鄉站搭乘計程車5分 九州自動車道若宮IC約8.5km P1200輛（免費）

福岡 平價景點・0元

北九州市 邂逅大量花卉、植物、動物

○ひびきなだりょくち（グリーンパーク） 書末地圖11C

響灘綠地（GREEN PARK）

0歲 1~3歲 4~5歲 6歲以上

093-741-5545

大人（高中生～）100日圓 中小學生50日圓

熱帶生態園為大人300日圓、中小學生150日圓。袋鼠廣場為大人300日圓、中小學生150日圓。

餐飲設施有2處輕食、咖啡廳。建議自行攜帶外食。投幣式置物櫃為100日圓。

以可以自由遊玩的大草坪廣場為中心，還有飼養了熱帶魚、蝴蝶等的「熱帶生態園」、飼養了袋鼠及小袋鼠的袋鼠廣場等。在小馬廣場中可進行騎馬等體驗（需付費）。春天及秋天有玫瑰盛開，一整年都被七彩奪目的季節花卉包圍。

北九州最大的玫瑰園在春秋兩季會舉行玫瑰博覽會。

幼兒資訊

嬰兒車出租1天100日圓。WATER HOUSE中有哺乳室與尿布台，此外都市綠化中心亦有尿布台。

一起來check!

春季的花卉節慶

3月下旬到5月上旬期間舉行的「SPRING FESTA」中，有跳蚤市場及多項有趣活動。

DATA 9:00～17:00 休週二（逢假日則翌日休）、12月28～31日 所北九州市若松區竹並1006 JR筑豐線折尾站搭乘計程車15分 北九州都市高速黑崎出口約11km P3406輛（1次300日圓）

北九州市 美麗的大自然與夜景

○さらくらやま 書末地圖22D

皿倉山

0歲 1~3歲 4~5歲 6歲以上

093-671-4761（皿倉山地軌式纜車）

¥ 免費

皿倉山地軌式纜車、小型單軌纜車來回 大人（中學生～）1200日圓、小學生以下600日圓。1位付費乘客可攜1位免費幼兒

山頂的展望餐廳不可攜帶外食。投幣式置物櫃為退幣式（100日圓）。

從山頂的展望台在白天可以看到360度全景的景色，在晚上則是被選為「新日本三大夜景」之一、號稱100億美元的夜景。而在自然休養林中有四季不同的花草與野鳥，可以探索自然及享受森林浴。與周邊的山林合稱為帆柱自然公園，整備得相當完善。

全長1100m，為西日本最長的地軌式纜車

幼兒資訊

可攜帶嬰兒車入內。山麓站與展望台站有尿布台。雖然設備並非很完善，但與嬰兒同遊不會不便。

一起來check!

地軌式纜車與小型單軌纜車

前往山頂可以搭乘地軌式纜車與小型單軌纜車，約10分車程即可到達山頂。營業時間為10:00～17:20（週六日、假日到21:20，最終班車皆為上行）。GW及暑假期間的平日夜間也會營運。

DATA 自由入園 休無休 所北九州市八幡東區尾倉 皿倉山地軌式纜車6分、小型單軌纜車3分 北九州都市高速大谷出口約1.9km（到皿倉山地軌式纜車山麓站） P130輛（免費）

公園・植物園

北九州市 豐饒綠意 森林中的公園

○やまだりょくち　書末地圖 22D

山田綠地

0歲 1~3歲 4~5歲 6歲以上

093-582-4870

建議自行攜帶外食。內有展示廳，下雨天也可以遊玩。投幣式置物櫃為100日圓。

位在森林中，被豐饒綠意所環繞的公園。活用地形特色，約140萬㎡的園內有全長約6km的自然觀察道路及野草廣場、草坪廣場、森林之家等設施。這一區為北九州地區原有的闊葉樹林，四季皆能欣賞到不一樣的野鳥、花草等大自然景色。

潺潺小溪為最受小朋友歡迎的遊戲空間

幼兒資訊

嬰兒車出租1天100日圓。有3處尿布台，管理事務所中有哺乳室。

一起來check!

自然觀察道路

自然觀察道路的森林入口入場時間為上午9時到下午3時。園內嚴禁遺留垃圾及吸煙。

DATA 9:00～17:00 休週二（逢假日則翌日休）、12月29日～1月3日 所北九州市小倉北区山田町 JR鹿兒島本線小倉站搭乘巴士車程25分，步行10分 北九州都市高速紫川出口約2.6km P400輛（1天300日圓）

北九州市 參加戶外活動&體驗教室

○ひらおだいしぜんのさと　書末地圖 11E

平尾台自然之鄉

0歲 1~3歲 4~5歲 6歲以上

093-452-2715

除了餐廳外可自行攜帶外食。投幣式置物櫃為退幣式（100日圓）。

各體驗教室皆為付費（需洽詢）

這個位在平尾台的公園被指定為天然記念物。從展望台上可以一望日本少見的喀斯特地形。寬廣的草坪廣場上設置了多項遊戲器材，還有高原果樹園、滑草場、露營場。位在鄉村區的工房會舉行各種體驗教室。

寬廣的草坪廣場上設置有各式各樣的遊戲器材

幼兒資訊

嬰兒車出租免費。兒童廁所有2處，尿布台有6處，哺乳室有1處。

一起來check!

園內巴士

4月到11月的週末園內有路面巴士行駛。費用為4歲以上搭乘1次100日圓。便於在廣闊的園區內移動。

DATA 9:00～17:00 休週二（逢假日則翌日休） 所北九州市小倉南区平尾台1-1-1 JR日田彥山線石原町站搭計程車10分 九州自動車道小倉南IC約9km P1100輛（1天300日圓）

久留米市 欣賞四季花卉與貴重的藝術品

○いしばしぶんかセンター　書末地圖 14D

石橋文化中心

0歲 1~3歲 4~5歲 6歲以上

0942-33-2271

久留米美術館舉辦展覽會時門票費用會有變動（中學生以下為免費）

「CAFE&GALLERY SHOP樂水亭」不得攜帶外食。投幣式置物櫃為100日圓。

這裡是普利司通的創業者石橋正二郎捐贈給家鄉久留米的文化設施。寬敞的園內除了玫瑰園、休憩森林、樂水亭、日本庭園、山茶山園、花菖蒲園之外，還有久留米市美術館、石橋文化廳、石橋文化會館、久留米市立中央圖書館等多樣設施座落其中。

在鵜鶘噴水池附近有玫瑰園

幼兒資訊

嬰兒車出租免費。尿布台有6處。哺乳室有3處。

一起來check!

CAFE & GALLERY SHOP樂水亭

有樂水亭御膳（僅週六、日、假日提供）、そぼろご飯ランチ、原創抹茶霜淇淋等菜色。

DATA 9:00～17:00 休週一（逢假日則開館）、12月28日～1月3日、園內為無休 所久留米市野中町1015 西鐵天神大牟田線西鐵久留米站搭乘巴士5分，步行即到 九州自動車道久留米IC約2.5km P220輛（2小時200日圓、之後每30分100日圓）

久留米市 春季久留米杜鵑及皋月杜鵑爭妍鬥麗

○くるめひゃくねんこうえん　書末地圖 14C

久留米百年公園

0歲 1~3歲 4~5歲 6歲以上

0942-22-6177（久留米市公園土木管理事務所）

園內有1處餐廳。建議自行攜帶外食。

因記念久留米市設立100年而建設的公園。位在國道210號沿線上的腹地內，有花壇及草坪廣場。7萬㎡的腹地全部種植了各式的綠色花木，從4月上旬到5月之間約會有12萬株的久留米杜鵑花及皋月杜鵑綻放，讓園內充滿美麗的色彩。

腹地內種植了約12萬株的杜鵑花

幼兒資訊

可攜帶嬰兒車入內。

一起來check!

久留米杜鵑花祭

每年的4月5日至5月5日之間會舉辦「久留米杜鵑花祭」。還會併設期間限定的自行車中心。

DATA 7:00～22:00 休無休 所久留米市百年公園2432-1 西鐵天神大牟田線西鐵久留米站搭乘巴士10分，步行即到 九州自動車道久留米IC約2km P156輛（免費，開放時間7:00～22:00）

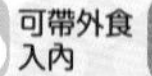

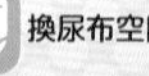

圖示凡例：大約所需時間　雨天OK　有餐廳　可帶外食入內　投幣式置物櫃　嬰兒車（租借／自行攜帶）　兒童廁所　換尿布空間　哺乳室

久留米市　冒險廣場及幼兒廣場

○うらやまこうえん　書末地圖 14D

浦山公園

0歲 1~3歲 4~5歲 6歲以上

0942-22-6177（久留米市公園土木管理事務所）

園內無餐飲設施，因此建議自行攜帶外食

位在成田山旁邊的公園，園內草坪廣場很適合攜帶外食來野餐。小朋友之間最有人氣的是有展望台的冒險廣場，在草坪及森林當中設置了各式各樣的運動器材。其中受好評的是2座滾輪溜滑梯。

入口附近有美麗的楓葉

可攜帶嬰兒車入內。

一起來check!

幼兒廣場與散步路線

在幼兒廣場設置有迷你尺寸的盪鞦韆及溜滑梯。另外散步路線有外環路線(1.5km)與內環路線(1km)。

DATA 自由入園　休無休　所久留米市上津町池田1320-58　JR鹿兒島本線久留米站搭乘巴士30分，步行5分　九州自動車道久留米IC約8km　P125輛（免費，開放時間9:00～21:00）

八女市　被豐饒大自然所擁抱的公園

○そまのさとけいりゅうこうえん　書末地圖 15E

杣之里溪流公園

0歲 1~3歲 4~5歲 6歲以上

0943-47-3000

入場費

陶藝1200日圓～。釣山女鱒、抓山女鱒各1尾500日圓（週六、日、假日之外需預約）

3小時　OK　OK

下雨天時可在手工藝中心作陶藝。自己攜帶外食的垃圾需帶離園區。

位在矢部川源流的溪流公園。以全長150m、高58m的杣之大吊橋為地標，還有可以玩樂陶藝等手工藝中心。沿著溪流設置有遊步道，在春天可欣賞櫻花、石南花、木本杜鵑花等，秋天則可欣賞楓紅。其中最迷人的是從大吊橋上眺望的風景。

被豐饒大自然所擁抱的公園

可攜帶嬰兒車入內。CRAFT CENTER中有哺乳室、尿布台。

一起來check!

溪流野釣

從4月到10月可以進行溪流野釣。釣竿出租300日圓，還有釣山女鱒及抓山女鱒等活動。

DATA 10:00～17:00　休1・2月　所八女市矢部村北矢部6707-7　JR鹿兒島本線羽犬塚站搭乘巴士1小時30分、計程車15分　九州自動車道八女IC約40km　P50輛（免費）

八女市　星光很美的星野村之「主題樂園」

○ほしのふるさとこうえん　書末地圖 15D

星之故鄉公園

0歲 1~3歲 4~5歲 6歲以上

0943-31-5588

免費

地面高爾夫1人200日圓，球桿、球租金100日圓。「茶之文化館」門票為大人500日圓、小學生300日圓。「星之文化館」門票為大人500日圓、小學生300日圓、兒童(4歲～)100日圓。「星の温泉館きらら」入浴費為大人500日圓、小學生250日圓

1日　OK　有　OK

餐飲設施有綜合餐廳、洋食餐廳、和食餐廳等共4處。

設有展示館、池山露營場、餐廳、住宿設施、溫泉的休閒公園。擁有九州最大天體望遠鏡的「星之文化館」，以及可以品嘗しずく茶與抹茶的「茶之文化館」。而位在池畔的レストラン湖畔所提供的抹茶冰淇淋非常美味。上午9時到下午5時之間可以打地面高爾夫球。

建於在麻生池畔的レストラン湖畔

幼兒資訊

可攜帶嬰兒車入內。茶之文化館中有尿布台。雖然設備並非很完善，但與嬰兒同遊不會不便。

一起來check!

天體觀望會

只要住宿在星の文化館內的飯店，即可參加晚上9時30分開始的天象儀、晚上10時開始的天體觀望會。

DATA 自由入園（依設施而異）　休無休　所八女市星野村10816-5　JR鹿兒島本線羽犬塚站搭巴士20分，在福島巴士站轉乘車程49分，步行15分　九州自動車道八女IC約26km　P200輛（免費）

飯塚市　位在大將陣山上視野絕佳的公園

○たいしょうじんこうえん　書末地圖 11G

大將陣公園

0歲 1~3歲 4~5歲 6歲以上

0948-22-0380（飯塚市穗波支所經濟建設課）

園內無餐飲設施，因此建議自行攜帶外食。

公園遍布於標高112m的大將陣山上。視野絕佳，可以一望下方筑豊的街景。而活用山坡斜面設置了長120m、高21m的滾輪溜滑梯，是築豊最刺激的溜滑梯。另外也有泰山吊繩、攀爬鐵架等遊戲器材。園內的天文館在每個月第2、4個週六會舉行免費的觀望會。詳細請向穗波公民館（0948-24-7458）洽詢。

非常受小朋友歡迎的攀爬鐵架

可攜帶嬰兒車入內。

一起來check!

春季的「櫻花季」

春天時2500株的櫻花會爭相盛開。4月第1個週日舉行的「櫻花祭」上，會有雜技、川筋太鼓，相當熱鬧。

DATA 自由入園　休無休　所飯塚市楽市1-14　JR福北豐線天道站步行10分　九州自動車道福岡IC約22.4km　P100輛（免費）

福岡

平價景點 0元・

公園・植物園

飯塚市　自然環境中充實的休閒設施

○ちくほうりょくち　書末地圖 11F

筑豐綠地

0歲　1~3歲　4~5歲　6歲以上

0948-82-1023

園內無餐飲設施，因此建議自行攜帶外食。投幣式置物櫃為50日圓。

¥ 免費

網球場為2小時660日圓，棒球場為2小時2660日圓（學生1330日圓）、球技場2小時整場3070日圓（學生1535日圓）

在廣達29160㎡的草坪廣場上設置有遊戲器材及涼亭等，可以一家人在這裡健行或賞花。另外棒球場、網球場、球技場、室內游泳池等運動設施也相當充實。有鍛練體力的大草園、建康・運動廣場、健康遊步道等，可以親子同樂。

在廣闊的草地上健行相當舒適

幼兒資訊

可攜帶嬰兒車入內。兒童廁所有3處，管理棟中的哺乳室中有尿布台。

一起來check!

室內游泳池與室外游泳池

有一整年皆可使用的室內游泳池及7月至9月開放的室外游泳池。詳細需洽詢。

DATA 8:30～19:00（11～3月為17:00，視設施而異）　休無休（付費設施為12月29日～1月3日）　所飯塚市仁保8-25　JR福北豐線新飯塚站搭急行巴士16分，步行即到　九州自動車道福岡IC約33.6km　P900輛（免費）

朝倉市　體驗親水活動「水的主題樂園」

○あまぎみずのぶんかむら　書末地圖 15B

あまぎ水の文化村

0歲　1~3歲　4~5歲　6歲以上

0946-25-0323

園內無餐飲設施，因此建議自行攜帶外食。有免費可上鎖的置物櫃。

¥ 免費

位在寺內水壩的河畔的親水・自然公園。腹地內有AQUA CULTURE ZONE、GREEN SPORTS ZONE、水邊交流ZONE的3個區域。另外也有免費的遊樂景點，如設有滾輪溜滑梯的冒險廣場，及名為「音樂之泉」的噴水池設施等。

せせらぎ館前的「WATER Palette」

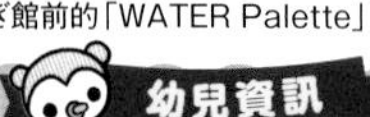

幼兒資訊

可攜帶嬰兒車入內。有2處兒童廁所，尿布台併設於廁所中。空房可提供作為哺乳室使用。

一起來check!

AQUA CULTURE ZONE

除了有配合音樂變化的「音樂之泉」，夏季還會開放WATER Palette免費戲水。

DATA 10:00～18:00（11～3月為17:00）　休週一、第3個週二（逢假日則翌日休）、過年期間　所朝倉市矢野竹831　甘木鐵道甘木站搭計程車15分　大分自動車道朝倉IC約8.1km　P300輛（免費）

筑前町　與大自然交流的縣立森林公園

○やすこうげんきねんのもり　書末地圖 14A

夜須高原記念之森

0歲　1~3歲　4~5歲　6歲以上

0946-42-0590

園內無餐飲設施，因此建議自行攜帶外食

¥ 免費

非常推薦親子同遊的縣立森林公園。有命名為風之廣場的大草原，設有涼亭的溪流園，有溜滑梯＆沙坑的小小孩廣場、設置著大型組合遊樂器材的冒險之森以及使用籬笆構成的綠色迷宮等，可玩上一整天。每個月還會舉辦不同活動。

位在風廣場全長75m的溜滑梯「大恐竜ヤスゴン」

幼兒資訊

可攜帶嬰兒車入內。管理中心的哺乳室中有尿布台。

一起來check!

猜樹名步行競賽

在可進行森林浴的針葉、闊葉林中，一邊回答謎題一邊學習樹木名稱的競賽非常有人氣。

DATA 9:00～18:00（11～3月為17:00、GW・暑假為8:30～18:30）　休週一（逢假日則翌平日休，GW・暑假無休）、12月29日～1月3日　所朝倉郡筑前町櫛木3-6　西鐵天神大牟田線朝倉街道站搭乘計程車程30分　九州自動車道筑紫野IC約20km　P300輛（免費）

筑前町　令人懷念的風景在眼前展開

○ちくぜんまちやすのさとこうえんふれあいファーム　書末地圖 14A

筑前町安之里公園交流農場

0歲　1~3歲　4~5歲　6歲以上

0946-42-6641（筑前町都市計畫課）

園內無餐飲設施，因此建議自行攜帶外食。

¥ 免費

BBQ 4小時內為2000日圓、4小時以上為3000日圓

復原了1950年～1955年昭和年代農村的設施。茅草屋頂的農家等，眼前一片是有如舊時農村的風景。在前庭有進行BBQ的空間，欲使用時需事先預約，不接受當天申請。提供烤肉台、烤肉網的出租，但木炭、食材、調理工具、餐具需自行準備。

眼前全是讓人懷念的風景

幼兒資訊

可攜帶嬰兒車入內。雖然設備並非很完善，但與嬰兒同遊不會不便。

一起來check!

周邊設施

相鄰的安之里公園中有受小朋友迎歡的遊戲器材。車程約20分處有筑前立大刀洗和平記念館。

DATA 9:00～22:00　休週一（逢假日則翌日休）、盂蘭盆節・過年期間　所朝倉郡筑前町松延60-5　西鐵天神大牟田線朝倉街道搭巴士16分，步行6分　大分自動車道筑後小郡IC約6.7km　P20輛（免費）

圖示凡例

大約所需時間

雨天OK

有餐廳
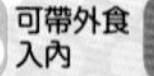
可帶外食入內

投幣式置物櫃
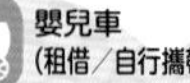
嬰兒車（租借／自行攜帶）

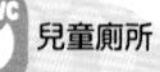
兒童廁所

換尿布空間

哺乳室

北九州市 **全長35m的恐龍骨頭好嚇人!**

いのちのたびはくぶつかん
(きたきゅうしゅうしりつしぜんし・れきしはくぶつかん)

書末地圖 22C

生命之旅博物館（北九州市立自然史・歷史博物館）

0歲 1~3歲 4~5歲 6歲以上

093-681-1011

¥ 大人 500日圓 高中・大學生 300日圓 中小學生 200日圓

特別展另需費用

園內無餐飲設施，自行攜帶外食需確認。投幣式置物櫃為退幣式（100日圓）。

以壯大的規模來展示從46億年前地球誕生到現在為止，人與大自然的「生命之旅」。有展示動植物標本的自然史區，與介紹人類生活變遷的歷史區。還展示了暴龍的全身骨骼標本，非常值得一看。

腹地面積約為31000㎡

幼兒資訊

嬰兒車出租免費。除了哺乳室中設有尿布台外，在6處多功能廁所中也有尿布台。

一起來check!

自然發現館與自然學習區

介紹了北九州市內及其附近觀察得到的地學現象及生物。室外則有可觀察植物、昆蟲、鳥類等的自然學習園。

DATA 🕒9:00～16:30（閉館為17:00） 休過年期間與6月下旬左右約1星期 所北九州市八幡東区東田2-4-1 🚉JR鹿兒島本線太空世界站步行5分 🚗北九州都市高速枝光出口約1km P300輛（30分100日圓、4小時以上800日圓）

迫力超乎想像！眾多恐龍骨骼標本

重點看過來！

其1 アースモール

主舞台中生代區裡，展示有全長35m、世界最大的地震龍，以及暴龍、三角龍等恐龍骨骼的標本。

其2 Time Traveling Room

主要是以360度的立體模型，重現了中生代、白亞紀時代的北九州風景。恐龍機器人的動作非常逼真，充滿魄力。

其3 兒童博物館

兒童可以邊遊戲邊學習的慣間。有恐龍拼圖，以及石臼體驗及土器拼圖等遊戲器具。

北九州市 **鐵道迷&小朋友們最喜歡的景點**

きゅうしゅうてつどうきねんかん

書末地圖 11B

九州鐵道記念館

0歲 1~3歲 4~5歲 6歲以上

093-322-1006

¥ 大人（高中生～）300日圓 兒童（4歲～）150日圓

幾乎為室內設施，下雨天也可以遊玩。投幣式置物櫃為100日圓。

迷你列車3人1台3000日圓

位在九州鐵路發祥地——門司港的鐵路相關景點。在紅磚建造的本館中，有重現了九州鐵路沿線風景的「九州的鐵道大立體模型」、「駕駛模擬」等展示。在室外則有藍色列車（臥鋪列車）等歷代車輛的展示場，及實際可以駕駛的迷你列車。

記念館的主地標為「明治時代的客車」

幼兒資訊

嬰兒車出租免費。在2處廁所中有尿布台。可上鎖的房間可提供作為哺乳室使用。

一起來check!

KIDS ROOM

放置有許多與鐵路相關的玩具的房間。在這裡可以透過遊玩學習，更加了解鐵路。

DATA 🕒9:00～16:30 休第2週三（7月為第2週三、四，8月無休） 所北九州市門司区清滝2-3-29 🚉JR鹿兒島本線門司港站步行即到 🚗北九州都市高速春日出口約2.2km P無

不是作夢！坐上真實火車的駕駛座

其1 駕駛室展示區

這裡展示了485系、ED76、EF30的列車前頭部分。可以坐上駕駛座，徹底感受駕駛員的氣氛。

重點看過來！

其2 迷你鐵路公園

鐵軌寬450mm的迷你鐵路，可體驗駕駛火車。單線及複線的線路還設置了紅綠燈，有「燕子號」、「海鷗號」等5種列車。

其3 車輛展示場

放置有藍色列車等歷代活躍於九州地區的9輛列車。在這裡可以親眼確認實際車輛的大小及魄力。

北九州市 以藝術呈現關門海峽的歷史

○かんもんかいきょうミュージアム 書末地圖 11B

關門海峽博物館

0歲 1~3歲 4~5歲 6歲以上

093-331-6700

¥ 大人（高中生~）500日圓 中小學生 200日圓

有提供享用外食的空間。
投幣式置物櫃（100日圓）為退幣式。

海峽兒童廣場門票（1歲～）100日圓

這座博物館中介紹了關門海峽的歷史、自然、文化，被暱稱為「海峽Dramaship」。在3樓有以人偶重現了關門海峽歷史的「海峽歷史回廊」，以及有復原了大正浪漫時期的門司港建築物及當時的人情風俗的「海峽懷舊大道」等設施。

玻璃外牆的建築物外型有如船舶

幼兒資訊

嬰兒車出租免費。哺乳室有6處，亦有哺乳室。

一起來check!

商店

在海峽懷舊大道的1樓及2樓有銷售門司港名產及原創商品的商店。不只購物，還是可以喝個咖啡小憩的空間。

DATA 9:00～17:00 休1年有5次維修期間的休館 所北九州市門司区西海岸1-3-3 JR鹿兒島本線門司港站步行5分 北九州都市高速春日出口約2.7km P200輛（1小時200日圓）

參觀充滿大正時期浪漫氣氛的街道

重點看過來！

其1 海峽懷舊大道

門司港在過去為明治至大正、昭和時期大陸貿易的據點，這裡重現了當時繁華的門司港街景及人民的生活。可以看到大正時代在門司奔馳的路面電車模型，以及叫賣香蕉的模樣等。

其2 海峽兒童廣場

有以海中為意象、高10m的網子遊戲器材，假日時吸引不少親子同遊。有以繩索描繪出鯨魚剪影、魚卵造型的隱藏小屋等，可以自由地在這裡遊戲。

其3 海峽中廳

從2樓到4樓挑高的空間。以聲音及光線、影像來呈現關門海峽的歷史，非常有魄力，值得一看。

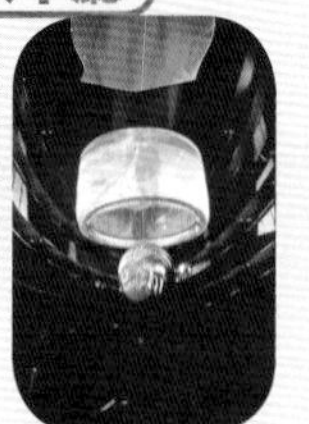

北九州市 享受漫畫的博物館

○北九州市漫画ミュージアム 書末地圖 22B

北九州市漫畫博物館

0歲 1~3歲 4~5歲 6歲以上

093-512-5077

¥ 大人 400日圓 中高生 200日圓 小學生 100日圓

全天候設施，無論雨天晴天都不受影響。
投幣式置物櫃（100日圓）為退幣式。

年票為大人2000日圓、中高生1500日圓、小學生1000日圓

以「欣賞・閱讀・繪畫」為主題的漫畫博物館。可以欣賞與漫畫相關的企畫展示，以及有約5萬本漫畫供閱讀。而由出身北九州市的漫畫家松本零士擔任名譽館長的「漫畫的殿堂」中，入口大廳處還有等身大的哈洛克船長迎接訪客。

介紹與北九州相關的漫畫家的常設展示區

幼兒資訊

可攜帶嬰兒車入內。常設展示室內的哺乳室與多功能廁所中設有尿布台。

一起來check!

Aruarucity

Aruarucity位在JR小倉站的新幹線口，整棟大樓聚集了次文化的相關景點，而漫畫博物館就位在5、6樓。

DATA 11:00～18:30 休週二（逢假日則翌日休，春假、GW、暑假為無休）、館內整理日、過年期間 所北九州市小倉北区浅野2-14-5Aruarucity5～6F JR鹿兒島本線小倉站步行即到 北九州都市高速小倉站北出口約0.9km P無

北九州市 介紹科學的不可思議及有趣之處

○きたきゅうしゅうしりつじどうぶんかかがくかん 書末地圖 22C

北九州市立兒童文化科學館

0歲 1~3歲 4~5歲 6歲以上

093-671-4566

¥ 大人 100日圓 中高生 70日圓 小學生 50日圓

全天候設施，無論雨天晴天都不受影響。

天象儀+門票為大人300日圓、中高生200日圓、小學生150日圓

位在桃園公園內的科學館，介紹科學的不可思議及有趣之處。有風速20m、等同颱風的體驗區，及一邊體驗力學、聲音、運動，一邊學習的區域、紅外線感應器體驗區等。在併設的天象儀中會進行「星之觀望的傍晚」等活動。

天象儀的上映時間約45分

幼兒資訊

可攜帶嬰兒車入內。別館1樓的哺乳室中有尿布台。

一起來check!

天象儀

在天象儀會進行不同季節的星空解說，及主題節目（需確認），1天上映3、4次。

DATA 9:00～16:30 休週一（逢假日則翌平日休）、過年期間 所北九州市八幡東区桃園3-1-5 JR鹿兒島本線八幡站步行4分搭巴士4分，步行5分 北九州都市高速大谷出口約2.7km P使用公園停車場（100輛、免費）

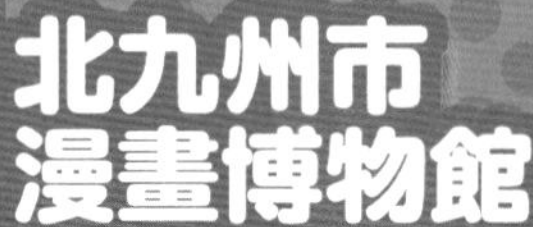

圖示凡例  大約所需時間  雨天OK  有餐廳  可帶外食入內  投幣式置物櫃  嬰兒車（租借／自行攜帶）  兒童廁所 換尿布空間  哺乳室

北九州市 透過體驗來思考環境問題

○北九州市環境ミュージアム 書末地圖 22C

北九州市環境博物館

☎093-663-6751

¥ 免費

全天候設施，無論雨天晴天都不受影響。投幣式置物櫃(100日圓)為退幣式。

在這裡透過影像及模型介紹北九州市克服公害的歷史，以及都市與地球的環境問題。展示有「前言」、「北九州市的變遷」、「克服公害的歷史」、「人類與地球環境」、「環境技術和環保生活」、「北九州市環境未來都市」的6大區域。

考量環境活用技術及設備的建築物

幼兒資訊

嬰兒車出租免費。1、2樓的廁所全部皆有兒童馬桶，其中1處有尿布台。

一起來check!

未來螢火蟲日

每年6月會配合世界環境日舉行以「未來螢火蟲日」為題的免費開放活動。

DATA 9:00～16:30(資訊圖書館、重新利用僅平日開放，19:00) 休週一(逢假日則翌日)、過年期間 所北九州市八幡東区東田2-2-6 JR鹿兒島本線太空世界站步行5分 北九州都市高速枝光出口約1km P300輛(30分100日圓，4小時以上一律800日圓)

福岡市 國寶金印非看不可

○ふくおかしはくぶつかん 書末地圖 21F

福岡市博物館

☎092-845-5011

¥ 大人200日圓 高中・大學生150日圓

特別展另需費用

有1處咖啡廳餐廳。外食可在室外露台享用。投幣式置物櫃(100日圓)為退幣式。

福岡・博多自古以來與亞洲交流密切，在常設展示室中介紹其歷史及民俗，展示有國寶金印「漢委奴國王」，及與中國交流的資料、名槍「日本號」等。在體驗學習室有亞洲各國的玩具及樂器供遊玩。

位在海濱百道內的博物館

幼兒資訊

嬰兒車出租免費。1樓的哺乳室中有尿布台，此外女性廁所中亦有尿布台。

一起來check!

學習體驗室

以「亞洲的遊戲」為主題，展示亞洲各國的玩具、服裝、樂器。可以拿在手上把玩及演奏。

DATA 9:30～17:00 休週一(逢假日則翌平日)、12月28日～1月4日 所福岡市早良区百道浜3-1-1 JR鹿兒島線博多站搭巴士25分，步行即到 福岡都市高速百道出口約1km P250輛(免費)

太宰府市 以親眼、親身體驗的亞洲藝術寶庫

○きゅうしゅうこくりつはくぶつかん 書末地圖 10H

九州國立博物館

☎050-5542-8600 (HELLO DIEL)

¥ 平常展 大人430日圓 大學生130日圓

高中生以下、未滿18歲及70歲以上免費。特別展另需費用

餐飲設施有餐廳及咖啡廳各1處。投幣式置物櫃(100日圓)為退幣式。

繼東京、奈良、京都之後第4間國立博物館。九州自古以來身為日本與亞洲的窗口，因為這個歷史特色，平常展的主題是對日本文化造成影響的「亞洲交流史」，以及一年舉辦4次的特別展。面對太府宰府天滿宮的那一側有隧道相通。

座落於與太宰府天滿宮相鄰的森林中

幼兒資訊

嬰兒車免費。1樓的多功能廁所中有兒童輔助馬桶。全館的女性廁所與多功能廁所中皆設有尿布台。欲使用哺乳室時請向綜合服務人員詢問。

一起來check!

亞細吧

「亞細吧」為亞洲文化的體驗區，為免費的體驗空間。有樂器的演奏及中國陀螺等，在遊戲中體驗文化。

DATA 9:30～16:30 休週一(逢假日及補休時則翌日休) 所太宰府市石坂4-7-2 西鐵太宰府線太宰府站步行10分 九州自動車道太宰府IC約11.8km P313輛(1天500日圓)

久留米市 以「地球」為主題的科學館

○ふくおかけんせいしょうねんかがくかん 書末地圖 14C

福岡縣青少年科學館

☎0942-37-5566

¥ 大人(大學生～)400日圓 兒童(4歲～)200日圓

COSMO THEATER大人600日圓、兒童300日圓、4歲以下及65歲以上免費。週六高中以下免費。套票大人700日圓、兒童350日圓

餐飲設施有1處餐廳。自行攜帶外食需確認。投幣式置物櫃(10日圓)為退幣式。

以「地球」為主題，在遊戲中進行體驗來學習科學的科學館。館內約有170件展示品，還有宇宙體驗、與機器人對話、與影像一起活動身體的遊戲等。在COSMO THEATER中投映的是星空實況解說及全幕電影。放電實驗及科學實驗・勞作也很有人氣。

直徑23m的大型傾斜蛋型屋頂

幼兒資訊

嬰兒車出租免費。1樓廁所中有尿布台。1樓的特別展示室前有哺乳室。

一起來check!

科學實驗&放電實驗

每天在2樓的科學實驗舞台會進行各式各樣的科學實驗，在放電實驗室則是會進行100萬伏特落雷實驗等的放電實驗。

DATA 9:30～16:00(週六日、假日為16:30) 休週一、每月最後週二、過年期間 所久留米市東櫛原町1713 西鐵天神大牟田線西鐵久留米站搭巴士5分，步行即到 九州自動車道久留米IC約3km P135輛(免費)

福岡市 小小孩的人氣景點

○ ボーネルンドあそびのせかい タカシマヤキッズパティオ はかたリバレインモールてん 書末地圖 21F

BørneLund遊樂世界 Takashimayaキッズパティオ 博多Riverain Mall店

0歲 1~3歲 4~5歲 6歲以上

092-291-0125

門票 大人500日圓 幼兒(6個月~12歲)30分600日圓 幼兒每追加10分100日圓

3小時 OK 無 不可 無

雖無餐飲設施，但不得攜帶外食。有可上鎖的免費置物櫃。

「KID-O-KID」的區域之一「BABY GARDEN」

有以小時計費式的親子室內遊戲場「KID-O-KID」，以及網羅了嚴選自全世界、種類多樣玩具的「BørneLund Shop」。其中「KID-O-KID」有3個區域，6個月到12歲的小朋友都可以和家人一同玩樂。

幼兒資訊

場內的哺乳室除了有尿布台外，還有沖泡牛奶用的熱水。

一起來check!

嬰兒日

以6個月～18個月的嬰兒及其家長為對象，在每週二、四提供刺激五感的遊戲等親子同遊的體驗。詳細需洽詢。

DATA 10:30～19:00 休無休 所福岡市博多区下川端町3-1 博多Riverain Mall by TAKASHIMAYA 2F 市營地下鐵機場線中洲川端站步行即到 福岡都市高速千代出口約1km P無

福岡市 參觀、學習、遊戲「的體驗型博物館」

○ はかたのしょくとぶんかのはくぶつかん（ハクハク） 書末地圖 21E

博多飲食文化博物館(HAKU HAKU)

0歲 1~3歲 4~5歲 6歲以上

092-621-8989

中學生以上300日圓

65歲以上及殘障者200日圓。明太子製作3條(約100g)1500圓(需預約)

1小時 OK 有 不可

餐飲設施有1處輕食·咖啡廳。

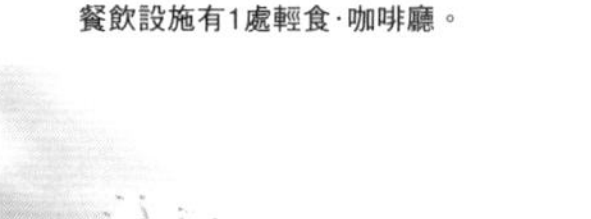

完整吸收博多飲食文化的體驗型博物館

由福岡名產「明太子」的始祖「ふくや」所經營。除了可以參觀明太子工廠，還有充實的「參觀」、「學習」、「觸摸」、「體驗」、「飲食」、「購物」設施，短時間內即可完整感受福岡·博多的飲食文化。

幼兒資訊

嬰兒車出租免費。4處廁所中有尿布台。哺乳室有1處。

一起來check!

參觀工廠

工廠參觀除了可以看到製作過程外，還有舉辦明太子秤量體驗及氣味比較體驗等活動。未入學兒童進場需有大人陪同。

DATA 10:00～16:30 休週二(逢假日則翌日休)、過年期間(有維修期間的休館) 所福岡市東区社領2-14-28 JR鹿兒島本線吉塚站搭計程車5分 九州自動車道福岡IC約7.5km P60輛(免費)

福岡市 輕鬆享受釣魚樂趣

○ ふくおかしうみづりこうえん 書末地圖 10G

福岡市海釣公園

0歲 1~3歲 4~5歲 6歲以上

092-809-2666

大人1000日圓 中小學生500日圓

參觀費用大人200日圓，中小學生100日圓。海釣池的鯛魚價格1kg1800日圓、竹筴魚價格100g195日圓。釣竿出租為300日圓

3小時 不可 無 OK 無

餐飲設施只有自動販賣機。建議自行攜帶外食。

一到週末T字型棧橋就是滿滿的釣客

設置在博多灣西部近海400m處的T字型棧橋。第1釣台長度為120m，第2釣台則為180m。小竹筴魚、黑鯛、鱸魚等，不同季節可以期待不同的漁獲。另外也併設了海釣池，可體驗豪爽的釣鯛魚以及4至10月的釣竹筴魚，公園會收購釣到的漁獲。

幼兒資訊

可攜帶嬰兒車入內。管理棟3樓有尿布台、哺乳室。

一起來check!

園內施設

在商店有銷售魚勾、魚餌、零食等。管理棟的3樓則有銷售拉麵，另有輕食的自動販賣機。

DATA 6:00～20:00(11月為7:00～18:00、12～2月為7:00～17:00、3月為7:00)、釣魚池9:30～16:30 休週二(逢假日則翌日休，7～8月無休) 所福岡市西区小田池ノ浦地先 JR筑肥線九大學研都市站搭巴士22分，步行即到 西九州自動車道今宿IC約9km P250輛(1天300日圓)

糸島市 來感受大自然的恩惠吧

○ ファームパークいとこく 書末地圖 10H

FarmPark伊都國

0歲 1~3歲 4~5歲 6歲以上

092-322-7661

免費

木工品製作有寶盒1000日圓～、兒童椅1500日圓、環保筷300日圓。房間與道具的使用費為1人220日圓

3小時 不可 有 OK

在にぎわいの館中有提供午餐(1天20～30份)。

以都市與農村的共存、共生為目的

實施各種以農業為主題的活動的農村樂園。週六、日在「トンカチ館」會舉行使用間伐材製作木工品的體驗活動。一旁的川原川中有鯉魚悠游著，也可以在這裡玩水。取自當地的現採蔬菜及午餐的鄉土料理也頗受好評。

幼兒資訊

可攜帶嬰兒車入內。廁所中設有尿布台。哺乳則是使用研修室。

一起來check!

農村嘉年華

在4月下旬舉行「農力祭」，11月初(預定)舉行「收穫祭」。除了有戶外餐廳外，還會舉辦木工、陶藝等1日體驗。

DATA 9:00～17:00 休週一(逢假日則翌日休) 所糸島市高祖747-1 JR筑肥線周船寺站搭巴士10分，步行10分 西九州自動車道今宿IC約7.5km P150輛(免費，與相鄰的伊都國歷史博物館共用)

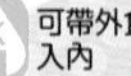

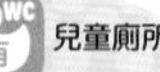

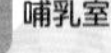

圖示凡例：1小時 大約所需時間 / OK 雨天OK / 有 有餐廳 / OK 可帶外食入內 / 有 投幣式置物櫃 / OK 嬰兒車(租借／自行攜帶) / 有 兒童廁所 / 有 換尿布空間 / 有 哺乳室

宗像市 體驗心靈安寧的田園生活

○しょうすけふるさとむら 書末地圖11D

正助故鄉村

0歲 1~3歲 4~5歲 6歲以上

0940-35-1100

餐飲設施有以當季蔬菜吃到飽最有人氣的「正助茶屋」。不可攜帶外食進室內。

¥ 免費

製作蕎麥麵體驗1組（4人份）4320日圓。採蕃薯、馬鈴薯（季節限定）648日圓～。其他體驗費用需洽詢。

親子或團體可使用的もやいの家

提供附手工蕎麥麵的當季蔬菜吃到飽的「正助茶屋」中，從主材料到調味料都值得細細品味。製作蕎麥麵體驗等15種體驗活動也是令人期待的活動。在中央花壇每個季節都會綻放著美麗的花卉。「もやいの家」中有販賣特產品等。

幼兒資訊

可攜帶嬰兒車入內。もやいの家中有尿布台。空房間可提供作為哺乳室使用。需洽詢。

一起來check!

季節活動

4月的「春花祭」及10月的「秋よくばり祭」皆是各有主題，內容充實的活動。

DATA 9:00～17:00（正助茶屋為11:00～15:00） 休週一（逢假日則翌日休） 所宗像市武丸199 JR鹿兒島本線教育大前站搭計程車10分 九州自動車道若宮IC約8.5km P150輛（免費）

宗像市 親近大海的海洋體驗區

○おおしまかいようたいけんしせつ うみんぐおおしま 書末地圖10C

大島海洋體驗施設 うみんぐ大島

0歲 1~3歲 4~5歲 6歲以上

0940-72-2361

園內無餐飲設施，因此建議自行攜帶外食。有可上鎖的免費置物櫃。

¥ 入場費

大人 610日圓　小學生 300日圓

釣魚池大人5100日圓、小學生3100日圓，同行者的設施使用費為大人1630日圓、小學生810日圓（皆含門票）。

防波堤長有300m、寬12m，海上釣池有6個區塊

位在玄界灘上、島長約15km的大島上的海洋體驗設施。可以在防波堤及海上釣池釣魚，還有海洋獨木舟、海中觀察·划船體驗、海灘淘沙等各式各樣的體驗內容。體驗內容的費用及日期需洽詢。

幼兒資訊

不得攜帶嬰兒車入內。管理棟的多功能廁所中有尿布台。雖然設備並非很完善，但與嬰兒同遊不會不便。

一起來check!

保冷箱

針對釣魚池使用者提供設施到大島渡船碼頭之間的免費保冷箱搬運服務。

DATA 8:00～17:00（11～3月為16:00）、釣魚池8:40～16:00 休週二（逢假日則翌日休）、過年期間 所宗像市大島1822-4 九州自動車道古賀IC約16km（將車停在神湊港停車場，搭船至大洞港渡船碼頭） 大島港渡船碼頭步行10分 P10輛（免費）※神湊港有400輛（半天200日圓～）

宗像市 開心學習宗像的歷史

○うみのみちむなかたかん 書末地圖10D

海之道宗像館

0歲 1~3歲 4~5歲 6歲以上

0940-62-2600

有1處餐飲設施。可否自行攜帶外食需確認。投幣式置物櫃為退幣式（100日圓）。

¥ 免費

體驗學習100日圓～

學習宗像的歷史及文化的展示室

以登錄為世界遺產為目標，對國內外傳達宗像魅力的設施。在常設展示室中以「海之道」為主題，展示在宗像市內遺跡發現的珍貴出土品，以及「交易、交通、民眾生活」相關的資料等。也有舉辦勾玉製作與昇火等歷史體驗學習。

幼兒資訊

可攜帶嬰兒車入內。哺乳室、多功能廁所、女性廁所中設有尿布台。

一起來check!

體驗學習

週六日、假日1天舉辦2次，有昇火、勾玉製作、古錢鑄造、土笛製作等內容。體驗內容每天不同。

DATA 9:00～18:00 休週一（逢假日則翌平日休）、12月29日～1月3日（有臨時開館的情況） 所宗像市深田588 JR鹿兒島本線東鄉站搭巴士20分，步行3分 九州自動車道若宮IC約15km P112輛（免費）

北九州市 探索神秘的鍾乳石洞

○せんぶつしょうにゅうどう 書末地圖11E

千佛鍾乳洞

0歲 1~3歲 4~5歲 6歲以上

093-451-0368

有1處輕食咖啡廳。建議自行攜帶外食。投幣式置物櫃為100～200日圓

¥ 大人 800日圓　高中生 600日圓　中學生 500日圓　小學生 400円

被稱為「奧之細道」的鐘乳石洞內部

在1935年被指定為天然記念物的鍾乳洞。喀斯特地形經過數千萬年被雨水侵蝕而成。據說洞深有數千公尺，從入口起460m處可以穿著鞋子前進，之後就會進入需涉水的區間。在千佛茶屋旁可以免費租借橡膠拖鞋。

幼兒資訊

可攜帶嬰兒車入內。售票處旁的男女廁所中有兒童廁所。

一起來check!

千佛茶屋

有烏龍麵（400日圓～）、蕎麥麵（450日圓～）、咖哩飯（500日圓）等菜色。最有名的喀斯特饅頭為100日圓。

DATA 9:00～17:00（週六日、假日為18:00） 休無休 所北九州市小倉南区平尾台 JR日田彥山線石原町站搭乘計程車15分 九州自動車道小倉南IC約10km P100輛（免費）

福岡

平價景點0元·

北九州市 親子一同遊玩、休憩

〇きたきゅうしゅうしりつ こどものやかた　書末地圖11C

北九州市立兒童之館

0歲 1~3歲 4~5歲 6歲以上

093-642-5555

大人(18歲~) 500日圓　兒童(1歲~) 300日圓

園內無餐飲設施，因此建議自行攜帶外食。投幣式置物櫃為100日圓。

以運動、體驗、創作等主題，分別設置了KIDS HOUSE、遊戲工坊、變身攝影棚、球池、挑戰運動、不可思議探險的6個區域，各年齡層的小朋友都可以與家人一起同樂。週六日、假日會舉辦活動。

日本最大的球池

幼兒資訊

嬰兒車出租免費。4處廁所中有兒童廁所及尿布台。KIDS HOUSE櫃台旁有哺乳室。

一起來check!

球池

最有人氣的球池中，設置了大型立體遊戲器材及騎乘物的玩具，小學生三年級以上即可入場。

DATA 10:00～19:00 休不定期休 所北九州市八幡西区黒崎3-15-3コムシティ7F 交JR鹿兒島本線黒崎站步行即到 車北九州都市高速黒崎出口約2.5km P使用COM CITY停車場(634輛、30分100日圓)

北九州市 在海風吹拂下輕鬆釣魚

〇わいたうみづりさんばし　書末地圖11B

脇田海釣棧橋

0歲 1~3歲 4~5歲 6歲以上

093-741-3610

大人(高中學~) 1000日圓　兒童(小學生~) 500日圓

雖無餐飲設施，但商店有銷售輕食(泡麵類)。

參觀免費，釣竿出租(釣竿、捲線器、魚勾、水桶)700日圓、亦有銷售撒餌、日本毛蝦等。

從海岸延伸至響灘近海，長達500m的九州最大釣魚設施。在遊步道的中間地帶設有2層樓的休憩所，內有洗手間與展望台。這一帶被指定為玄海國定公園，白砂與青松的海岸，以及經狂浪切割而成的奇特岩壁，景觀甚是美麗。

費用中有包括救生衣

幼兒資訊

可攜帶嬰兒車入內。女性廁所中有尿布台。

一起來check!

遊步道

進入免費的遊步道，即使不釣魚也可以享受海上散步。遊步道的兩側有300m的釣魚台。

DATA 6:00～19:00(11～12月為18:00、3月為17:00、1～2月為7:00～17:00) 休週二、12月29日～1月3日 所北九州市若松区安屋地先 交JR筑豊本線二島站搭巴士15分，步行10分 車北九州都市高速黒崎出口約14.5km P150輛(1天300日圓、12～3月為免費)

赤村 充滿趣味的自然學習村

〇げんじいのもり　書末地圖11G

源爺之森

0歲 1~3歲 4~5歲 6歲以上

0947-62-2911

大人(中學生~) 200日圓　中學生 100日圓

溫泉館內有入館者專用的餐廳。建議自行攜帶外食。

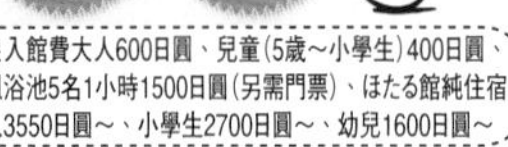

溫泉入館費大人600日圓、兒童(5歲～小學生)400日圓、包租浴池5名1小時1500日圓(另需門票)、ほたる館純住宿大人3550日圓～、小學生2700日圓～、幼兒1600日圓～

集合了遊戲、美食、住宿的自然學習村。廣達81578㎡的腹地內，主要有住宿設施「ほたる館」，另有露營場、小木屋、木造平房，以及併設了餐廳的「源爺之森溫泉」、運動器材、多功能大廳等多樣化的設施。

主設施「ほたる館」

幼兒資訊

可攜帶嬰兒車入內。雖然設備並非很完善，但與嬰兒同遊不會不便。

一起來check!

源爺之森溫泉

內有大浴池、包租浴池、三溫暖、露天岩石浴池的溫泉館。館內餐廳菜色也很豐富。0947-62-2851

DATA ほたる館9:00～17:00、源爺之森溫泉9:30～21:00 休無休 所田川郡赤村赤6933-1 交平成筑豊鐵道田川線源爺之森站步行即到 車九州自動車道小倉南IC約30km P100輛(免費)

飯塚市 可愛「小雞」的大遊行

〇ひよこ ほなみこうじょう　書末地圖11G

小雞餅本舖吉野堂穗波工廠

0歲 1~3歲 4~5歲 6歲以上

0948-23-0745

免費

在室內參觀，無論雨天晴天都不受影響。

誕生100年以上的「名菓小雞餅」與九州限定銷售的「小雞費南雪」都是在這座工廠製造。可以參觀麵團成型、烤製、裝盒的生產過程。參觀日的一星期前開始接受預約，人數需在2人以上(視人數也有可能無法接受參觀)。參觀者可以試吃名菓小雞餅。

製造「小雞餅」的穗波工廠

幼兒資訊

無嬰幼兒設備。

一起來check!

工廠參觀

所需時間大約40分。工廠內有商店，可以購買名菓小雞餅等商品。營業時間為上午9時到下午5時。

DATA 參觀開始時間9:30、10:30(需一星期前預約) 休週三、日(有可能變動，繁忙期不接受參觀) 所飯塚市楽市538-1 交JR福北豊線天道站步行15分 車八木山快速道路穗波東IC約1.6km P5輛(免費)

其他體驗

圖示凡例

大約所需時間

雨天OK

有餐廳

可帶外食入內

投幣式置物櫃

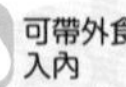

嬰兒車(租借／自行攜帶)

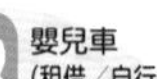

兒童廁所

換尿布空間

哺乳室

筑紫野市 參觀養樂多各種生產過程

○ふくおかヤクルトこうじょう 書末地圖14A

福岡養樂多工廠

0歲 1~3歲 4~5歲 6歲以上

092-925-8960

¥ 免費

無論雨天晴天都不受影響

還可以學習到關於養樂多的歷史

New Yakult以增加益菌、減少壞菌來調整腸胃的環境，在參觀工廠的同時學習其美味的秘密。工廠參觀需時大約1小時，1天實施3次。製造過程不得拍照，也不接受寵物同行。

幼兒資訊

可攜帶嬰兒車入內。多功能廁所中有尿布台。

一起來check!

福岡工廠的生產商品

在福岡工廠生產的養樂多製品有「New Yakult」、「New Yakult Calorie Half」、「Yakult 400」、「Yakult 400LT」。

DATA 參觀開始時間9:00、11:00、13:30(最晚一天前預約，詳細需洽詢。洽詢時段為9:00～16:00) 休週日、過年期間 所筑紫野市俗明院1-1 JR鹿兒島本線天拜山站步行15分 九州自動車道筑紫野IC約3km P10輛(免費)

久留米市 充滿自行車魅力的主題樂園

○くるめサイクルファミリーパーク 書末地圖14D

久留米自行車家族公園

0歲 1~3歲 4~5歲 6歲以上

0942-45-5656

¥ 大人(高中生~) 200日圓 兒童(4歲~) 100日圓

週六高中生以下免費入園。家族專用路線2圈、BMX、BTR路線30分、趣味自行車、單輪車30分，各是大人200日圓、兒童100日圓

下雨天時可在可以在頑皮童夢館打桌球或羽毛球。投幣式置物櫃為10日圓。

充滿各種特的自行車

西日本規模最大的自行車主題樂園。擁有160輛自行車，在27800㎡的園內有家族專用路線、泥土堆出高低起伏的BMX路線、需要高度技術的BTR路線，以及收集了各種特殊自行車的趣味自行車區。

幼兒資訊

可攜帶嬰兒車入內。哺乳室中有尿布台。

一起來check!

自行車之外的玩樂

在「頑皮童夢館」中有桌球、羽毛球、幼兒運動場，以及「冒險廣場」中有推桿高爾夫球、搖晃杆等。

DATA 9:00～17:00 休週二～五，春假、暑假、寒假時為週二、三 所久留米市御井町2028 西鐵天神大牟田線久留米站搭乘巴士15分，下車步行12分 九州自動車道久留米IC約1km P80輛(免費)

うきは市 現作手打麵美味令人嘖舌

○ちくごてづくりむら 書末地圖15C

筑後手創村

0歲 1~3歲 4~5歲 6歲以上

0943-75-2153

¥ 各種製麵體驗(2位體驗者時) 1位2025日圓

3人同行為1人1530日圓、4人同行為1人1350日圓

餐飲設施有1處餐廳

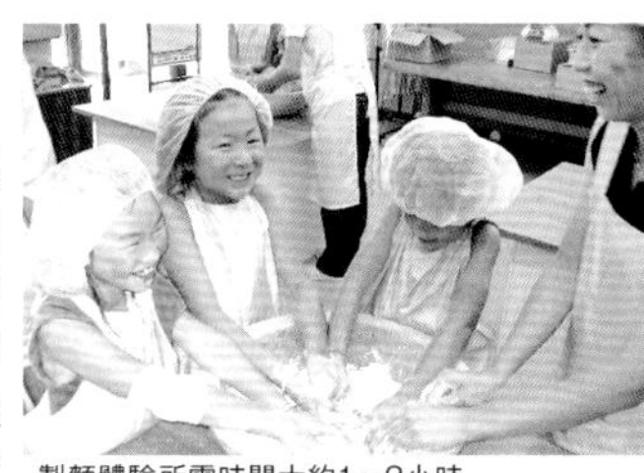

製麵體驗所需時間大約1～2小時

可以參觀以耳納連山伏流水製作麵條的工廠，還有麵料理的試吃、製麵體驗。製麵體驗有拉麵、烏龍麵、蕎麥麵，現作麵條就當場調理享用。1桌最少需2位參加，最晚需前一天預約。另外也有泡麵一把抓的活動(需付費)。如果只是參觀工廠及試吃的話不需費用。工廠公休為週日及假日。

幼兒資訊

可攜帶嬰兒車入內。雖然設備並非很完善，但與嬰兒同遊不會不便。

一起來check!

工廠參觀與試吃

參觀工廠及試吃為免費。白蘿蔔泥清湯烏龍麵、和風拉麵等，菜色會每個月變更。製麵體驗需前一天預約。

DATA 10:00～15:00 休8月15日、12月31日～1月3日 所うきは市吉井町191-1 栗木商店內 JR久大本線筑後吉井站步行10分 大分自動車道朝倉IC約6.7km P100輛(免費)

八女市 體驗製作傳統和紙

○やめてすきわしししりょうかん(かみすきや) 書末地圖14E

八女手すき和紙資料館(紙すき屋)

0歲 1~3歲 4~5歲 6歲以上

0943-22-3131(八女傳統工藝館)

¥ 免費

手工體驗為各600日圓～(5名以上需預約)

全天候設施，雨天晴天都不受影響。腹地內的物產館中有輕食、咖啡廳。

體驗傳統的和紙製作

參觀擁有400年歷史的八女手工和紙的製作過程。八女手工和紙是以八女特有的楮為主原料，其纖維長具彈力，禁得起拉扯，強韌且優美是它的特色。在這裡可以體驗花瓣和紙及和紙團扇的製作。

幼兒資訊

可攜帶嬰兒車入內。傳統工藝館的哺乳室中設有尿布台。

一起來check!

傳統工藝館與民俗資料館

併設了展示、販售佛壇等傳統工藝品的八女傳統工藝館，以及可看到燈籠人形複製品的八女民俗資料館等。

DATA 9:00～17:00(手工和紙體驗報名為16:00) 休週一(逢假日則開館)、12月29日～1月3日 所八女市本町2-123-2 JR鹿兒島本線羽犬塚站搭巴士15分，步行10分 九州自動車道八女IC約4km P150輛(免費)

佐賀市 能和**可愛動物**近距離互動的**觀光牧場**

○みつせルベールぼくじょうどんぐりむら

書末地圖14B

三瀨牧場橡果村

0歲 1~3歲 4~5歲 6歲以上

在互動廣場可以摸摸山羊和小馬等動物

☎0952-56-2141

¥

大人 500日圓 4歲~國中生 200日圓

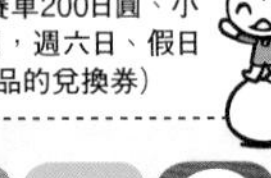

騎馬體驗500日圓、小朋友賽車200日圓、小動物館平日上限5人100日圓，週六日、假日上限5人300日圓（附1張乳製品的兌換券）

雨天時就來嘗試手工體驗或「不怕下雨天的小動物館」吧。投幣式置物櫃為200日圓。

85萬㎡的腹地內散布著酪農牧場、滑草場、餐飲處的觀光牧場，有可以體驗擠牛奶、餵食山羊的動物互動廣場等多種設施，園內也有販售自製牛乳及乳製品、從法國直送的原創葡萄酒等。

DATA 10:00～17:00（12月至16:00）休1月12日～2月29日的平日、12月31日～1月1日 所佐賀市三瀨村杠2234-67 JR長崎本線佐賀站搭計程車35分 長崎自動車道佐賀大和IC約13km P1500輛（免費）

幼兒資訊

租借嬰兒車1天200日圓。有2處哺乳室設有換尿布空間。

一起來check!

伴手禮店「ルベールショップ」

販賣飼養於牧場的娟姍牛的牛奶和優格、在這間牧場培育出的「三瀨雞」香腸等，即使不入園也能來純購買。

巨無霸雞肉串燒

橡果村是三瀨雞的發源地，以炭火烘烤的三瀨雞巨無霸雞肉串燒（1根650日圓）是熱銷商品。

參考南法的鄉村農場所打造的村落

重點看過來！

其1 牧場的風景

石板路、尖塔型和曲線型的建築物、沒有雨水槽的屋頂、平緩的山丘，以及自由放牧吃草的家畜。山上動物館附近設有瞭望台，能眺望彷彿置身於南法鄉村農場的景致。

其2 騎馬

有道產子馬的騎馬場每天都會舉辦騎手輔助騎馬（500日圓），隔壁的互動廣場則可以餵食山羊飼料（100日圓）。

其3 擠牛奶體驗

每天會在「牛舍」舉辦的擠牛奶體驗300日圓附贈乳製品，下午2時30分（週六日、假日為上午10時起）接受報名後開始進行，1天上限50人。

其4 遊園小火車

從小朋友廣場的上車處出發，行駛至山上動物館所在的山上火車站，車資為單程300日圓，來回500日圓。平日有遊園1圈的路線（700日圓）。

其5 體驗製作生牛奶糖

以娟姍牛的現擠牛乳為主食材，從中午12時（週六日、假日為上午11時）開始舉辦。1套800日圓，限量25組遊客，若名額有剩當天預約也OK。

佐賀 0元・平價景點 動物園・水族館・牧場

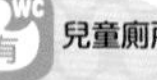

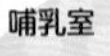

圖示凡例 大約所需時間 雨天OK 有餐廳 可帶外食入內 投幣式置物櫃 嬰兒車（租借／自行攜帶） 兒童廁所 換尿布空間 哺乳室

嬉野市 重現江戶時代的驛站城鎮

○がんそにんじゃむら ひぜんゆめかいどう 書末地圖13F

元祖忍者村 肥前夢街道

0歲 1~3歲 4~5歲 6歲以上

✆0954-43-1990

¥ 大人(國中生~)1100日圓 兒童(3歲~)600日圓

餐飲設施僅於週六日、假日營業。外帶飲食可以在室外自由用餐。

遊玩設施的費用另計。附12次回數券的入園券大人2100日圓、兒童1600日圓。住宿嬉野溫泉或武雄溫泉的遊客入園費折價100日圓

將江戶時代曾作為長崎街道驛站城鎮的嬉野之歷史與文化加以重現，設有忍者相關遊樂設施的忍者體驗型主題樂園。在占地面積75000㎡的園內還有蛤蟆油商人及南京玉簾等街頭表演、由葉隱忍者帶來的忍者秀等吸引眾多人潮。

置身於備受全世界矚目的「忍者」世界觀

幼兒資訊

免費出租嬰兒車。停車場及入口附近設有換尿布空間。

一起來check!

小朋友忍者學院

限3歲到小學生參加，於週六、日舉行，能穿上忍者服進行忍者修行，只要過關便能獲得忍者證書。體驗費用為3000日圓，需事先預約。

DATA 9:00～15:30（週六日、假日至16:30） 休無休 所嬉野市嬉野町下野甲716-1 JR佐世保線武雄溫泉站搭巴士25分，步行5分 長崎自動車道嬉野IC約2.2km P300輛（免費）

重點看過來！

其1 忍者秀

葉隱忍者屋敷的忍者現場表演，結束後會舉辦觀眾可參加的尋寶大會，費用可以通票抵用或付費500日圓。

其2 手裏劍道場

能夠拋擲高人氣的鐵製「正宗手裏劍」遊戲，只要投中標的就能獲得贈品。1局300日圓。

其3 街頭表演

在代官所前表演，能欣賞到口念古早開場白登場的蛤蟆油商人或是南京玉簾等，表演內容和時間需於當天確認。

佐賀市 小朋友能開心玩耍的遊樂器材齊聚一堂

○こうのこうえんこどもゆうえんち 書末地圖14D

神野公園 兒童遊樂園

0歲 1~3歲 4~5歲 6歲以上

✆0952-30-8461

¥ 免費

週六日、假日可享用輕食、咖啡廳。投幣式置物櫃為100日圓。

遊樂設施1日通票1人用1500日圓、親子用（大人1位+學齡前兒童）1800日圓

有迷你雲霄飛車、飛天旋轉直升機等兒童專屬的9種遊樂設施，因設施而有不同收費，建議購買通票。園內也有沙場、盪鞦韆、大型溜滑梯等可免費遊玩的遊樂器材，未滿3歲幼童在玩所有大型器材時須有大人陪伴。

遊樂設施之一的「飛天鞦韆」

幼兒資訊

可自行攜帶嬰兒車。園內的廁所設有兒童廁所、換尿布空間、哺乳室。

一起來check!

平日限定的快樂7票卡

可以玩7次想玩的遊樂器材的優惠票券，費用為1000日圓，售票日起的6個月內有效。學齡前兒童可以由1位大人陪同。

DATA 9:30～17:00（輕食、咖啡廳為11:00～16:00） 休週二（逢假日則翌日休），輕食、咖啡廳僅於週六日、假日營業，有臨時休園 所佐賀市神園4-1-3 JR長崎本線佐賀站搭巴士8分，步行即到 長崎自動車道佐賀大和IC約7km P170輛（免費）

武雄市 大自然環抱的花與小動物國度

○たけお・うれしのメルヘンむら 書末地圖13F

武雄・嬉野 童話村

0歲 1~3歲 4~5歲 6歲以上

✆0954-28-2835

¥ 大人(高中生~)1100日圓 兒童(3歲~)700日圓

有1處輕食、咖啡廳，建議自行攜帶外食。投幣式置物櫃（100日圓）為用畢退錢式。

瓢蟲雲霄飛車300日圓、湯瑪士小火車100日圓～、旋轉木馬200日圓

以「花卉和松鼠」為主題，內有飼養小動物的動物樂園、全天候型的圓頂帳篷、室內遊樂場的森林遊樂園。集結瓢蟲雲霄飛車、湯瑪士小火車、摩天輪等專攻兒童市場的遊樂設施，還可以餵食飼料給松鼠等20種動物。

擺滿色彩繽紛遊樂器材的室外遊樂場

幼兒資訊

租借嬰兒車1天300日圓。園內各間廁所內設有換尿布空間。有2處哺乳室。

一起來check!

小朋友游泳池

7月起至9月上旬營業，有兩座30m的游泳池，入場費為3歲以上400日圓，需由大人陪同（收費）。

DATA 9:00～17:00（11月至16:00、12～2月為10:00～16:00） 休無休（天候不佳時會臨時休園） 所武雄市西川登町神六20040 JR佐世保線武雄溫泉站搭計程車20分 長崎自動車道嬉野IC約2km P1000輛（免費）

吉野里町

復原彌生時代後半的吉野里

○よしのがりれきしこうえん 書末地圖14C

吉野里歷史公園

0歲 1~3歲 4~5歲 6歲以上

0952-55-9333（吉野里公園管理中心）

¥ 大人（高中生~）420日圓 中小學生80日圓

園內有英語、簡體中文標示 手冊有英語、簡體中文、繁體中文 ※有中、英語對應

65歲以上200日圓。製作陶笛1人100日圓、製作勾玉200日圓～、體驗生火1套裝100日圓（體驗的實施地點及內容有可能更動，需事先洽詢）

餐飲設施方面有1間餐廳，也推薦自行攜帶外食入內。投幣式置物櫃（100日圓）為用畢退錢式。

將範圍橫跨佐賀縣吉野里町及神埼市的彌生時代環濠聚落遺址、吉野里遺址加以修繕後開放參觀的公園，園內劃分為入口區域、環濠聚落區域、古代之原區域、古代之森區域，環濠聚落區域內有彌生時代聚落的修復成果，建有望樓和豎穴式住居。

能夠深入體驗古代生活的景點

幼兒資訊

免費租借嬰兒車。園內的多功能廁所設有換尿布空間。歷史公園中心及服務中心內設有哺乳室。

一起來check!

歷史公園中心

作為公園內資訊據點的設施，館內除了有放映『復甦"彌生都市"』的迷你劇院以外，還設有餐廳及商店。

DATA 9:00～17:00（6～8月至18:00） 休1月第3週一及其翌日、12月31日 所神埼郡吉野ヶ里町田手1843 JR長崎本線吉野里公園站步行15分 長崎自動車道東脊振IC約3km P1030輛（1日310日圓）

重點看過來！

其1 吉野里最重要的地區「北內郭」

高聳的主祭殿與望樓挖掘出土的地點，被視為過去行使祭禮儀式和政治的場域。設有雙重的壕溝及高柵欄，散發出莊嚴的氛圍。

其2 古代之森區域的「甕棺墓列」

在挖掘出約3000多具的甕棺墓中，將500座把土堆成圓形的土饅頭墳墓修復，全長達300m的規模很驚人！

其3 古代植物館的體驗活動

推出體驗歌唱奏樂和跳舞、體驗織布、體驗製作樂器等能化身為彌生人的體驗活動，參加體驗需收費，採2週前預約制。

佐賀市

在湖畔盡情享受戶外活動

○さがにじゅういちせいきけんみんのもり 書末地圖14B

佐賀21世紀縣民之森

0歲 1~3歲 4~5歲 6歲以上

0952-57-2341（綜合服務中心ほおのき）

¥ 免費

租借自行車2小時大人（高中生～）350日圓、兒童150日圓、協力車2小時750日圓。租船30分手划船500日圓、腳踏船1000日圓

餐飲設施有1間綜合餐廳，也推薦自行攜帶外食入內。

廣布於北山湖一帶，擁有西日本屈指可數規模的森林公園，園內設有運動場、烤肉區、船屋、雲霄溜滑梯等多元設施，餐飲設施則有提供兒童餐等餐點的「レストランほおのき」。

北山湖是釣鱸魚的名勝

幼兒資訊

可帶嬰兒車入內。有1處附設於廁所內的換尿布空間。

一起來check!

自行車道

湖畔設有6km長的自行車道，可以在園內3處的自行車站租借車輛。

DATA 9:00～18:00 休12月31日～1月4日 所佐賀市富士町藤瀨724-4 JR長崎本線佐賀站搭巴士45分，搭計程車15分 長崎自動車道佐賀大和IC約18km P200輛（免費）

佐賀市

施設非常豐富的綜合公園

○さがけんりつしんりんこうえん 書末地圖14D

佐賀縣立森林公園

0歲 1~3歲 4~5歲 6歲以上

0952-25-8668

¥ 免費

由於園內沒有餐飲設施，建議自行帶外食入內。垃圾也請自行帶回。

橫跨2個市鎮的遼闊公園，可以在36000㎡的草坪廣場上玩球和散步，更設置許多寓教於樂、能夠鍛鍊身體的遊樂器材。園內還有網球場及射箭場等運動設施，可容納16500人的棒球場也是正規的規模。關於各設施的使用費需洽詢。

可以邊玩邊學習的遊樂器材

幼兒資訊

可自行攜入嬰兒車。園內有9處廁所內設有兒童廁所及換尿布空間，休憩所的哺乳室裡也設有換尿布空間。

一起來check!

冒險遊樂廣場

位於公園的東區，能激發小朋友自由玩心與創造力的大小遊樂器材一應俱全。

DATA 5:00～21:00 休無休（棒球場等設施為週二休） 所佐賀市久保田町徳万1897 JR長崎本線佐賀站搭巴士30分，步行即到 長崎自動車道佐賀大和IC約12.4km P967輛（免費）

圖示凡例  大約所需時間  雨天OK  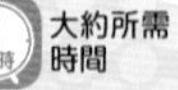 有餐廳  可帶外食入內  投幣式置物櫃  嬰兒車（租借／自行攜帶）  兒童廁所  換尿布空間  哺乳室 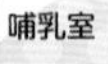

佐賀市 環抱金立山大自然的公園

○きんりゅうこうえん 書末地圖 14C

金立公園

0歲 1~3歲 4~5歲 6歲以上

0952-40-7162（佐賀市綠化推進課）

¥ 免費

徐福長壽館大人300日圓、中小學生150日圓。滑草場免費。小木屋4人用5140日圓、8人用10280日圓。租借烤肉用具組530日圓

腹地內無餐飲設施，但可前往鄰近的金立大型休息站。帶來的外食等垃圾請帶走。

可以從長崎自動車道金立大型休息站自由進出的公園，在廣達25萬9000㎡的園內，散布著以徐福傳說為重心的主題館「徐福長壽館」、藥用植物園、休憩廣場、滑草場等景點。滑草場從11月上旬到2月中旬開放遊玩。

坐擁金立山自然景觀的公園

幼兒資訊

可自行攜入嬰兒車。中央會館及室外的烤肉爐附近的廁所內設有換尿布空間。

一起來check!

休憩廣場

設有27種免費遊玩的運動器材、採預約制的烤肉爐、黃金週及7月到9月可租借的小木屋。

DATA 自由入園（部分設施為9:00～17:00） 休無休（休憩廣場週二休，徐福長壽館週一休） 所佐賀市金立町金立 JR長崎本線佐賀站搭巴士30分，步行即到 長崎自動車道佐賀大和IC約4km P 270輛（免費）

神埼市 以多元的運動遊樂器材為特色

○たかとりやまこうえん 書末地圖 14C

高取山公園

0歲 1~3歲 4~5歲 6歲以上

0952-51-9020（高取山公園わんぱく館）

¥ 免費

雲霄溜滑梯1次200日圓。空中吊椅單程200日圓、共通回數券（6張）1000日圓。滑草場1小時300日圓

餐飲設施僅有1間餐廳，僅於週六日營業，建議自行攜帶外食。

備有全長200m的雲霄溜滑梯、直上山頂的空中吊椅「モノライダー」等各式各樣遊樂設施的自然公園，春季會有7000株櫻花和杜鵑花、石楠杜鵑盛開，秋季則能欣賞美麗楓紅，在「わんぱく館」內售有當地產的蔬菜和特產品等，還會隨不同季節舉辦多種活動。

假日吸引全家福來玩耍的景點

幼兒資訊

可自行攜入嬰兒車。有2處換尿布空間。雖然設備不算齊全，帶小嬰兒前來也不需擔心。

一起來check!

空中吊椅

欲前往山頂瞭望台和雲霄溜滑梯時非常方便的空中吊椅，只要使用回數券第一次可免費搭乘。

DATA 9:00～18:00（11～3月至17:00） 休第2、4週三 所神埼市脊振広滝1472 JR長崎本線神埼站搭巴士25分，步行即到 長崎自動車道東脊振IC約9.6km P 150輛（免費）

江北町 細心維護小山丘的公園

○しらきパノラマこうえん 書末地圖 13D

白木全景孔園

0歲 1~3歲 4~5歲 6歲以上

0952-71-6321（佐賀のへそふれあい交流センター「NAVEL」）

¥ 免費

在露營區休憩（10:00～15:00）300日圓、住宿（15:00～翌日10:00）600日圓。小木屋（需預約）1棟休憩2000～3000日圓、住宿4000～6000日圓。當地居民以上均可享半價

由於園內沒有餐飲設施，建議自行攜帶外食。

因白木聖廟的孔子像而得名的公園，位在聖廟上方的丘陵地，占地達25000㎡。園內不但有雲霄溜滑梯、運動遊樂器材、瞭望台、露營區、滑草場等，還建有能供遊客野外烤肉的炊事棟。

用心維護小山丘的公園

幼兒資訊

可自行攜入嬰兒車。

一起來check!

白木孔子像祭

設有在歷史上極具價值的孔子像，活動於每年4月21日舉辦，吸引眾多前來祈求孩子健康長大和學業進步的人潮。

DATA 自由入園 休無休 所杵島郡江北町山口8830-3 JR長崎本線肥前山口站搭計程車5分 長崎自動車道多久IC約9.5km P 30輛（免費）

嬉野市 日本規模最大的九重葛花園

○ブーゲンハウスうれしの 書末地圖 13F

九重葛之家嬉野

0歲 1~3歲 4~5歲 6歲以上

0954-43-7544

¥ 大人（國中生~）600日圓 小學生 400日圓

無餐飲設施。休憩空間內設有免費的飲料吧。

日本規模最大的九重葛植物園，包含稀有品種的紅、白、黃色等五彩繽紛的九重葛，一整年都可以在溫室裡頭欣賞，種植於園內的25種多達400株、150萬片的花瓣將會療癒每一位遊客的心，而籠罩於頭頂的花卉隧道也很令人驚豔。

色彩鮮豔的九重葛等您來訪

幼兒資訊

可自行攜入嬰兒車。無障礙廁所內設有換尿布台。

一起來check!

入口會館

販賣九重葛染製品及九重葛苗等只有這裡才買得到的獨家商品。

DATA 8:00～19:00（視時期而異） 休無休 所嬉野市嬉野町岩屋川内甲103-5 JR佐世保線武雄溫泉站搭巴士30分，步行5分 長崎自動車道嬉野IC約2km P 60輛（免費）

武雄市 透過科學讓夢想飛翔的施設

○さがけんりつうちゅうかがくかん 書末地圖13E

佐賀縣立宇宙科學館

0歲 1~3歲 4~5歲 6歲以上

0954-20-1666

¥

大人 510日圓

高中生 300日圓

中小學生 200日圓

幼兒(4歲~) 100日圓

星象儀參觀費大人510日圓、高中生300日圓、中小學生200日圓、幼兒100日圓

帶來的外食可以在室內露台或室外露台用餐。投幣式置物櫃(100日圓)為用畢退錢式。

擁有「夢銀河」的暱稱

以參加體驗型的展覽為中心，可以開心瞭解科學的綜合科學館，由宇宙、地球、佐賀3個區域所構成，可以虛擬體驗月球漫步等太空人的工作。在佐賀發現區能夠觀察棲息於有明海等地的生物，這裡還設有星象儀和天文台。

幼兒資訊

免費出租嬰兒車。兒童廣場設有3處換尿布空間、4處哺乳室。

一起來check!

天體觀望會

每週六的天體觀望會可藉由大型望遠鏡來欣賞月亮和行星、寶石般的星星。每年還會舉辦數次特別活動。

DATA 9:15~17:15(週六日、假日至18:00，春假、暑假、黃金週至19:00，週六會開放星象儀至18:00) 休週一(逢假日則翌日休，黃金週及春假、暑假無休) 所武雄市武雄町永島16351 JR長崎本線武雄溫泉站搭計程車10分 長崎自動車道武雄北方IC約6km P500輛(免費)

唐津市 感受大自然鬼斧神工的藝術

○マリンパルよぶこ 書末地圖12B

呼子遊覽船

0歲 1~3歲 4~5歲 6歲以上

0955-82-3001

七釜遊覽船烏賊丸

¥

大人(國中生~) 1600日圓
小學生 800日圓

海中展望船ZEELA大人2100日圓、小學生1050日圓

輕食可攜入船內。

遊覽7座玄武岩海蝕洞窟所在的七釜

推出能遊覽因玄武岩遭海水侵蝕而形成的風景名勝「七釜」的烏賊丸、海中展望船ZEELA，兩種都會從呼子港出航。能夠靠近海蝕洞窟的七釜遊覽所需時間約40分鐘，ZEELA則是往返呼子港到鷹島，可以從海面下1.2m觀察海中魚群。

幼兒資訊

雖然設備不算十分齊全，但帶小嬰兒來也不必擔心。

一起來check!

七釜

受到玄界灘的大浪影響而於玄武岩斷崖形成，貌似爐灶並列的7座洞窟。正面寬約3m、深度約達110m。

DATA 9:00~17:00(11~2月至16:30) 休無休(海象不佳時停駛) 所唐津市呼子町呼子港 唐津巴士中心搭巴士35分，步行即到 西九州自動車道唐津IC約24km P130輛(1小時100日圓)

唐津市 來參觀肉丸的製造工廠

○いしいしょくひん からつこうじょう 書末地圖13C

石井食品 唐津工廠

0歲 1~3歲 4~5歲 6歲以上

0955-64-2235

¥ 免費

參觀需走室外的參觀通道，由於上頭有屋簷，即使雨天也能參觀。

一天製造出約70000袋肉丸，約10000袋漢堡排

以「石井的肉丸」名聞遐邇的食品製造商，會在唐津工廠製造出肉丸、使用佐賀縣有明雞製作的漢堡排、拌飯的調味料、年菜等五花八門的商品。參觀工廠採3天前到2個月前的5號之預約制，最晚需在參觀時間的10分鐘前入場。

幼兒資訊

可自行攜入嬰兒車。雖然設備不算齊全，但帶小嬰兒來也不必擔心。

一起來check!

參觀工廠

1天舉辦2次(7~8月僅有10:00開始的1次導覽)，參觀後可試吃剛出爐的肉球。

DATA 開放參觀10:00、13:00(採3天前到2個月前的5號之預約制，週日、假日、工廠指定假日除外可於10:00~17:00洽詢) 休週日、假日、工廠指定假日(11~12月為繁忙期不開放工廠參觀) 所唐津市北波多岸山611 JR唐津線唐津站搭計程車20分 西九州自動車道北波多IC約2.8km P10輛(免費)

鳥栖市 可以一探美乃滋的製作過程

○キューピーとすこうじょう 書末地圖14B

Q比鳥栖工廠

0歲 1~3歲 4~5歲 6歲以上

0942-83-3120

¥ 免費

室內參觀，不論雨天、晴天都能放心遊覽。

正在解釋如何開蛋的工作人員

Q比在大正14(1925)年以日本首家製造、販售美乃滋的廠牌起家，能來此參觀獨家研發的開蛋機在1分鐘內剝開600顆蛋的模樣等美乃滋製作過程。欲參觀需事先預約，可透過官網(https://www.kewpie.co.jp/know/openkitchen/tosu_01.html)或電話報名，電話受理時間為平日的上午9點半到中午12點以及下午1點到下午4點，從欲參觀日期的2個月前開始報名，採首50位。

幼兒資訊

可自行攜入嬰兒車。女廁內設有換尿布空間。

一起來check!

參觀後的伴手禮

參觀工廠所需時間約1小時，參觀後會贈送淋醬等Q比產品作為伴手禮。這裡也有供遊客購物的商店。

DATA 參觀時間9:20、10:45、13:00、14:30一天4次 休週六日、假日、工廠假日 所鳥栖市田代外町701 JR長崎本線鳥栖站步行25分 九州自動車道鳥栖IC約1km P7輛(免費)

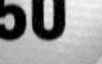

圖示凡例

大約所需時間
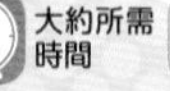
雨天OK

有餐廳

可帶外食入內

投幣式置物櫃
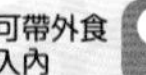
嬰兒車(租借/自行攜帶)

兒童廁所
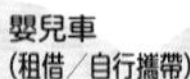

換尿布空間

哺乳室

神埼市 製造高人氣的乳酸菌飲料

○ヤクルトほんしゃさがこうじょう 書末地圖14C

養樂多總公司佐賀工廠

0歲 1~3歲 4~5歲 6歲以上

0952-52-8960

免費

室內參觀，不論雨天、晴天都能放心遊覽。

展示出歷年來的Joie

可以參觀製造出乳酸菌飲料類的Pretio、Joie等原料液的工廠，能瞭解產品特性、觀賞影片並參觀製造工程，工廠遊覽的所需時間約1小時。需在欲參觀日的一週前以電話報名，電話受理時間為週一到週六的上午8點到下午4點。

幼兒資訊

可自行攜入嬰兒車。女廁內設有換尿布空間。

一起來check!

參觀後的伴手禮

參觀完不但能試喝麝香葡萄口味的Joie，還能獲得另一款乳酸菌飲料及直尺等將包裝回收利用製成的紀念品。

DATA
參觀時間9:30、11:00、13:30
休週日、過年期間
所神埼市神埼町田道ヶ里2300
JR長崎本線神埼站步行5分
長崎自動車道東脊振IC約5.3km
P9輛（免費）

佐賀市 大人小孩都能樂玩刺激賽車

○オーシャンカートランド 書末地圖14B

OCEAN KARTLAND

0歲 1~3歲 4~5歲 6歲以上

0952-51-0388

入場費

免費

身高超過150cm 6圈1500日圓、10圈2000日圓、2人座6圈2000日圓

由於這裡沒有餐飲設施，建議自行攜帶外食。

只要身高超過150cm即可獨自駕駛卡丁車

能夠體驗正規賽車的卡丁車賽車場，不需駕照，賽道的長度會定期更換。賽車分成身高超過150cm即可駕駛的單人座賽車、只要由身高超過150cm的人駕駛即可讓4歲以上的人共乘的兩人座賽車2種。免費租借安全帽和手套。

幼兒資訊

可自行攜入嬰兒車。

一起來check!

豆奶機

設施內設有豆奶機，可以當場品嘗現榨豆奶。由於不使用任何添加物，大豆風味濃郁香醇。

DATA
9:00~18:00（視季節而異）
休週四
所佐賀市大和町松瀬4248-25
JR佐賀站搭計程車30分
長崎自動車道佐賀大和IC約12km
P80輛（免費）

有田町 陶器與酒的主題樂園

○ありたポーセリンパーク・のんのこのさと 書末地圖13E

有田陶瓷主題公園・麥燒酒之鄉

0歲 1~3歲 4~5歲 6歲以上

0955-41-0030

免費

餐飲設施有2間餐廳，攜帶外食限於室外用餐。垃圾請自行帶走。

茨溫格宮入館費大人500日圓、國高中生300日圓

挑戰製作自己的陶器

將德國德勒斯登市的茨溫格宮加以重現的華麗建築物十分吸睛，這裡是陶器和釀酒、餐飲的主題樂園，除了展示江戶幕府晚期到明治初期的有田燒陶器，還能在有田燒工房體驗替茶杯或四寸皿、六寸皿、碗公等陶器上色。

幼兒資訊

可自行攜入嬰兒車。在吃到飽餐廳內的哺乳室中可更換尿布。

一起來check!

有田燒工房

可以試著以吳須染料替茶杯（864日圓～）等上色或是體驗手拉坯（1080～1620日圓），海外寄送成品需洽詢。

DATA
9:00～21:00（視季節、設施而異），有田燒體驗10:00～16:00 休無休 所西松浦郡有田町戸矢乙340-28
JR佐世保線有田站搭計程車8分
西九州自動車道波佐見有田IC約2km
P1000輛（免費）

鹿島市 來舉辦灘塗競賽的泥灘玩耍

○みちのえき かしま 書末地圖13G

公路休息站 鹿島

0歲 1~3歲 4~5歲 6歲以上

0954-63-1768

泥灘體驗套裝行程

700日圓

（含指導、淋浴、器材費）

能體驗釣大彈塗魚的「むつかけ体験」需2人以上1人3500日圓，個人指導為4500日圓

有1處輕食、咖啡廳。夏季可將外食帶進餐飲店「ガタッコハウス」用餐。

可盡情玩到渾身泥巴的滑泥活動

可體驗以初夏的活動「鹿島灘塗競賽」而著稱的滑泥趣味運動。這裡具有公路休息站的機能，設有泥灘體驗區及泥灘瞭望館等。泥灘體驗區在4月中旬到10月底的週六日、假日及暑假會舉辦泥灘體驗，結束後能使用溫水淋浴。

幼兒資訊

可自行攜入嬰兒車。主廁所的男女廁內各設有換尿布空間。

一起來check!

千菜市

位於腹地內的直賣處，可以在此買到隨季節變動的新鮮當令蔬菜及水果、活跳跳的有明海海產等。

DATA
9:00～18:00、泥灘體驗為9:00～17:00間的退潮時間（需洽詢） 休7月第2週三 所鹿島市音成甲4427-6 JR長崎本線肥前鹿島站搭巴士18分，步行即到 長崎自動車道武雄北方IC約33km
P142輛（免費）

佐世保市 擁有美麗街景的長住型度假區

○ハウステンボス

豪斯登堡

書末地圖 13G

0歲 1~3歲 4~5歲 6歲以上

夜晚更有美麗的霓彩燈飾！

0570-064-110(綜合服務專線)

¥ 1日通票
(1日入場券＋指定設施1日使用券)

18歲以上 7000日圓 國高中生 6000日圓 4歲~小學生 4600日圓

65歲以上 6500日圓

※2018年3月1日時的費用(特別活動日除外)

1日 OK 有 不可 有

餐飲店包含速食形式的餐廳在內共超過50間。投幣式置物櫃為300～500日圓。

在廣大的占地內重現中世紀歐洲的街景，季節花卉爭相綻放，入夜後更會化身為日本第一的「光之王國」，持續推出的特別活動與運用最新技術的遊樂設施也深受歡迎，運河船及觀光計程車等來往園內的交通工具也十分多元。

DATA 9:00～21:00(視最後入場時間、季節而異) 休無休
所佐世保市ハウステンボス町1-1
JR大村線豪斯登堡站步行即到
西九州自動車道佐世保大塔IC約7km
P 5000輛(1次800日圓，直營飯店房客可免費使用飯店專用停車場)

幼兒資訊

租借嬰兒車1次AirBuggy型1000日圓、B型400日圓。園內外共有17處兒童廁所、33處換尿布空間，園內設有4處哺乳室。

多種特別活動及商店琳琅滿目！

重點看過來！

其1 阿姆斯特丹城

大致位於園內的中央，以當日活動為重心舉辦各式各樣的活動。除了有荷蘭的民俗工藝與雜貨外，還有起司、葡萄酒商店林立。

其2 高塔城

從園內的任何方向都能看見這座高達105m的地標性高塔。1、2樓為美食街，離地80m處設有瞭望台。

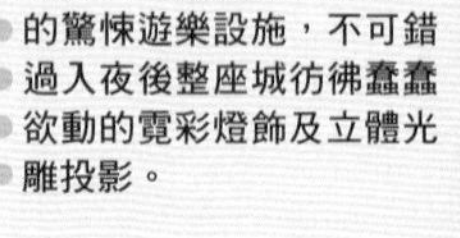

其3 顫慄城

本區內共集結了各式各樣的驚悚遊樂設施，不可錯過入夜後整座城彷彿蠢蠢欲動的霓彩燈飾及立體光雕投影。

其4 冒險公園

日本少數長達300m的高空滑索「Shooting Star」、小朋友也能安心玩耍的「輕飄飄樂園」等多種遊樂設施齊聚一堂。

一起來check!

機器人館

能和機器人邊玩邊學習的博物館，有機器人熱舞的舞台表演、可操縱機器人的遊戲體驗區等，還有商店可將喜歡的機器人買回家。

奇妙餐廳

以200年後的未來為主題的吃到飽餐廳，由負責大阪燒的主廚和製作飲料的調酒師機器人等各式各樣的機器人幫忙上菜。

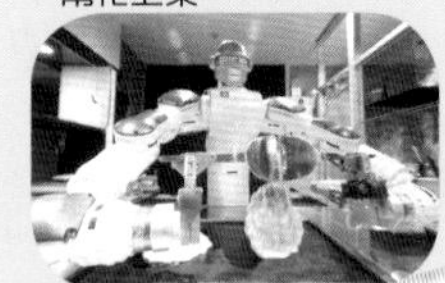

其5 娛樂設施城

聚集多種劇院型和博物館型等室內遊樂設施的區域。熱門的「巧克力伯爵之館」及豪斯登堡歌劇團登台演出的「MUSE HALL」及「機器人館」等也位在這裡。

圖示凡例

大約所需時間

雨天OK

有餐廳

可帶外食入內

投幣式置物櫃

嬰兒車(租借／自行攜帶)

兒童廁所

換尿布空間

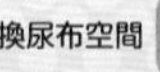

哺乳室

佐世保市

盡情感受西海國立公園「九十九島」

くじゅうくしまパールシーリゾート

書末地圖12F

九十九島珍珠海洋遊覽區

0歲 1~3歲 4~5歲 6歲以上

只有在九十九島才能體驗的景點

0956-28-4187

水族館入館費

大人（高中生～）1440日圓

兒童（4歲～）720日圓

「未來號」、「珍珠皇后號」乘船費各為大人1400日圓、兒童700日圓（出航時刻需洽詢）

3小時 OK 有 OK 有

餐飲設施共有7間，能否攜帶外食需確認。投幣式置物櫃（100日圓）為用畢退錢式。

西海國立公園九十九島共有208座大小島嶼散落於海域中，這座海洋度假樂園便位在其門戶位置，可以透過重現九十九島海洋世界的九十九島水族館海閃閃、白色船身的遊覽船珍珠皇后號或者九十九島海盜遊覽船未來號、海洋皮艇等各式各樣的角度來樂享九十九島。

DATA 視設施而異 休無休 所佐世保市鹿子前町1008 JR大村線佐世保站搭巴士25分，步行即到 西九州自動車道佐世保中央IC約3.4km P700輛（停車費視地點而異，需確認）

幼兒資訊

免費租借嬰兒車。換尿布空間分別在「海閃閃」有5處、遊客中心有1處。海閃閃內還設有3處哺乳室。

一起來check!

Lucky's

點餐後才開始手工製作的佐世保漢堡專賣店。使用高人氣的長崎縣產牛肉製成的漢堡排，淋上帶酸味的日式醬汁而成「牛排漢堡」為570日圓。

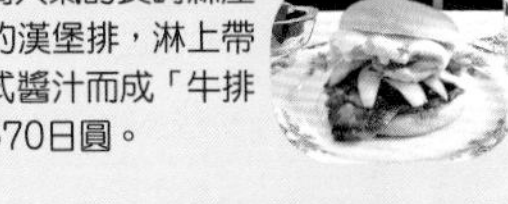

九十九島海遊

品質堪稱日本第一的長崎和牛檸檬牛排膳、盛上滿滿在九十九島近海捕獲的當季海產的定食等餐點一應俱全。佐世保著名的檸檬牛排膳為1944日圓，11月到3月還會推出九十九島牡蠣。

呈現出九十九島波光粼粼的海底世界

其1 九十九島水族館海閃閃

設有九十九島灣大水槽、海豚表演節目，以及展示出在九十九島周邊所發現之水母的「水母交響樂廳」等設施。

重點看過來！

其2 九十九島遊覽船

由九十九島海盜遊覽船未來號、以海中女王為設計概念的遊覽船珍珠皇后號載您出航，能以寬闊視野欣賞坐擁優美景致的九十九島。

其3 水族館禮品店Kirara

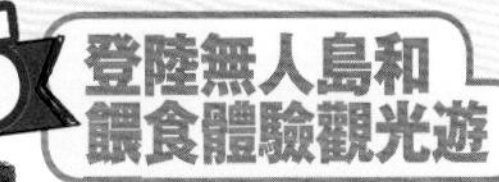

網羅海洋生物與水族館相關的商品，可以在此買到海豚或水母、中國鱟等造型的玩偶和零食等獨家商品。

其4 九十九島牡蠣祭

於進入九十九島牡蠣季的11月及2月的週六日與假日舉辦，可以自己動手烤牡蠣當場享用。九十九島帶殼生牡蠣約1kg（約15個）800日圓；木炭約1kg（2、3人份）200日圓；手套及開牡蠣刀具組250日圓。

※價格為2017年的資訊，有可能更動

其5 登陸無人島和餵食體驗觀光遊

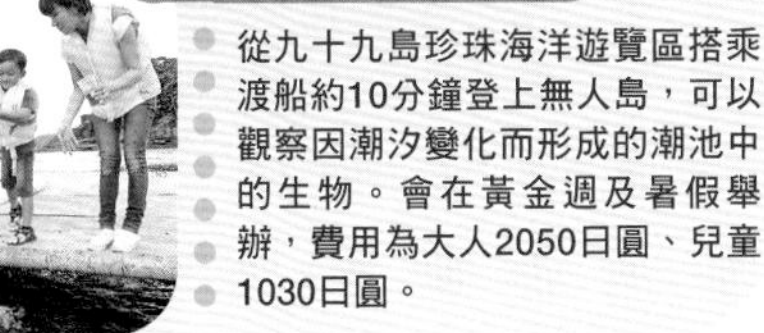

從九十九島珍珠海洋遊覽區搭乘渡船約10分鐘登上無人島，可以觀察因潮汐變化而形成的潮池中的生物。會在黃金週及暑假舉辦，費用為大人2050日圓、兒童1030日圓。

西海市

可零距離親近**動物**的動物園

○ ながさきバイオパーク

書末地圖 13H

長崎野生動物園

0歲 1~3歲 4~5歲 6歲以上

互動體驗型的綜合自然動植物園

☎0959-27-1090

¥

大人	國高中生	兒童(3歲~)
1700日圓	1100日圓	800日圓

寵物動物世界「PAW」入場費500日圓。野生動物園套票大人2000日圓、國高中生1400日圓、兒童1100日圓。園內各處售有動物飼料(100日圓~)

攜帶外食僅限自家做的便當，投幣式置物櫃為200~300日圓。

鮮少柵欄與獸籠，能近距離接觸水豚、松鼠猴、袋鼠等各式各樣的動物，又能餵食的動物園。在30萬㎡大的園內有約200種動物棲息，最近尤以水豚最受歡迎，牠們泡露天溫泉的情景是冬季特有風情，夏天則能看到牠們吃西瓜的模樣。

DATA 9:00~16:00(關園為17:00)、8月至16:30(17:30閉園) 休無休 所西海市西彼町中山鄉2291-1 JR長崎本線長崎站搭巴士1小時18分，步行即到 西九州自動車道佐世保大塔IC約28km P800輛(免費)

幼兒資訊

租借嬰兒車1天200日圓。入園口附近及RESTAURANT QUENA附近設有哺乳室和換尿布空間。咖啡廳「キウイ」內也有換尿布空間。

一起來check!

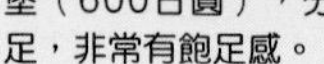

西海漢堡

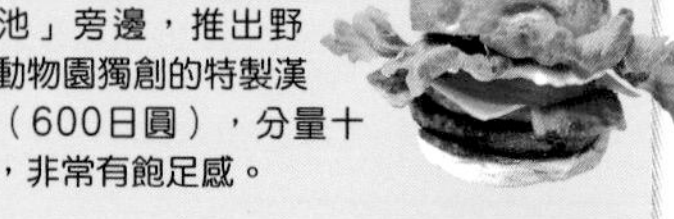

位在入園即可看到的「葦之池」旁邊，推出野生動物園獨創的特製漢堡（600日圓），分量十足，非常有飽足感。

綜合商店「メルカドプリメラ」

位於入口處的商店裡，售有動物圖案的蛋糕捲和水豚的玩偶。長頸鹿花紋的蛋糕捲為1200日圓起，還有斑馬紋口味，使用自家種植的草莓和栗子製作。

可以用極近距離欣賞許多動物喔！

重點看過來！

其1 與多種動物的近身接觸

紅鶴與水豚的展示區可以自由進出，也有黑狐猴等多種放養的動物，甚至能貼近距離去觸摸、餵食動物的開放程度相當受歡迎。有時會視狀況而在未事先告知的情況下更動展示內容。

其2 大型動物的餵食體驗

週六日、假日限定的活動，可以餵高麗菜給張開大嘴的河馬，費用為1人100日圓。

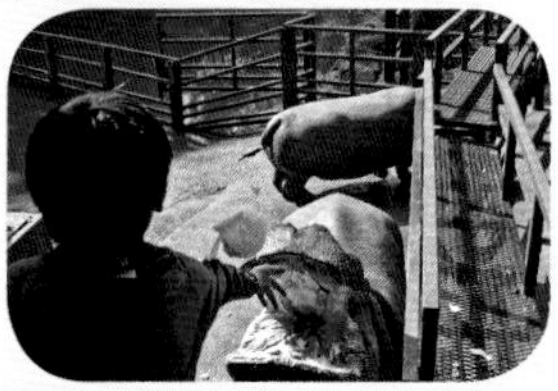

其3 水豚的露天溫泉

每年12月到2月能一窺水豚泡露天溫泉的可愛模樣，活動時間為中午到下午3時。

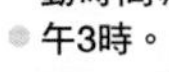

其4 水豚的吃西瓜時間

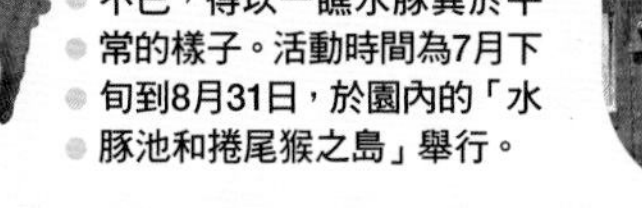

平時一派悠閒的水豚當看見最愛的西瓜時便會變得興奮不已，得以一瞧水豚異於平常的樣子。活動時間為7月下旬到8月31日，於園內的「水豚池和捲尾猴之島」舉行。

其5 河馬的整顆西瓜餵食時間

觀賞飼育人員將一整顆西瓜餵給河馬吃的高人氣活動，能目睹河馬豪邁地大吃最愛西瓜的模樣的時間是在7月下旬到8月31日，於園內的「河馬池和狐猴之島」1天舉辦2次。

圖示凡例
 大約所需時間
 雨天OK
 有餐廳
 可帶外食入內
 投幣式置物櫃
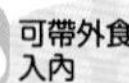 嬰兒車(租借/自行攜帶)

 兒童廁所
 換尿布空間

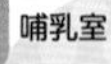 哺乳室

長崎市 遇見形形色色的企鵝

○ながさきペンギンすいぞくかん 書末地圖16D

長崎企鵝水族館

0歲 1~3歲 4~5歲 6歲以上

✆095-838-3131

¥ 大人(高中生~) 510日圓 兒童(3歲~) 300日圓

餐飲設施有1處輕食、咖啡廳。投幣式置物櫃為100日圓。

在深達4m的水槽中悠游的企鵝

以9種共180隻企鵝及棲息於長崎近海的魚類為主，飼養並展示150種共6835隻海洋生物。在採挑高兩層樓構造的亞南極企鵝水池裡，能欣賞國王企鵝、南極企鵝、巴布亞企鵝、南跳岩企鵝等在水深4m的水槽中宛如飛翔般悠遊自得的模樣。

幼兒資訊

免費租借嬰兒車，但由於數量有限建議自行攜入。多功能廁所及男廁內設有換尿布空間，女廁內設有哺乳室。

一起來check!

洪堡企鵝的大搖大擺散步

週六日、假日下午1點半起的30分鐘內，會在企鵝廣場舉行。11月下旬到5月上旬會改為「國王企鵝的大遊行」。

DATA
L 9:00~17:00(8月至18:00)
休 無休
所 長崎市宿町3-16
JR長崎本線長崎站搭巴士30分，步行5分
長崎自動車道長崎芒塚IC約2km
P 225輛(1小時200日圓，之後每小時加收100日圓，利用本設施者最多收費500日圓)

佐世保市 將植物園與動物園加以結合

○くじゅうくしまどうしょくぶつえんもりきらら 書末地圖12F

九十九島動植物園森閃閃

0歲 1~3歲 4~5歲 6歲以上

✆0956-28-0011

¥ 大人(高中生~) 820日圓 兒童(4歲~) 210日圓

餐飲設施有1處輕食、咖啡廳。

投幣式置物櫃(100日圓)為用畢退錢式。

彷彿在空中翱翔般游泳的企鵝

位在西海國立公園內、日本最西邊的動植物園，培育66種、257隻動物及2000種、21000株植物。企鵝館內有日本最大規模的天井水槽和日本首座極淺水槽等，能夠以360度欣賞企鵝。2樓的戶外露台會舉辦「企鵝的景點導覽」。

幼兒資訊

免費租借嬰兒車。有3處換尿布空間、2處哺乳室。

一起來check!

玫瑰園

在號稱西日本規模最大的玫瑰園內，能觀賞包含獨創品種在內約200種玫瑰花，玫瑰在春和秋季為最佳賞花期。

DATA
L 9:00~16:45(17:15閉園)
休 無休
所 佐世保市船越町2172
JR大村線佐世保站搭巴士25分，步行即到
西九州自動車道佐世保中央IC約5km
P 377輛(免費)

佐世保市 水與綠意的休憩空間

○させぼこうえん 書末地圖13E

佐世保公園

0歲 1~3歲 4~5歲 6歲以上

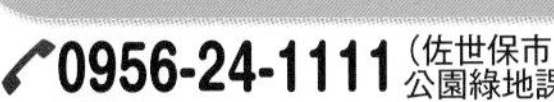
✆0956-24-1111(佐世保市公園綠地課)

¥ 免費

由於園內沒有餐飲設施，建議自行攜帶外食。

位在公園內的「閃亮亮公園」(佐世保市提供)

流過佐世保市中心的佐世保川，公園就位在架在這條河川上頭的阿布奎基橋的另一端。綠意盎然的公園內有寬廣的草坪公園、樹齡超過100年的樟樹、設置五花八門遊樂器材的閃亮亮公園、市營的溫水游泳池、烤肉設施等。烤肉設施的營業時間為3月第3週六到10月31日的週六日、假日(7月第3週六到8月31日為每天)，使用費需洽詢。

幼兒資訊

可自行攜入嬰兒車。閃亮亮公園旁邊的西式廁所內男女廁各設有1間兒童廁所，2間多功能廁所內有換尿布空間。

一起來check!

閃亮亮公園

主題為「讓養育小孩變得更開心的地方」，以大型遊樂器材為中心，網羅播樂等幼童喜愛的器材。

DATA
L 自由入園 休 無休
所 佐世保市平瀨町等
JR佐世保線佐世保站搭巴士5分，步行10分 西九州自動車道佐世保中央IC約0.8km P 68輛(費用需洽詢)

佐世保市 能觀覽渦流的大橋

○ながさきけんりつさいかいばしこうえん 書末地圖13G

長崎縣立西海橋公園

0歲 1~3歲 4~5歲 6歲以上

✆0956-58-2004(長崎縣立西海橋公園管理事務所)

¥ 免費

滑草1小時200日圓(內含滑草板、護具、安全帽租借費)、運動場使用費1區1小時大人(高中生~)800日圓、國中生以下500日圓

由於園內沒有餐飲設施，建議自行攜帶外食。

從西海之丘瞭望台望出去的景致

公園由能眺望因渦流而聞名的針尾瀨戶的丘陵地修繕而成，在這片坐擁美景、約37萬m²大的腹地上有滑草場、大型運動遊樂器材、雲霄溜滑梯、兒童廣場、槌球場、設有瞭望台的「西海之丘」等。人工草皮鋪成的滑草場一整年都能玩耍。

幼兒資訊

可自行攜入嬰兒車。有10間兒童廁所、9處換尿布空間，皆位在無障礙廁所內。管理事務所內設有哺乳室。

一起來check!

春季的渦流祭

於包含春假的1個月期間舉辦，能飽覽春季大潮與1000株櫻花的優美組合。10月下旬開始會舉辦秋季的渦流祭。

DATA
L 8:00~17:00 休 無休
所 佐世保市針尾東町2678
JR佐世保線佐世保站搭巴士45分，步行3分 西九州自動車道佐世保大塔IC約15km P 500輛(免費)

川棚町 廣布於大崎半島的自然公園

○おおさきしぜんこうえん 書末地圖13G

大崎自然公園

0歲 1~3歲 4~5歲 6歲以上

0956-83-3210（川棚町觀光協會）

入園費 **免費**

「國民宿舍孔雀莊」及「川棚大崎溫泉潮騷之湯」內有餐廳。

有許多花卉與植物環繞而能提振精神的自然公園，妥善規劃出健行步道的園內不但有「孔雀園」，還有露營場、海水浴場、國民宿舍孔雀莊、露天溫泉、備有包租浴池的不住宿溫泉設施「川棚大崎溫泉潮騷之湯」等多種設施。

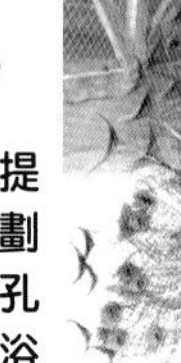
可以欣賞美麗的孔雀

幼兒資訊

可自行攜入嬰兒車。

一起來check!

孔雀園

圓頂型的籠子內除了有約200隻印度藍孔雀爭相鬥艷以外，還有兔子和小馬。

DATA 9:00～17:00 休無休 所東彼杵郡川棚町小串郷272 JR大村線川棚站搭計程車10分 長崎自動車道東そのぎIC約13km P100輛（免費）

西海市 四周有美麗大自然環抱的景點

○いさのうらこうえん 書末地圖12H

伊佐之浦公園

0歲 1~3歲 4~5歲 6歲以上

0959-32-9087（伊佐之浦體驗交流中心）

美化協力費 小學生以上100日圓

租借自行車1小時大人324日圓、國中生以下216日圓。使用露營場若自備帳篷1泊1頂1080日圓、外帳864日圓、單日露營各540日圓。租借帳篷（需預約）1泊1頂2160日圓。租借烤肉架（需預約）540日圓、附木炭1080日圓

雨天時可利用「伊佐之浦體驗交流中心」（需確認）。帶來的外食垃圾請自行帶走。

將伊佐之浦水壩周邊加以規劃而成的公園，面朝水壩設有體驗交流中心、親水棧橋、餐廳、步道、瞭望台、自行車道、採預約制的度假小屋及小木屋等。橫跨於伊佐之浦川溪谷、長約40m的吊橋走來驚險刺激。欲在餐廳用早餐及晚餐需預約。

優美大自然圍繞的景點

幼兒資訊

可自行攜入嬰兒車。雖然設備不算齊全，帶小嬰兒前來也不需擔心。

一起來check!

度假小屋與小木屋

備有4人住及8人住的度假小屋和小木屋，訂房或洽詢請洽住宿專線（0959-37-9511）

DATA 8:30～17:00（餐廳為11:00～14:00） 休無休（餐廳為不定休） 所西海市西海町中浦南郷1133-48 JR大村線豪斯登堡站搭計程車40分 西九州自動車道佐世保大塔IC約26km P70輛（免費）

諫早市 位於山茶花高原的休閒設施

○さざんかこうげんピクニックパーク・ハーブえん 書末地圖13H

山茶花高原野餐公園·香草園

0歲 1~3歲 4~5歲 6歲以上

0957-34-4333

¥ **免費**

設施使用費另計。共通回數券2000日圓。高速滑道1次大人300日圓、國中生以下200日圓。飛天椅大人（高中生～）300日圓、兒童（5歲～）200日圓。越野車1次大人500日圓、兒童300日圓。通票（限週六日、假日）大人2500日圓、兒童2000日圓

各有1處餐廳及外帶區。投幣式置物櫃為100日圓。

這座公園位在秋季可賞波斯菊、季節花卉環繞的山茶花高原上。園內分為備有溜冰場、迷你高爾夫球場、高速滑道的「風之丘」，以及設有飛天椅和摩天輪的「光之丘」兩區，可以搭乘高原單軌電車移動。

有高原清風吹拂的風之丘廣場

幼兒資訊

可自行攜入嬰兒車。有2處兒童廁所、3處換尿布空間。服務處設有哺乳室。

一起來check!

山茶花高原香草園

欲前往採預約制且能上香草體驗教室的山茶花高原香草園，搭乘高原單軌電車最方便。

DATA 10:00～17:30（11～2月至17:00） 休週二（逢假日則翌日休）、過年期間 所諫早市小長井町遠竹2867-7 JR長崎本線小長井站搭計程車15分 長崎自動車道諫早IC約26.5km P700輛（免費）

大村市 坐鎮高地上的絕佳景觀公園

○ことひらスカイパーク 書末地圖16A

琴平天空公園

0歲 1~3歲 4~5歲 6歲以上

0957-55-4641

¥ **免費**

滑草1小時200日圓，迷你高爾夫大人（高中生～）400日圓、兒童200日圓

餐飲設施僅於週日、假日營業，建議自行攜帶外食。

位在海拔330m的高地，能遠眺大村市區及大村灣、雲仙、西海橋。高踞琴平岳山頂一帶、廣達70000㎡的園內除了可玩忍者遊樂器材、全長99.9m的高速滑道之外，還附設滑草場、迷你高爾夫場，甚至有滑翔傘的飛行區。

深受小朋友歡迎的忍者遊樂器材

幼兒資訊

可自行攜入嬰兒車。管理事務所旁的廁所內設有換尿布空間。

一起來check!

賞櫻名勝

春天時櫻花會開滿整座公園，賞花遊客絡繹不絕，還有點綴999階石梯的「櫻花林蔭道」。

DATA 9:00～18:00（10～3月至17:00） 休週二（逢假日則翌日休） 所大村市原町967-1 JR大村線大村站搭巴士20分，步行15分 長崎自動車道大村IC約5km P128輛（免費）

圖示凡例
 大約所需時間
 雨天OK
 有餐廳
 可帶外食入內
 投幣式置物櫃
 嬰兒車（租借／自行攜帶）
 兒童廁所
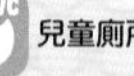
 換尿布空間
 哺乳室

長崎市 筒倉與畜舍十分搶眼

○ながさきしいこいのさと あぐりのおか 書末地圖16C

長崎市いこいの里あぐりの丘

0歲 1~3歲 4~5歲 6歲以上

095-841-1911

¥ 免費

製作麵包體驗1套裝行程1人500日圓，冰淇淋體驗1套裝行程3人份600日圓

餐飲設施有餐廳及外帶區，也推薦自行攜帶外食入內。

廣布在能俯瞰大海的式見之丘上，占地達50萬㎡的農業公園型設施。在街景區能體驗製作麵包或冰淇淋等料理，春季有油菜花、秋季有波斯菊，更能在限定期間內於玫瑰溫室欣賞玫瑰花。來到交流動物廣場，從專為幼童準備的綜合遊戲器材上也能觀察動物。

筒倉和畜舍聳立散發出田園牧歌風情

免費租借嬰兒車。有7處附設於廁所的換尿布空間。入口旁邊設有哺乳室。

一起來check!

季節花卉與餵食體驗

春季有油菜花海、秋季的波斯菊也美麗動人。每天下午1點半起會舉辦免費餵食綿羊和山羊的活動。

DATA 9:30～18:00（12～2月為10:00～17:00） 休12～2月的週三（寒假無休） 所長崎市四杖町2671-1 JR長崎本線道ノ尾站搭計程車10分 長崎自動車道長崎多良見IC約21.5km P1700輛（免費）

大村市 大地的產物與歡樂體驗樂無窮

○おおむらゆめファーム シュシュ 書末地圖13H

大村夢農場 ChouChou

0歲 1~3歲 4~5歲 6歲以上

0957-55-5288

¥ 免費

體驗活動1000日圓～

餐飲設施有綜合餐廳「葡萄園餐廳」。

能飽覽大村灣的山丘上，散布著農作物直銷處、獨創義式冰淇淋與麵包工房、西式糕點工房等建築物。體驗教室推出製作香腸、製作麵包等約11種體驗活動，各種體驗基本上需10人以上，最晚需在3天前預約，費用及人數較少時需洽詢。「葡萄園餐廳」則以烤肉和午餐吃到飽吸引眾多人潮。

小木屋座落在園內視野最好的地點

可自行攜入嬰兒車。小木屋的女廁內設有兒童廁所及換尿布空間。

一起來check!

製作香腸

在諸多體驗活動中，製作香腸的所需時間約1個半小時，1人可以帶回250g的香腸。

DATA 10:00～18:00（餐廳為11:00～14:00、17:00～21:00） 休第3週三（3～5月及8～10月、12月則營業） 所大村市弥勒寺町486 JR大村線松原站步行5分，搭巴士5分，步行10分 長崎自動車道大村IC約4km P100輛（免費）

佐世保市 來烏帽子岳大玩戶外運動

○えぼしスポーツのさと 書末地圖13E

烏帽子運動之里

0歲 1~3歲 4~5歲 6歲以上

0956-24-6669

入園費 免費

有收費設施

餐飲設施僅於4～11月的週六日、假日營業，建議自行攜帶外食。投幣式置物櫃為200日圓。

廣闊且大自然充沛的公園座落在屋帽子岳山腰間，裡頭有一圈600m的卡丁車、備受孩童喜愛的球池、外形五花八門的趣味腳踏車、小孩到年長者都能一起玩耍的公園高爾夫球、在九州十分罕見的直排輪等設施，可以玩上一整天。

小孩大人都可以玩的直排輪

免費租借嬰兒車。可以在本館的哺乳室更換尿布。

一起來check!

烤肉屋

使用採預約制2060日圓，木炭烤肉組亦採預約制，含木炭1組1030日圓（小）、1860日圓（大），食材需自備。

DATA 9:00～18:00（10～3月至17:00） 休週四（逢假日則營業）、12月30日～1月2日 所佐世保市烏帽子町128 JR佐世保線佐世保站搭巴士35分，步行即到 西九州自動車道佐世保中央IC約8.7km P400輛（免費）

西海市 非常可觀的自然紀念物

○ななつがましょうにゅうどう 書末地圖12G

七釜鐘乳洞

0歲 1~3歲 4~5歲 6歲以上

0959-33-2303

¥

大人510日圓 國中生300日圓 小學生200日圓 幼兒（4歲～）100日圓

餐飲設施有1間輕食，建議自行攜帶外食。

延伸至七釜地底下、全長1600m的鐘乳石洞，據稱是在約3000萬年前從海底隆起所形成，只有從入口往內走250m的部分有對外公開。已列為自然紀念物保護地洞的清水洞為中心的區域裡已發現了35個洞穴，但至今仍無法掌握全貌。

洞穴內有特別打燈

附設店鋪內的廁所中設有換尿布空間。

一起來check!

地底探險行程

專收國小四年級以上的團體，僅有上午及下午各1次，費用為1500日圓。超過4人最晚需在7天前預約。

DATA 9:00～16:30（4～9月至17:30） 休12月30日～1月2日 所西海市西海町中浦北鄉2541-1 JR長崎本線長崎站搭巴士1小時20分，步行7分 西九州自動車道佐世保大塔IC約25km P200輛（免費）

南阿蘇村 主打「強身健體」的理念

○ あそファームランド

阿蘇農場

書末地圖 24E

0歲 1~3歲 4~5歲 6歲以上

穿著方便活動的服裝與鞋子來挑戰

☎0967-67-2100

¥ 免費

使用、體驗各設施之費用需洽詢

用餐請利用園內的餐廳。投幣式置物櫃有用畢退錢式(100日圓)及200日圓兩種。

廣布在阿蘇九重國立公園內阿蘇山腰上的健康主題樂園。將廣闊的腹地加以活用，力推「強身健體」之主題，設置健康挑戰館、元氣之森等，從體驗到購物、溫泉、飲食、住宿等五花八門的設施一網打盡，讓遊客能貼身感受阿蘇的大自然來度過充實的假期。

DATA
9:00～22:00(視設施、時期而異)
休 無休
所 阿蘇郡南阿蘇村河陽5579-3
JR豐肥本線阿蘇站搭計程車20分
九州自動車道熊本IC約30km
P 3000輛(免費)

幼兒資訊

租借嬰兒車1天300日圓(保證金另計700日圓，歸還時退費)。園內各間廁所內設有換尿布空間，發達之森內有兒童廁所。

一起來check!

健康挑戰館

全年都能自在活絡筋骨的全天候型室內運動設施，備有約20種能正視自己身體的獨特裝置，可以彈跳、攀爬、奔跑，歡迎全家來開心挑戰。

自然まるごと阿蘇展望バイキング 大阿蘇レストラン

使用當地食材、菜色豐盛的健康料理擺滿桌的「大阿蘇自助餐」非常吸引人，還可以從空間寬敞的店內眺望阿蘇山景。

無論大人小孩 都能發揮體能大玩

重點看過來！

其1 元氣之森

將天然地形加以活用的腹地內，散布著超過60種健康體驗裝置。有一區規劃成「冒險區」，是將30棟的圓頂屋內部變成迷宮、運動的區域。

其2 交流動物王國

這裡有兔子、山羊、綿羊等許多可愛動物等您來玩。可以體驗餵食，更能近距離與水豚、紅鶴等動物互動。

其3 發達之森

為了正值建立運動及體力基礎之重要時期的孩童，研發了多達40種的獨創裝置，多種兒童專用設施使幼兒在挑戰這些器具激發玩心時，也能夠自然開心地動動身體。

其4 阿蘇健康火山溫泉

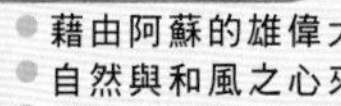

藉由阿蘇的雄偉大自然與和風之心來療癒身心的「大自然石庭露天溫泉」，可透過岩石浴池、礦泉溫泉、寢湯、每月更換的溫泉等多種浴池來享受一趟健康溫泉之旅。

其5 夢幻區域

有恐龍、足球、西瓜、草莓等造型充滿童趣的圓頂型飯店，搭配客房主題所打造的設計十分有趣。設有專用的報到櫃檯。

圖示凡例

 大約所需時間
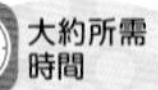 雨天OK
 有餐廳

 可帶外食入內

 投幣式置物櫃
 嬰兒車(租借／自行攜帶)

 兒童廁所

 換尿布空間
 哺乳室

荒尾市

遊樂設施數量堪稱日本第一

○グリーンランド

格林主題樂園

書末地圖 14H

0歲 1~3歲 4~5歲 6歲以上

在離地59m的空中旋轉飛舞

☎0968-66-1112

移動設施、各種遊樂設施的費用另計。通票為大人3800日圓、兒童3600日圓、身高未滿120cm的兒童及65歲以上2500日圓(入園費另計),通票及入園費皆有可能調整

餐廳有6間、外帶店家有20間。
投幣式置物櫃為200日圓、300日圓、500日圓。

總 面積達240萬㎡的占地內有溫泉設施、高爾夫球場、附設飯店的遊樂園。網羅星際飛天椅悟空到急流泛舟、「NIO」等81種遊樂設施的數量為日本第一。夏季還會開放「水上樂園」。

L 9:30~17:30(視時期而異)
休 無休 所 荒尾市緑ヶ丘
JR鹿兒島本線大牟田站搭巴士20分,步行即到
九州自動車道南関IC約15km
P 10000輛(1天500日圓,有可能調整)

租借嬰兒車1天300日圓。正門口前設有兒童廁所。有9處換尿布空間、4處哺乳室。

有 有 有

一起來check!

「酷MA萌」商品專賣店

網羅超過200種超人氣吉祥物「酷MA萌」的周邊商品,還有販售HELLO KITTY&酷MA萌的合作商品等。

麵包超人 HAPPY SKY

採用麵包超人卡通人物所設計的可愛搖擺摩天輪,0歲以上即可搭乘。

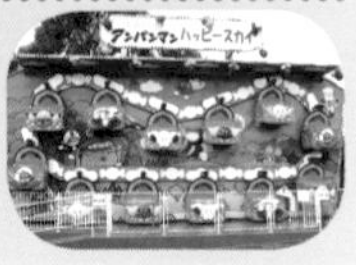

重點看過來!

其1 星際飛天椅悟空

離地59m的飛天旋轉椅,搭乘鞦韆來到約48m高的最高點開始旋轉,在尖叫聲中感受從未體驗過的驚險暢快。

其2 NIO

座椅採登山滑雪時吊椅般的懸掛式,以腳垂在空中的狀態下高速疾駛於全長700m的軌道上。如此刺激的軌道是以金剛力士的羽衣為形象而設計。

其3 迴旋風暴

隨著機身開始旋轉,整體會上昇至近乎垂直的狀態。座椅左右搖晃、雙腳任其擺動,甚至會轉上一圈,是無法預測方向的刺激設施。

其4 彩虹大摩天輪

直徑100m、高度105m的大摩天輪,有48個最多能4人座的車廂,其中8個為360度透明車廂,連腳底景致都能看得一清二楚。約15分鐘1圈。

其5 黑洞雲霄飛車

主打速度的遊樂設施,從一片金屬色的站台搭乘雲霄飛車出發。沒有身高限制,5歲以上即可搭乘。

阿蘇市 動物大明星等你大駕光臨

○ あそカドリー・ドミニオン

書末地圖24D

阿蘇卡德利動物樂園

0歲 1~3歲 4~5歲 6歲以上

☎0967-34-2020

¥ 大人 2400日圓 中小學生 1300日圓 幼兒(3歲~) 700日圓

直升機遊覽飛行、迷你飛行路線大人2900日圓、小孩(3~12歲)2500日圓。阿蘇山巒路線大人4800日圓、小孩4500日圓。火山口魄力參觀路線大人7500日圓、小孩7000日圓。阿蘇山特別路線大人12600日圓、小孩11500日圓 ※費用有可能調整

在部分地點如放養動物處等不可食用外食。投幣式置物櫃為200日圓~。

宗旨在於能和動物互動的動物主題樂園，在也會上電視演出的「宮澤劇場」中，能欣賞動物們帶來的娛樂表演。由走遍全球的動物訓練師所主演的動物奇幻表演「Animallusion!」也非常值得一看。

DATA 9:30～17:00(10月上旬～3月中旬為10:00～16:30) 休 12～2月的週二、三(假日及寒假除外)
所 阿蘇市黒川2163
JR豐肥本線阿蘇站步行15分
九州自動車道熊本IC約35km
P 1200輛(免費)

幼兒資訊

租借嬰兒車1天200日圓。有5處換尿布空間、3處哺乳室。

其1 宮澤劇場

由訓練師宮澤與黑猩猩布丁所主演的動物秀，1天舉辦3場(視季節而異)，表演內容需洽詢。

其2 小朋友動物廣場

可以和天竺鼠、鸚鵡、刺蝟或蛇等小型又可愛的動物交流互動。

其3 Animallusion!

包含外國演員在內的4位馴獸師與動物們所帶來的動物奇幻表演，1天表演2次，免費觀賞。

其4 熊熊山谷

日本黑熊及灰熊、北海道棕熊等7種共約200頭熊棲息於此。可以來這裡餵熊吃點心(收費)，熊熊也會揮舞雙手來回應遊客。

其5 貓咪屋

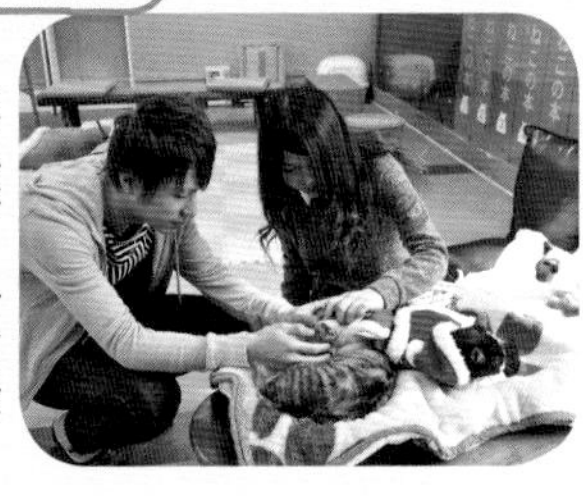

約有12種、23隻貓住在這裡，可以坐下來好好跟貓咪玩，對愛貓人士來說是不可錯過的設施。

一起來check!

原創商品

原創周邊商品店「Friend's」充滿了「小龐與詹姆斯」的商品以及小龐的女兒「布丁」的商品等，陳列許多包裝可愛的零食、玩具、文具。

小龐的3D劇場

可以透過3D影像觀賞原創影片的劇場，廳內一隅還有小龐與詹姆斯玩偶的抓娃娃機、小龐的大頭貼機。

圖示凡例 大約所需時間 雨天OK 有餐廳 可帶外食入內 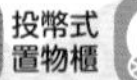投幣式置物櫃 嬰兒車(租借/自行攜帶) 兒童廁所 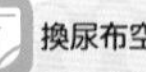換尿布空間 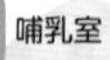哺乳室

產山村

可愛的**動物夥伴**歡迎你的到來

書末地圖 3H

○うぶやまぼくじょう

產山牧場

0歲 1~3歲 4~5歲 6歲以上

0967-25-2900

¥ 免費

※有英語對應，無中文對應

曳引機馬車1人300日圓、牧場內租借自行車200～300日圓。公園高爾夫球1人500日圓、租借球具另收200日圓。交流廣場的餵食體驗100日圓

下雨時可以在室內體驗製作冰淇淋、奶油。
不可帶外食進入餐廳及商店。

座落於海拔800m高原上的遼闊觀光牧場，除了有交流廣場、運動遊樂器材廣場、公園高爾夫球場以外，還可以租借登山越野車。體驗課程十分豐富，不但能擠牛奶，還有採預約制的製作冰淇淋、奶油的課程。體驗擠牛奶於5月到10月舉辦。

一起來check!

餐廳

使用當地產「赤牛」的燒肉（2～3人份3900日圓）及紅酒燉牛肉套餐（1600日圓）頗受好評。

以風力發電的風車為路標的觀光牧場

幼兒資訊

可自行攜入嬰兒車。本館商店後方設有哺乳室，可以更換尿布。

DATA 🕒9:00～17:00（冬季為10:00～16:00） 休無休（1月中旬～3月中旬餐廳及商店為週三休） 所阿蘇郡產山村山鹿2100-3 交JR豐肥本線宮地站搭計程車20分 車大分自動車道九重IC約45km P300輛（免費）

重點看過來！

其1 與動物的接觸

可以接觸驢子、山羊、小馬等動物。其中不乏關進柵欄的動物，但也有出來步道走動的動物，兩種都可以自由地摸摸牠們。

其2 體驗手工製作冰淇淋

於體驗工房舉辦，體驗費為1個團體（2～5人）2500日圓，採預約制，費用需確認。也提供製作奶油體驗。

其3 商店裡有好多好吃的東西！

販售產山村特有的乳製品，最受歡迎的是霜淇淋（300日圓）。另推薦日本較少見的瑞士黃牛牛奶、以及用這種牛奶製作的優格。

阿蘇市 坐擁浩大草原的**馬術俱樂部**

○アイランドリゾートあそ エル・パティオぼくじょう 書末地圖 24B

阿蘇島嶼度假村 El Patio牧場

0歲 1~3歲 4~5歲 6歲以上

0967-22-3861

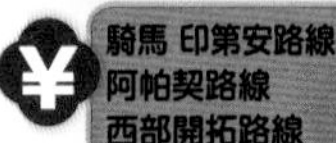

騎馬 印第安路線	¥4000
阿帕契路線	¥8000
西部開拓路線	¥19000

騎手輔助騎馬1500日圓。騎馬住宿15000日圓～、農場住宿29000日圓～(2人住宿價)
※有英語對應，無中文對應

99萬㎡的廣大占地上，聳立著西部風味的小屋與販售美式食物的餐廳，能以日本最大規模的大草原為背景享受騎馬與牽馬的樂趣，可以從連同住宿的馬術課程、配合程度的16種體驗方案中選擇。身高未滿120cm的孩童、體重超過80kg的男性及體重超過70kg的女性在安全考量上不可騎馬。

一起來check!

少年少女馬術學校

在學校放假期間專為國小一年級生到高中三年級生所設計，舉辦5天4夜的少年少女馬術學校（65000日圓）。

幼兒資訊

可自行攜入嬰兒車。雖然設備不算齊全，帶小嬰兒前來也不需擔心。

雨天時備有雨具，仍可以在草原騎馬(路線有可能調整)。有免費的帶鎖置物櫃。

DATA
9:00～16:30
休 無休(冬季為不定休)
所 阿蘇市一の宮町三野2305-1
JR豐肥本線宮地站搭計程車15分
距九州自動車道熊本IC約50km
P 30輛(免費)

在大自然中體驗騎馬

※2017年2月左右開始僅於週六日、假日部分開園

熊本市 高人氣的**多功能**遊樂區

○くまもとしどうしょくぶつえん 書末地圖 25H

熊本市動植物園

0歲 1~3歲 4~5歲 6歲以上

096-368-4416

大人(高中生～)	中・小學生
300日圓	100日圓

腹地面積24萬5090㎡，展出約120種、750隻動物以及約800種、50000株植物，在「花的休憩所」也能欣賞約4100株熱帶、亞熱帶的稀有植物。因受熊本大地震影響，暫時僅開放部分園區，詳細的營業狀況請參考官方網站（http://www.ezooko.jp/）。

一起來check!

金絲猴

動物園的人氣王，據說也是孫悟空參考原型的金黃色猴子。現在有父、母、子3隻，日本只有這裡才看得到金絲猴親子喔。※因修復工程目前未開放

幼兒資訊

可免費租借嬰兒車，由於數量有限，建議自行攜入。除了有4間哺乳室加換尿布空間，另有3處換尿布空間。

由於園內沒有餐飲設施，建議自行攜帶外食入內。投幣式置物櫃有小100日圓、中200日圓。

DATA
9:00～16:30
休 因震災實施修復工程僅於週六日、假日部分開園
所 熊本市東区健軍5-14-2
市電動植物園入口電車站步行10分
九州自動車道熊本IC約7.8km
P 1332輛(免費，週六日、假日為200日圓)

中國三大奇獸之一的「金絲猴」

圖示凡例
 大約所需時間
 雨天OK
 有餐廳
 可帶外食入內
 投幣式置物櫃

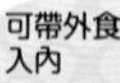 嬰兒車(租借／自行攜帶)

 兒童廁所
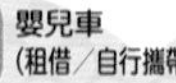
 換尿布空間

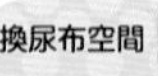
 哺乳室
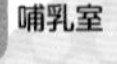

蘆北町 優美御立岬的**休閒設施**

○おたちみさきこうえん 書末地圖6E

御立岬公園

0歲 1~3歲 4~5歲 6歲以上

✆0966-87-0737

¥ 免費

御立岬溫泉中心泡湯費大人500日圓、中小學生300日圓。卡丁車1圈500日圓、高速滑道1次200日圓。迷你高爾夫球場大人400日圓、高中生以下200日圓

餐飲設施僅於海水浴場開放季節營業。投幣式置物櫃為100日圓。

將突出於田浦灣的海岬加以活用的公園，園內集結了高速滑道、迷你高爾夫球場、卡丁車、溫泉中心、露營區、海水浴場等豐富的休閒設施。餐廳及咖啡廳僅在海水浴場開放的季節營業。從中央的瞭望台能遠眺熊本的天草、鹿兒島的長島、長崎的雲仙。

御立岬溫泉中的露天浴池

幼兒資訊

可自行攜入嬰兒車。雖然設備不算齊全，但帶小嬰兒來也不必擔心。

一起來check!

御立岬溫泉中心

具備露天溫泉、三溫暖、景觀浴池等選擇多元的浴池。諮詢請洽✆0966-87-2555。可以在中心內的商店買到蘆北的特產品及蔬菜。

DATA 9:00~17:00 休7、8月以外的第2、4週三，12月29~30日 所葦北郡芦北町田浦町145 肥薩澄鐵道たのうら御立岬公園站搭計程車5分 南九州自動車道田浦IC約2.5km P150輛(免費)

遮陽傘遍地開花的夏季海水浴場

重點看過來！

其1 御立岬海水浴場

每年6月開始開放至8月，坐擁熊本縣規模最大的沙灘，夏季總是吸引許多家族前來戲水。游泳時間從上午8時15分到下午5時，除了收費的海灘小屋以外，也可以租借遮陽傘和圓頂型帳篷等用具。

其2 卡丁車

能夠在海風吹拂下奔馳的1圈1060m長的賽道。備有1人座和2人座，若有小朋友同行時，也可以由大人抱著坐在副駕駛座，詳情請洽工作人員。

其3 迷你木屋

木屋型式的小屋內備有空調、廁所、電視、寢具、洗臉台的簡易住宿設施。共有10棟，旺季1棟1泊6300日圓，僅供電話預約，詳情請洽公園管理棟(✆0966-87-2390)。

熊本市 水與綠意環繞的優美**日本庭園**

○すいぜんじじょうじゅえん 書末地圖25G

水前寺成趣園

0歲 1~3歲 4~5歲 6歲以上

✆096-383-0074

¥ 大人(高中生~)400日圓 中・小學生200日圓

園內有1間和食餐廳及2間輕食、咖啡廳。

廣達76000㎡的腹地內，有據傳是參考畫作《東海道五十三次》所打造的回遊式庭園。以阿蘇的伏流水靜靜湧出的水池為中心，可在此欣賞築山、松樹等，享受優雅的散步時光。園內還有創立於明治11(1878)年的出水神社，池畔有從京都移建至此的「古今傳授之間」等。

令人遙想起富士山的美麗圓錐形築山

幼兒資訊

可自行攜入嬰兒車。有2處換尿布空間、1間哺乳室。雖然設備不算齊全，但帶小嬰兒來也不必擔心。

一起來check!

古今傳授之間

熊本縣的重要文化財，可在此品嘗茶點和抹茶。在古今傳授之間用餐為650日圓，在隔壁茶屋則是550日圓。

DATA 7:30~17:30(11~2月為8:30~16:30) 休無休 所熊本市中央区水前寺公園8-1 市電水前寺公園電車站步行5分 九州自動車道熊本IC約6.5km P無

熊本市 具備各式廣場的**親水公園**

○すいぜんじえづここうえん 書末地圖25H

水前寺江津湖公園

0歲 1~3歲 4~5歲 6歲以上

✆096-360-2620(水前寺江津湖公園管理事務所)

¥ 免費

由於園內沒有餐飲設施，建議自行攜帶外食入內。

長達2.5km、周長6km、湖水面積約50萬㎡的江津湖是熊本市唯一的湖泊。這座葫蘆型的湖泊四周分布著草皮區及親水空間等能悠閒玩耍的寬闊環境，更能享受散步樂趣。這裡也可以觀察淺灘的小魚和生物等，常作為幼稚園及小學的自然觀察學習場地。

可以親子一起在水上暢遊

幼兒資訊

可自行攜入嬰兒車。有3處換尿布空間。

一起來check!

租借小船

備有腳踏船、手划船和屋形船，能夠從水上欣賞江津湖的風景。費用等租借船隻的細節請洽江藤船屋(✆096-362-5266)。

DATA 自由入園 休無休 所熊本市中央区神水本町18 市電八丁馬場電車站步行5分 九州自動車道熊本IC約10km P40輛(免費)

熊本市 盡情感受香氣的療癒森林

○かおりのもり 書末地圖25F

香氛之森

0歲 1~3歲 4~5歲 6歲以上

096-328-2352（熊本市環境共生課）

¥免費

由於園內沒有餐飲設施，建議自行攜帶外食入內。

晴天時有許多人來這裡野餐

飄散著香氣的森林中有散發香氣的樹木與香草類。園內劃分為香氛廣場區、借景區、香氛之丘區、外周綠地區等，種植大約11600棵樹木以及許多香草和花草，不少人將此視為可以在藍天下感受清新香氛的休憩場所。

幼兒資訊

可自行攜入嬰兒車。

一起來check!

季節花樹

3月有白玉蘭、6月有洋玉蘭、10月有丹桂、12月有茶梅的甜美香氣飄散。

DATA 自由入園 休無休 所熊本市東区戸島西7-2712 JR鹿兒島本線熊本站搭巴士1小時，步行10分 九州自動車道益城熊本空港IC約1.5km P54輛(免費)

熊本市 多達152個遊樂器材的超巨大複合設施

○ひごっこジャングル（つぼいがわりょくちない） 書末地圖25E

ひごっこジャングル（坪井川綠地內）

0歲 1~3歲 4~5歲 6歲以上

096-344-8600（坪井川綠地公園管理事務所）

¥免費

由於園內沒有餐飲設施，建議自行攜帶外食入內。

適合幼兒的遊戲器材也很豐富

設置於草坪廣場正中央的大型組合遊樂器材「ひごっこジャングル」相當醒目，這裡有參考熊本城石牆所設計的瞭望露台、長達30m的大型溜滑梯等152種遊戲項目。大型遊樂器材適合6歲到12歲兒童，小型遊樂器材適合3歲到6歲兒童。

幼兒資訊

可自行攜入嬰兒車。雖然設備不算齊全，但帶小嬰兒來也不必擔心。

一起來check!

坪井川綠地

除了「ひごっこジャングル」以外，還設有草坪廣場、網球場、多功能操場、棒球場、壘球場等，無論大人小孩都能樂在其中。

DATA 8:30~18:00（10~3月至17:00） 休第2、4週一（逢假日則翌日休）、12月29日~1月3日 所熊本市北区清水町 熊本電鐵北熊本站步行5分 九州自動車道熊本IC約10km P148輛

合志市 一片綠意盎然景致的休憩所在

○べんてんさんこうえん 書末地圖18B

弁天山公園

0歲 1~3歲 4~5歲 6歲以上

096-242-1104（合志市都市計劃課）

¥免費

由於園內沒有餐飲設施，建議自行攜帶外食入內。

位在山頂的木製瞭望台

位於海拔145.7m的弁天山上，曾獲選為「熊本綠色百景」的優美景觀公園，從山頂上的瞭望台看出去的景致分外迷人。園內有運動遊樂器材區、草坪廣場、瞭望廣場、弁財天御堂等，春天整條步道的櫻花恣意綻放，賞花人龍不斷。

幼兒資訊

可自行攜入嬰兒車。公園東邊的廁所內設有兒童廁所及換尿布空間。

一起來check!

周遊道路

可以在1圈約1.2km長、鋪上色彩的步道一面聆聽野鳥鳴聲一面健行或散步。延伸至守護神弁財天御堂的路上皆鋪設成石板路。

DATA 8:30~22:00 休無休 所合志市野々島2014 JR熊本站搭巴士30分，步行10分 九州自動車道熊本IC約20km P56輛(免費)

合志市 可學習農業相關知識的景點

○くまもとけんのうぎょうこうえんカントリーパーク 書末地圖18B

熊本縣農業公園鄉村公園

0歲 1~3歲 4~5歲 6歲以上

096-248-7311

¥ 大人（大學生~）300日圓（12~2月為100日圓）

年票1200日圓。遊樂器材廣場的電動車100日圓

由於園內沒有餐飲設施，建議自行攜帶外食入內。垃圾請自行帶走。

玫瑰花祭時的玫瑰園與作為瞭望台的鄉村塔

總面積約23萬㎡的占地劃分為4大區塊，以草坪廣場為中心，散布著「玫瑰園」和「水果館」、具備能全家同樂的遊樂設施的「わんぱく廣場」、可學習農業歷史的「農業館」等，還有可免費使用的地面高爾夫球場。

幼兒資訊

可免費租借嬰兒車。物產館及農業館內設有哺乳室，也可以在物產館內換尿布。鄉村塔的女廁裡也有換尿布空間。

一起來check!

玫瑰花祭

於5月中旬和10月下旬舉辦。不但能欣賞420種3200株玫瑰，活動期間的週末還會推出「美味好料展」等活動。

DATA 9:00~18:00（12~2月至17:00） 休週二（逢假日則翌日休） 所合志市栄3802-4 JR鹿兒島本線熊本站搭巴士50分，步行5分 九州自動車道熊本IC約10km P2261輛(免費)

圖示凡例

大約所需時間

雨天OK 有餐廳 可帶外食入內 投幣式置物櫃 嬰兒車（租借／自行攜帶）

兒童廁所 換尿布空間

哺乳室

湯前町 悠閒享受露營樂及溫泉

○ゆのまえグリーンパレス 書末地圖7F

湯前 Green Palace

0歲 1~3歲 4~5歲 6歲以上

0966-43-4545

卡丁車1圈300日圓。迷你高爾夫大人300日圓、國中生以下100日圓。地面高爾夫300日圓

園內有1處餐廳，也推薦自行攜帶外食入內。

腹地內有巨大的親子水車運轉

將全球最大的親子大水車、可以滑草的草皮公園、卡丁車、迷你高爾夫、地面高爾夫、露營區一網打盡的休閒景點，腹地內還有小木屋和溫泉設施「湯樂里」。小木屋共有9棟，其中6棟可供6人住，另3棟為最多10人住，並備有盥洗用品。

幼兒資訊

可自行攜入嬰兒車。雖然設備不算齊全，但帶小嬰兒來也不必擔心。

一起來check!

ゆのまえ温泉 湯楽里

使用露營區的遊客只要購買入湯手形（國中生以上700日圓、3歲以上400日圓），從入住起到隔天可以泡3次溫泉。

DATA 8:00～17:00 休第2、4週一（逢假日則翌日休） 所球磨郡湯前町1588-1 球磨川鐵道湯前站搭計程車5分 九州自動車道人吉IC約28km P100輛（免費）

宇城市 氣勢驚人的高速滑道超受歡迎

○おかだけこうえん 書末地圖18E

岡岳公園

0歲 1~3歲 4~5歲 6歲以上

0964-32-1111（宇城市都市整備課）

使用運動場需付費（需預約）

由於園內沒有餐飲設施，建議自行攜帶外食入內。

冒險樂園的高速滑道

這裡有具備完善夜間照明設備的運動場和網球場、活用森林地而生的冒險樂園等，可以活絡筋骨大玩一番。冒險樂園中設有全長80m、落差20m的高速滑道，以及滑草坡、泰山滑索、攀登架等。大型車輛（4噸以上）未經許可禁止進入。

幼兒資訊

可自行攜入嬰兒車。雖然設備不算齊全，但帶小嬰兒來也不必擔心。

一起來check!

宇城市花卉博覽會

這裡也是賞櫻名勝，3月下旬到4月上旬會舉辦花卉博覽會，集結宇城市特產的花卉及產品。

DATA 自由入園 休無休 所宇城市松橋町松山3666-5 JR鹿兒島本線松橋站步行15分 九州自動車道松橋IC約4.5km P100輛（免費）

蘆北町 挑戰斜坡滑車及太空球

○あしきたかいひんそうごうこうえん 書末地圖6E

蘆北海濱綜合公園

0歲 1~3歲 4~5歲 6歲以上

0966-82-5588

斜坡滑車1次券高中生以上400日圓、國中生以下200日圓。太空球1人座高中生以上800日圓、國中生以下600日圓，超過2人座高中生以上600日圓、國中生以下400日圓

建議自行攜帶外食入內，垃圾請自行帶走。投幣式置物櫃（100日圓）為用畢退錢式。

從初學者到老手都能玩得盡興的斜坡滑車

將全長2000m的斜坡滑車作為招牌的海濱公園，園內有斜坡滑車的軌道、將自己塞進球體中滾下斜坡的太空球、空中吊椅、直排輪專用的溜冰場、瞭望休憩所、瞭望廣場、步道廣場、休憩廣場等設施。

幼兒資訊

可自行攜入嬰兒車。停車場入口設有換尿布空間。

一起來check!

溜冰場

溜冰場的入場費為1小時高中生以上200日圓、國中生以下100日圓，租借溜冰鞋和護具各為200日圓。

DATA 10:00～18:00（10～3月至17:00） 休週一（逢假日則翌日休，7、8月無休）、12月29日～1月1日 所葦北郡芦北町鶴木山1400 肥薩橙鐵道佐敷站搭計程車10分 南九州自動車道田浦IC約6.5km P130輛（1日500日圓）

天草市 日本都市公園100選的公園

○うしぶかこうえん 書末地圖6F

牛深公園

0歲 1~3歲 4~5歲 6歲以上

0969-73-2111（天草市牛深支所建設課）

由於園內沒有餐飲設施，建議自行攜帶外食入內。垃圾請自行帶走。

獲選為日本都市公園100選的公園

具備日本庭園、運動遊樂器材廣場、網球場等設施。設有大型溜滑梯等器材的運動遊樂器材廣場的器材需由監護人陪同且需4歲以上才能玩。從山腰的中崗哨能眺望牛深HAIYA大橋，從瞭望台則能飽覽牛深港。春季可賞櫻花和君子蘭，初夏有菖蒲，秋季則可見美麗紅葉。

幼兒資訊

可自行攜入嬰兒車。停車場的廁所內設有兒童廁所及換尿布空間。

一起來check!

日本庭園

回遊式的日本庭園，池中設有噴水裝置。池塘周圍有茶室和人工瀑布，四季花卉使步道更添風采。

DATA 自由入園 休無休 所天草市牛深町 本渡巴士中心搭巴士1小時34分，步行10分 九州自動車道松橋IC約120km P50輛（免費）

熊本

平價景點0元・

博物館・美術館・科學館

御船町 亮點是魄力十足的**恐龍全身骨骼**

○みふねまちきょうりゅうはくぶつかん 書末地圖18D

御船町恐龍博物館

0歲 1~3歲 4~5歲 6歲以上

096-282-4051

¥ 大人500日圓 高中・大學生300日圓 中小學生200日圓

全天候型，無論晴天雨天都能放心玩。投幣式置物櫃(100日圓)為用畢退錢式。

以淺顯易懂的方式展示出從御船層群挖掘出土的化石及關於生命歷史的資料，各區的說明板上嵌有螢幕，藉由影像來介紹該區的展示內容。此外，還可以透過玻璃窗來一睹恐龍化石的清理過程等平常不容易看到的幕後工作。

御船町在昭和54(1979)年挖掘出日本首具肉食恐龍化石

幼兒資訊

可免費租借嬰兒車。1樓的多功能廁所內設有換尿布空間。

一起來check!

活動資訊

舉辦為小學生以上孩童所設計的「派瑞歐學習計劃」、「開心體驗教室」、「化石教室」、「夏季學校」等，詳情需洽詢。

DATA 9:00～16:30 休週一(逢假日則翌日休)、過年期間 所上益城郡御船町御船995-6 熊本交通中心搭巴士45分，步行即到 九州自動車道御船IC約3.4km P使用公共停車場(免費)

彷彿隨時會動起來！心驚膽跳的恐龍大遊行

重點看過來！

其1 **恐龍的世界**

常設展覽之一，以稱為恐龍大遊行的骨骼展示為中心，藉由各式各樣的恐龍化石及各個部位的比較來說明恐龍的演化與生態。

其2 **生命與地球**

從地球的誕生到未來，可以看見地球的環境變動與生物演化之間的關係。

其3 **開放實驗室**

也就是所謂的後台，可以參觀正著手進行化石清理作業的標本製作室等研究室、收藏庫等。

人吉市 將**鐵路**魅力發揚光大的博物館

○ひとよしてつどうミュージアムモゾカステーションハチロクハチ 書末地圖6F

人吉鐵道博物館MOZOCA STATION868

0歲 1~3歲 4~5歲 6歲以上

0966-48-4200

¥ 免費

迷你火車單程100日圓(未滿3歲免費，需監護人陪同)。鐵路自行車100日圓(適合3～7歲孩童)

設有僅供飲品的咖啡廳。休息區可帶外食入內。

目的在於將鐵路的魅力傳達給小朋友的鐵路博物館，除了有熱門的迷你火車、鐵路自行車「4ちゃん」以外，還準備了木頭球池、鐵路模型遊樂桌、迷你劇院、圖書室等能親子同樂的設施，在休息區則可以好好享用外食。

即使不是鐵道迷也能度過歡樂時光

幼兒資訊

可自行攜入嬰兒車。男女廁內皆設有兒童廁所。1、2樓設有哺乳室，多功能廁所內設有換尿布空間。

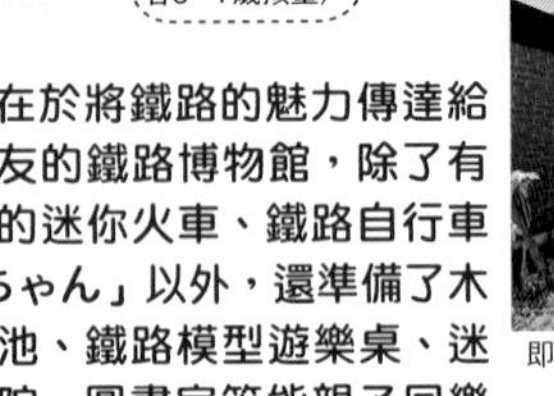

一起來check!

迷你火車

迷你火車會一路從JR人吉站行駛至博物館。SL人吉號行駛時，還可能會和真正的蒸汽火車併行。

DATA 9:00～17:00(咖啡廳為10:00～15:00) 休週三(逢假日則翌平日休)、12月30日～1月2日 所人吉市中青井町343-14 JR肥薩線人吉站步行即到 九州自動車道人吉IC約2.3km P無(使用JR人吉站的停車場，87輛，1小時100日圓)

阿蘇市 能瞭解**阿蘇山**今昔的設施

○あそかざんはくぶつかん 書末地圖24E

阿蘇火山博物館

0歲 1~3歲 4~5歲 6歲以上

0967-34-2111

¥ 大人(國中生~)860日圓 小學生430日圓

手提行李可以寄放在1樓的服務中心(收費)

不僅介紹擁有全球最大火山臼的阿蘇山，還展示出日本及全世界的火山相關知識。設有介紹阿蘇山從30萬年前到現在之歷史的立體模型、將阿蘇的大自然投映於寬30m超大型銀幕的多功能活動廳等，有許多精采亮點。

對於阿蘇的自然與火山會有更深的認識

幼兒資訊

可自行攜入嬰兒車。只要事先提出便能提供換尿布空間，若有需要可將茶水間做為哺乳室使用。

一起來check!

多功能活動廳的最新電影

3樓的多功能活動廳會放映以阿蘇火山活動為主的影片，例如阿蘇山的歷史等關於各種火山爆發的方式與火山帶來的益處。

DATA 9:00～16:30(閉館為17:00) 休第4週二 所阿蘇市赤水1930-1 JR豐肥本線阿蘇站搭巴士25分，步行即到 九州自動車道熊本IC約37km P200輛(1天410日圓)

圖示凡例

 大約所需時間
 雨天OK

 有餐廳
 可帶外食入內
 投幣式置物櫃

 嬰兒車(租借/自行攜帶)

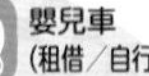 兒童廁所

 換尿布空間

 哺乳室

南阿蘇村 使用名水來**製作和紙**

○あーとわしこうぼう はくすい 書末地圖24G

藝術和紙工房白水

0歲 1~3歲 4~5歲 6歲以上

0967-62-3264

免費

體驗手撈和紙800日圓

※無中、英語對應

全天候型，無論晴天雨天都能放心玩。

和紙與毛巾專賣店位於以名水著稱的白川水源內，不但有使用白川水源的湧泉製作而成的撈紙明信片及掛毯，還販賣罕見的和紙毛巾與質料較薄的手巾等，更可以在店內體驗色紙或明信片的撈紙。需停車請使用白川水源公園的停車場。

幼兒資訊

可自行攜入嬰兒車。雖然設備不算齊全，但帶小嬰兒來也不必擔心。

一起來check!

撈紙體驗

用明信片尺寸或者色紙尺寸的簀桁框來撈紙，再壓上花草等即大功告成。包含乾燥時間約需30分鐘。

DATA
9:00～17:00 休不定休
所阿蘇郡南阿蘇村白川水源內
南阿蘇鐵道南阿蘇白川水源站步行3分
九州自動車道熊本IC約36.5km
P200輛(免費)

讓孩子隨心壓上花草的和紙體驗

南阿蘇村 擅長表演的**猴子**帶來精彩演出

○あそさるまわしげきじょう 書末地圖24E

阿蘇猿猴雜耍劇場

0歲 1~3歲 4~5歲 6歲以上

0967-35-1341

大人 1080日圓 國高中生 850日圓 兒童(3歲~) 600日圓

沒有餐飲設施，需確認是否能帶外食入內。

這裡能欣賞由猴子與人類帶來幽默的猴子雜耍表演，有猴子踩高蹺等被列為無形民俗文化財的全日本獨一無二動物表演，非常有看頭。表演時間請上官網(http://www.aso-osaru.com/)確認。附設的「猿公館」內則有展出猴子雜耍沿革的資料區及休息區。

幼兒資訊

可自行攜入嬰兒車。劇場下方的休息室內設有換尿布空間。

一起來check!

觀賞表演時的禮儀

表演採全面清場制，會在開園10分鐘前開放入場，劇場內禁止使用攝影器材。

DATA
9:00～17:00
休無休
所阿蘇郡南阿蘇村下野793
JR豐肥本線阿蘇站搭計程車20分
九州自動車道熊本IC約24.8km
P600輛(免費)

充滿歡笑與感動的猴子雜耍表演約40分鐘長

熊本

平價0元·景點

阿蘇市 在阿蘇的大自然中體驗騎馬

○ゆめ★だいち グリーンバレー 書末地圖24A

夢★大地 GREEN VALLEY

0歲 1~3歲 4~5歲 6歲以上

☎0967-32-2990

¥ 騎手輔助騎馬 ¥1100～ 體驗騎馬 ¥2700 (黃金週、暑假為3000日圓)

初學者30分鐘方案4900日圓(黃金週、暑假為5400日圓)、初學者60分鐘方案9800日圓(黃金週、暑假為11000日圓)、40分鐘方案6500日圓(黃金週、暑假為7200日圓)、60分鐘方案11000日圓(黃金週、暑假為12000日圓)

※有英語對應，無中文對應

雨天時除了能在室內騎馬，也可以在俱樂部會所度過。

能夠在阿蘇的大自然中體驗正規的騎馬健行，以「安心、安全的馬匹培育」為宗旨，即使是初學者或兒童也能放心騎馬。提供騎馬健行、馬場課程、馬術治療、SHOT騎馬競技等多種騎馬方案。

春、暑、寒假會舉辦兒童騎馬學校

可自行攜入嬰兒車。俱樂部會所的更衣室內設有各2間換尿布空間及哺乳室。

一起來check!

騎馬學校

於春、暑、寒假專為小學一年級到高中三年級學生所開設的騎馬學校，詳情需洽詢。

DATA 9:00～日落 休週四(黃金週及春、暑、寒假無休) 所阿蘇市湯浦1674-18 JR豐肥本線阿蘇站搭巴士30分，接駁車5分 九州自動車道熊本IC約49.5km P15輛(免費)

阿蘇市 騎馬漫步草千里濱

○あそくさせんりじょうばクラブ 書末地圖24E

阿蘇草千里騎馬俱樂部

0歲 1~3歲 4~5歲 6歲以上

☎0967-34-1765

¥ 單人騎馬 1500日圓～

大人1人+兒童1人的2人騎馬為2500日圓～ ※費用有可能調整

※無中、英語對應

沒有餐飲設施，帶來的外食垃圾請自行帶走。

位於廣布在阿蘇五岳之一的烏帽子岳山麓緩坡處的草千里濱，可以騎著馬在草原上悠閒漫遊。約有16匹馬，不但每匹個性都很穩重，還會有工作人員牽繩輔助，即使初學者也能輕鬆挑戰，而在大自然中騎馬更是愜意的體驗。營業狀況需確認。

在阿蘇的代表性觀光景點騎馬

可自行攜入嬰兒車。廁所內設有換尿布空間。

一起來check!

騎馬體驗方案

根據騎馬時間分成A、B、C三種方案。身高超過120cm為單人騎馬，未滿120cm有可能可和大人共乘。

DATA 9:00～16:00 休雨天及12～2月 所阿蘇市草千里ヶ浜 JR豐肥本線阿蘇站搭巴士35分，步行即到 九州自動車道熊本IC約37.5km P300輛(410日圓)

高森町 在根子岳的美景下體驗騎馬

○ブルーグラス 書末地圖24G

BLUE GRASS

0歲 1~3歲 4~5歲 6歲以上

☎0967-62-3366

¥ 輔助騎馬 1人騎馬 1100日圓 輔助騎馬 2人騎馬 1700日圓

體驗騎馬20分4320日圓，騎馬教室(含室外)45分5400日圓、1小時7560日圓

※無中、英語對應

餐飲設施有1間餐廳。

馬術俱樂部能眺望阿蘇五岳之一的根子岳，可以嘗試輔助騎馬等體驗，初學者會有教練熱心指導。騎馬課程有騎手輔助騎馬等室內的騎馬體驗、含室外騎馬的騎馬教室、純室外騎馬、特別室外騎馬等多種選擇，詳情需洽詢。

從馬背上看出去的阿蘇景色格外優美

可自行攜入嬰兒車。

一起來check!

餐廳 旨乃藏

附設的餐飲設施，不但能品嘗阿蘇的鄉土料理及烤肉，還設置了烤肉區。夜晚會變成家庭式居酒屋。

DATA 9:00～17:00 休不定休(黃金週、暑假無休)、12月30日～1月1日 所阿蘇郡高森町高森2814 南阿蘇鐵道高森站步行20分 九州自動車道熊本IC約38km P50輛(免費)

熊本市 觀光、用餐、逛街一網打盡

○フードパルくまもと 書末地圖18B

Foodpal 熊本

0歲 1~3歲 4~5歲 6歲以上

☎096-245-5630

¥ 免費

製作彩繪玻璃2800日圓、製作蜜蠟300日圓、製作香腸1230日圓

※無中、英語對應

攜帶外食僅限自家做的便當。投幣式置物櫃(100日圓)為用畢退錢式。

廣大的區域內散布著作為核心設施的熊本市食品交流會館、形形色色與食品相關的設施，例如販售當地產蔬菜、水果、熟食的「とれたて市」、能吃到使用當地食材烹製料理的餐廳、可試喝以熊本產葡萄釀造之葡萄酒的酒窖等，體驗的細節需洽詢。

主打「食」的商業複合設施

可自行攜入嬰兒車。熊本市食品交流會館內設有哺乳室，廁所內設有換尿布空間。

一起來check!

活動資訊

依季節舉辦各式活動及跳蚤市場等，如每年5月舉行「花與食的祭典」，11月則有「Foodpal節」。

DATA 10:00～17:00(視設施而異) 休無休(視設施而異) 所熊本市北區貢町581-2 JR鹿兒島本線西里站步行15分 九州自動車道植木IC約10.6km P500輛(免費)

其他體驗

圖示凡例   大約所需時間   雨天OK  有餐廳   可帶外食入內  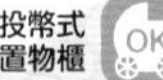 投幣式置物櫃 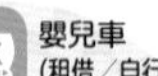 嬰兒車(租借/自行攜帶)  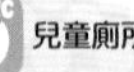 兒童廁所  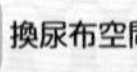 換尿布空間  哺乳室

熊本市 熊本的象徵是**日本三大名城**

○くまもとじょう 書末地圖 25F

熊本城

0歲 1~3歲 4~5歲 6歲以上

096-352-5900

¥ 免費

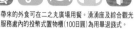

帶來的外食可在二之丸廣場用餐。湧湧座及綜合觀光服務處內的投幣式置物櫃(100日圓)為用畢退錢式。

湧湧座入館費大人300日圓、中小學生100日圓

作為熊本象徵的大天守及小天守(震災前的模樣)

被譽為建城名匠的肥後藩主加藤清正所建造的日本三大名城之一，曾經是加藤家兩代、細川家11代的居城。可以參觀二之丸廣場、加藤神社以及大小天守和望櫓等，城內一隅還設有「湧湧座」、「櫻花小路」和作為綜合觀光服務處的「櫻之馬場 城彩苑」。

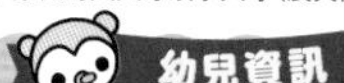

幼兒資訊

可自行攜入嬰兒車。湧湧座內雖然僅有2輛嬰兒車但可免費租借，還設有換尿布空間及哺乳室。綜合觀光服務處也設有哺乳室。

一起來check!

櫻之馬場 城彩苑

「湧湧座」以影像及展示品來介紹熊本的歷史和此地孕育出的文化，「櫻花小路」則是聚集能品嘗熊本美食的餐飲店和伴手禮店。

DATA 自由參觀，湧湧座9:00～17:00 休無休 所熊本市中央区本丸1-1 市電熊本城、市役所前電車站步行5分 九州自動車道熊本IC約8.5km P210輛(2小時200日圓，之後每1小時加收100日圓)

球磨村 驚險刺激的**洞窟體驗**

○きゅうせんどう 書末地圖 6F

球泉洞

0歲 1~3歲 4~5歲 6歲以上

0966-32-0080

¥ 大人(高中生~) 1100日圓 國中生 800日圓 小學生 600日圓 幼兒(3歲~) 450日圓

餐飲設施各有1間餐廳及輕食。投幣式置物櫃有100日圓及200日圓兩種。

探險路線僅接受小學生以上報名，每人加收800日圓，未滿小學三年級需由監護人陪同。提供長靴及安全帽(費用已含)

尋訪地底瀑布的探險路線

全長4800m，堪稱九州規模最大的鐘乳石洞，稀世珍貴的鐘乳石散布其中。洞穴內設有人行橋，能來趟刺激驚險的洞窟體驗。備有約30分鐘的一般路線及約1小時的探險路線，走探險路線需穿戴長靴和帶頭燈的安全帽，在專屬工作人員陪同下勇闖維持天然樣貌的洞窟深處。

幼兒資訊

換尿布空間在管理大樓的「センター森林」內的女廁中有2間。洞穴內需抱著幼兒移動。

一起來check!

特產品商店「センター森林」

在管理大樓的一角售有乾香菇等球磨村的特產品，特別是以道地燒酒而著稱的球磨燒酒品項非常豐富。

DATA 8:30～16:30(探險路線至16:00) 休無休 所球磨郡球磨村神瀨 JR肥薩線球泉洞站步行20分 南九州自動車道芦北IC約14.5km P170輛(免費)

菊池市 可以在**大自然**中盡興玩耍

○しきのさと きょくし 書末地圖 18A

四季之里 旭志

0歲 1~3歲 4~5歲 6歲以上

0968-37-3939

¥ 免費

溫泉國中生以上330日圓、小學生120日圓、包租浴池1000日圓~。游泳池&溫泉國中生以上600日圓、小學生400日圓。交流動物廣場國中生以上300日圓、小學生150日圓。烤肉國中生以上1500日圓~、小學生750日圓~。

有1間餐廳，也推薦攜帶外食入內。

可以餵食袋鼠的交流動物廣場

座落在鞍岳山腳下的休閒娛樂區，由露天浴池及設有游泳池的溫泉館、可以餵袋鼠飼料的「交流動物廣場」、規劃出小木屋及汽車露營場的露營區所組成。4月下旬到5月中旬會有約200株杜鵑爭相綻放，溫泉館的泳池於7、8月營業。

幼兒資訊

可自行攜入嬰兒車。溫泉館的哺乳室內設有換尿布空間。

一起來check!

交流套票(僅7～8月販售)

包含交流動物廣場、溫泉館的通票以及烤肉的套票。採預約制，費用為國中生以上2800日圓、小學生1500日圓。

DATA 溫泉館10:00～21:00(游泳池限7、8月至18:00)、交流動物廣場10:00～17:00 休第3週四(11～3月週四休、7～8月無休) 所菊池市旭志麓2934-10 JR豐肥本線肥後大津站搭計程車30分 九州自動車道熊本IC約26km P200輛(免費)

嘉島町 參觀**啤酒**的製造工廠

○サントリーきゅうしゅうくまもとこうじょう 書末地圖 18D

三得利九州熊本工廠

0歲 1~3歲 4~5歲 6歲以上

096-237-3860

¥ 免費

全天候型，無論晴天雨天都能放心玩。

在試喝會場試喝的模樣

由啤酒工廠的導覽人員解說啤酒的製造工程，能參觀在釀造啤酒時的重要原料及巨大的前置設備等，參觀後還能試喝講究的「The PREMIUM MALT'S」或清涼飲品。商店售有工廠直送產品及原創商品。欲參觀工廠請上官網(http://suntory.jp/FACTORY)24小時皆可報名。

幼兒資訊

各有1處換尿布空間及哺乳室。

一起來check!

官方網站的公告

期間限定舉行的講座和活動將在確定舉辦後於官方網站公告。

DATA 9:30～17:00 休過年期間(有臨時公休) 所上益城郡嘉島町北甘木八幡水478 市電熊本城、市役所前電車站步行3分至櫻之馬場城彩苑搭免費接駁巴士40分 九州自動車道御船IC約4.2km P200輛(免費)

山都町 南阿蘇高原上的公路休息站

○そよかぜパーク

書末地圖 7C

そよ風パーク

0歲 1~3歲 4~5歲 6歲以上

0967-83-0880

製作麵包、果醬各別為大人(國中生~)1620日圓、兒童(4歲~)1080日圓。木工、竹工藝各為1620日圓~。體驗採藍莓500日圓

餐飲設施有和食餐廳與咖啡廳休息室各1間，帶來的外食可在室外用餐。

建於南阿蘇高原上的公路休息站，能體驗以當地特產的藍莓製作果醬和麵包，還有開設木工、竹工藝教室等，體驗課程最晚需在1週前洽詢。此外，還有草原操場、多功能廣場、飯店、物產館、運動遊樂器材等，也能夠住下來盡情玩耍。

體驗製作藍莓醬

可自行攜入嬰兒車。

一起來check!

體驗&活動資訊

每年6月下旬到8月可以採藍莓。12月31日到1月1日會推出跨年蕎麥麵和搗麻糬等活動。

DATA 8:00～19:00(物產館為9:00～17:00) 休無休(6、12月為第1週一、週二休，物產館為每週二休) 所上益城郡山都町今297 JR鹿兒島本線熊本站搭巴士2小時40分，步行5分 九州自動車道熊本IC約52.5km P300輛(免費)

和水町 穿越時空回到美好古早年代

○ひごみんかむら

書末地圖 14H

肥後民家村

0歲 1~3歲 4~5歲 6歲以上

0968-86-4564

入村費

免費

※有英語對應

村內有3間輕食店，也推薦自行攜帶外食入內。

在茂密生長的樹林裡，聳立著從熊本縣內外移建後修復而成的古民宅，隱隱散發出懷舊氛圍。古民宅內除了能體驗製作玻璃、木工、繪本、陶藝等以外，還能參觀散布於村內的許多古墳，全長61m的前方後圓墳「江田船山古墳」已列為國家史蹟。

將茅草屋頂的古民宅結合藝術的「KINON café&arts」

可自行攜入嬰兒車。雖然設備不算齊全，帶小嬰兒前來也不需擔心。

一起來check!

各種體驗的諮詢處

ガラス工房カリヒロ(090-2612-1460假屋園)、NAMELESS(090-6632-5707阿部)、刀掠工房古賀美術(080-7721-9214古賀)、KINON café&arts(090-1346-6609上妻)。

DATA 9:00～17:00 休週一(逢假日則翌日休)、12月26～31日 所玉名郡和水町江田302 JR鹿兒島本線玉名站搭巴士17分，步行5分 九州自動車道菊水IC約2.3km P150輛(免費)

山鹿市 設有3棟體驗館

○あんずのおか

書末地圖 15G

杏樹山丘

0歲 1~3歲 4~5歲 6歲以上

0968-48-3100

體驗課程需付費(視課程而異)

園內有和食餐廳「きくか茶屋」，也建議自行攜帶外食入內。

廣場全面鋪成草皮，設置大型溜滑梯等多元的運動遊樂器材。在人工草皮上滑草的活動特別受歡迎，除了能自備滑草的滑橇，這裡也有販賣（720日圓）。在傳承工藝館、押花館、絲瓜‧蜂蜜館則準備了陶藝及押花等各種體驗課程。來到農產物產所，以杏桃製作的果醬和霜淇淋最為暢銷。

能嘗試陶藝、押花、製作蜜蠟等

可自行攜入嬰兒車。管理大樓的廁所內設有換尿布空間。雖然設備不算齊全，帶小嬰兒前來也不需擔心。

一起來check!

體驗課程的諮詢處

押花館（0968-48-3960菊鹿花卉銀行）、傳承工藝館（0968-48-3050）、絲瓜、蜂蜜館（0968-48-2238）。

DATA 8:00～17:00 休過年期間 所山鹿市菊鹿町下內田733 JR鹿兒島本線玉名站搭巴士1小時，轉乘計程車20分 九州自動車道菊水IC約23.5km P200輛(免費)

山鹿市 多種以健康為主軸的娛樂

○みちのえき みずべプラザかもと

書末地圖 15H

公路休息站 水辺プラザかもと

0歲 1~3歲 4~5歲 6歲以上

0968-46-1126

製作麵包1組1080日圓、製作披薩1組1080、1620日圓。獨木舟限4~10月，租借費為1小時500日圓。溫泉設施泡湯費國中生以上300日圓、小學生200日圓、包租浴池50分1000日圓~

帶來的外食可在室外用餐。投幣式置物櫃(100日圓)為用畢退錢式。

具備故鄉物產館、麵包工房、農園餐廳、可住宿的溫泉設施等的複合設施。位處在河川圍繞的環境，也能享受沿河鐵馬遊或健行。從上午10時到下午4時可以租借自行車，費用為2小時300日圓，附輔助輪款為200日圓。

溫泉設施「湯花里」的大浴場

可自行攜入嬰兒車。兒童廁所僅有小便斗。有3處換尿布空間，故鄉物產館內設有哺乳室。

一起來check!

農村交流館「きなっせ」

最晚需於1週前預約，可以製作麵包或披薩，實施日與時間等需洽詢。還有期間限定的獨木舟體驗。

DATA 9:00～21:00(溫泉設施至23:00) 休不定休 所山鹿市鹿本町梶屋1257 JR豐肥本線肥後大津站搭巴士46分，步行即到 九州自動車道菊水IC約17km P300輛(免費)

圖示凡例

 大約所需時間   雨天OK   有餐廳  可帶外食入內  投幣式置物櫃  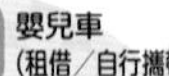 嬰兒車(租借／自行攜帶)   兒童廁所  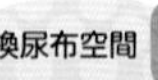 換尿布空間  哺乳室

人吉市 欣賞、購買、做中學傳統工藝

○ひとよしクラフトパークいしのこうえん 書末地圖6F

人吉Craft Park 石野公園

0歲 1~3歲 4~5歲 6歲以上

0966-22-6700

免費

雉子馬、花手箱上色各1000日圓～、竹蜻蜓300日圓、銀製戒指3000日圓～、木筷·鑰匙圈·折信刀各1000日圓～、菜刀3500日圓、陶藝上色·手拉坯·拉坯機各1000日圓～、皮製小物500日圓～、玻璃工藝540日圓～

沒有餐飲設施，建議自行帶外食入內。雨天時可在工藝館上體驗課程。

建築物體現人吉這座驛站城鎮的風味

在此設施能欣賞、接觸、體驗人吉傳承至今的傳統工藝，園內有5座工藝·體驗館，可以製作木工、陶藝、戒指等。除了雉子馬、花手箱的上色體驗及製作竹蜻蜓、體驗玻璃工藝之外，體驗鍛造專屬菜刀也很熱門。也別錯過物產館的伴手禮。

幼兒資訊

可免費租借嬰兒車。物產館內設有換尿布空間。

一起來check!

石野公園祭典

於3月上旬的週六日及黃金週舉辦，攤販林立，還會準備特別體驗活動和可免費參加的遊戲。

DATA 9:00～17:00（報名體驗課程16:00截止） 休12月29日～1月1日 所人吉市赤池原町1425-1 JR肥薩線人吉站搭巴士15分，步行3分 九州自動車道人吉IC約4.5km P100輛（免費）

水俣市 可以釣各式各樣的魚

○ゆのこフィッシングパーク 書末地圖6F

湯之兒釣魚公園

0歲 1~3歲 4~5歲 6歲以上

0966-63-3870

入園費

大人（高中生～）150日圓 中小學生50日圓

釣魚費大人500日圓、國中小生200日圓（含入園費）

沒有餐飲設施，建議自行帶外食入內。

推薦在滿潮時或傍晚前來

設有長80m的釣魚平台，能邊欣賞遠方的天草群島一邊釣魚。雖然釣魚平台高於水面的落差約有5m，但這裡隨時備有撈網十分方便。禁止將紅土混入撒餌中使用，自備釣竿1人最多2把。從棧橋望見的夕陽十分優美。

幼兒資訊

可自行攜入嬰兒車。

一起來check!

能釣到什麼魚？

有黑鯛、竹筴魚、日本花鱸、日本平等，隨不同季節能釣到的魚五花八門。釣具組為1650日圓。

DATA 8:00～17:00（6～8月為7:00～19:00） 休週一（逢假日則翌日休）、12月30日～1月1日 所水俣市浜上外平4083-4 肥薩橙鐵道水俣站搭巴士20分，步行10分 南九州自動車道津奈木IC約13km P50輛（免費）

天草市 雲仙天草國立公園內的景點

○りゅうどうざんみどりのむら 書末地圖6E

竜洞山みどりの村

0歲 1~3歲 4~5歲 6歲以上

0969-46-2437

管理費

高中生以上300日圓 國中生以下100日圓

小木屋4人用4320日圓、6人用8640日圓～（視時期而異，每加1人加收540日圓，休憩1小時540日圓）。小別墅6人用16200日圓。自備帳篷費864日圓～、租借費1620日圓

雨天時可以到體驗實習館參加工藝教室等活動。有採預約制的輕食區。

挑戰製作陶藝的小朋友們

雲仙天草國立公園內坐擁大自然的景點，不但設有露營區、小木屋、小別墅、體驗實習館、網球場等，還會推出工藝課程或製作披薩等體驗教室，頑皮綠色冒險廣場及圓木遊戲器材則深受小朋友喜愛。各設施的費用需洽詢。

幼兒資訊

可自行攜入嬰兒車。管理大樓提供換尿布空間和哺乳室。

一起來check!

烤肉區

採預約制，食材費若訂3人以上為1人份1600日圓起，提供被譽為夢幻雞肉的「天草大王」火鍋和烤肉等。

DATA 8:30～17:30 休無休 所天草市新和町小宮地11312 本渡巴士中心搭巴士50分，步行30分 九州自動車道松橋IC約107.5km P50輛（免費）

天草市 從船上觀察野生的海豚

○イルカウオッチング うけつけよやくセンター 書末地圖17G

觀賞海豚接受預訂中心

0歲 1~3歲 4~5歲 6歲以上

0969-32-1771

大人（國中生～）2500日圓 小學生1500日圓 幼兒（2歲～）500日圓

雨天時會套上雨衣，不用特別著裝準備即可賞海豚。

海豚會湊近到伸手可及

天草市五和町近海的早崎瀨戶有野生的印太瓶鼻海豚棲息，所以這裡會舉辦搭船觀覽海豚群的「賞海豚」行程。報名需2人起，最晚於前一天預約，提供24小時電話預約服務。視季節有時還能看見海豚親子一同悠游。

幼兒資訊

港口的廁所內設有換尿布空間。雖然可以帶嬰兒車上船，但船內狹窄，務必抱著嬰兒行動。

一起來check!

事先訂位的特惠

船的容納人數有限，以預先訂位者優先。事先預訂即可享船費9折優惠並附送飲品、貼紙、明信片。

DATA 出航時間9:00～17:00的每個整點（9:00及17:00僅於4～10月出航） 休無休（天候不佳時休） 所天草市五和町鬼池引坂2463 本渡巴士中心站搭巴士30分，步行即到 九州自動車道松橋IC約96km P100輛（免費）

宇佐市 展開一場**非洲式狩獵之旅**

○きゅうしゅうしぜんどうぶつこうえんアフリカンサファリ 書末地圖 22E

九州自然動物公園 AFRICAN SAFARI

0歲 1~3歲 4~5歲 6歲以上

夜間探險也很好玩喔

☎0978-48-2331

大人(高中生～) 2500日圓　兒童(4歲～) 1400日圓

年票為門票費用大人追加2700日圓、兒童追加1700日圓

餐飲設施共有6間。叢林巴士即使雨天也會行駛。投幣式置物櫃(100日圓)為用畢退錢式。

廣達115萬㎡的大草原上，有大型野生動物在此棲息。在「大型動物區」可以透過自小客車或搭乘叢林巴士來觀察最接近野生狀態的多種動物。官方網站（http://www.africansafari.co.jp/chinese/）會隨時公告最新活動。

DATA 營9:00～17:00(11月1日～2月底為10:00～16:00) 休無休(可能視動物的狀況或天候而有臨時公休) 所宇佐市安心院町南畑2-1755-1 交JR日豐本線別府站搭巴士50分，步行即到 交東九州自動車道速見IC約6km P1500輛(免費)

幼兒資訊

租借嬰兒車1天300日圓。園內所有廁所皆設有換尿布空間。禮品店「Arosa」內設有哺乳室。

一起來check!

Tee Pee Camp

黃金週和暑假時會開放園內的露營區Tee Pee Camp。住宿費用為大人6500日圓、兒童4500日圓，含入園門票、叢林巴士、夜間探險的費用。

Arosa

販賣原創商品及大分縣特產品的商店。叢林巴士迴力車為500日圓。

帶你貼近野生動物的真實生活

重點看過來！

其1 大型動物區

搭乘自小客車或叢林巴士沿著大型動物大道一路前進，就能夠觀察棲息於6大區域的動物。乘車專用的動物導覽DVD播放器一台600日圓。

其2 袋鼠互動之森

可以隔著高度50cm的矮柵欄來觀察袋鼠，而在透明天花板的地下圓頂屋內，則可以近距離一睹袋鼠的袋裡和腳趾等。

其3 松鼠猴之森

本區內設有掛上鐵網的觀察用通道，可以隔網餵松鼠猴飼料，牠們會從四面八方湧現。

其4 叢林巴士

行駛於大型動物區的叢林巴士共11種，平日每20到30分鐘發車，週日及假日為10到15分鐘發車。所需時間約50分鐘，大人1100日圓、兒童900日圓。每週二～週四提供中文導覽。

其5 騎馬體驗

可以騎個性乖巧又可愛的迷你馬，體驗費為1次500日圓，有時會視迷你馬的身體狀況或天候而停辦。

圖示凡例
 大約所需時間
 雨天OK
 有餐廳
 可帶外食入內
 投幣式置物櫃

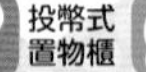 嬰兒車(租借／自行攜帶)

 兒童廁所

 換尿布空間

 哺乳室
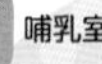

別府市 網羅超過30種遊樂設施

○きじまこうげんパーク 書末地圖22H

城島高原公園

0歲 1~3歲 4~5歲 6歲以上

0977-22-1165

有6間餐飲設施。雨天時可到「玩具王國」遊玩。投幣式置物櫃為200~300日圓。

遊樂設施通票4歲以上2700日圓（入園門票另計）

座落在鶴見岳山腳、海拔700m的城島高原上，四周有大自然環抱的遊樂園。從木製雲霄飛車「木星」等刺激遊樂設施到宛如玩具博覽會的「城島玩具王國」，這裡以無論大人小孩都能玩得盡興的娛樂景點為號召聚集人潮。

位在Yamanami Highway上的度假設施

租借嬰兒車1天300日圓、500日圓。有4處換尿布空間、3間哺乳室。

一起來check!

溜冰場

冬季開放的室外溜冰場長30m、寬60m為九州最大規模。不會溜冰的小朋友可以租雪橇玩耍，租借溜冰鞋800日圓。

DATA 10:00~16:00（有季節性變動） 休不定休 所別府市城島高原123 JR日豐本線別府站搭巴士40分，步行即到 大分自動車道別府IC約9km P2000輛（1天300日圓）

重點看過來！

其1 木星

人氣No.1的遊樂設施，是日本興建的第一座木製雲霄飛車，以6萬塊木材建造而成的精美造型也可說是一種藝術。

其2 超級L&S雲霄飛車

會有1次大迴轉、2次C級扭轉的旋轉雲霄飛車，身高未滿120cm禁止搭乘。

其3 波塞頓30

會從離地30m處急速往水面衝刺，巨大的水花就在眼前飛濺，十分驚人。搭乘限制需身高超過120cm，60歲以上禁止搭乘。

別府市 位於絕佳地點的老牌遊樂園

○べっぷラクテンチ 書末地圖22G

別府樂天地

0歲 1~3歲 4~5歲 6歲以上

0977-22-1301

餐飲設施有2間餐廳、3間外帶店。投幣式置物櫃為100~200日圓。

65歲以上900日圓（需年齡證明）。園內的遊樂設施為300~600日圓。遊樂設施優惠票5張1000日圓。交流動物樂園為300日圓

位於立石山半山腰的遊樂園，能從大花摩天輪、彩虹大吊橋、空中腳踏車等設施飽覽別府灣美景。還可以在「動物城」與可愛動物相見歡，或在花園廣場悠閒度過，春天時櫻花會開滿整個園區。

位於海拔200m高地上的遊樂園

免費租借嬰兒車。綜合服務處前的女廁內有兒童廁所。設有8處換尿布空間、4間哺乳室。

一起來check!

鴨子賽跑

樂天地最出名的「鴨子賽跑」1場100日圓，鴨子搖著屁股奔跑的模樣吸引不少人氣。

DATA 10:00~16:00（可能視季節、天候而調整） 休週二（逢假日、黃金週、暑、寒、春假則營業，有冬季公休，需確認） 所別府市流川通り18 JR日豐本線別府站搭巴士20分，步行即到 大分自動車道別府IC約4.75km P700輛（1天300日圓）

日出町 三麗鷗的熱門卡通人物雲集

○サンリオキャラクターパーク ハーモニーランド 書末地圖3E

三麗鷗卡通樂園和諧樂園

0歲 1~3歲 4~5歲 6歲以上

0977-73-1111

即使雨天遊行也會上演。僅有2處可帶外食入內（需確認）。投幣式置物櫃為200日圓及400日圓。

星光票（實施日的16:00以後）1000日圓、一年通用券5700日圓（皆為4歲以上適用）※費用有可能調整

可以遇見凱蒂貓、美樂蒂等三麗鷗卡通人物的主題樂園，每天在綠意盎然的園內上演的遊行非常受歡迎。有15種遊樂設施，夏季還有游泳池、冬季有霓彩燈飾等，一整年都能在此獲得無窮樂趣。

可愛的卡通世界就在眼前

幼兒資訊

租借嬰兒車1天300日圓。園內有6處設有兒童廁所及換尿布空間，以及2間哺乳室。

一起來check!

挑生日當月來玩！

會贈送特製生日胸章並舉辦生日快樂表演為您慶生等特惠（需生日證明）。

DATA 9:00~17:00（有季節性變動） 休不定休 所速見郡日出町藤原5933 JR日豐本線日出站搭巴士10分，步行即到 日出バイパス日出IC約2km P1580輛（1次310日圓）

大分市 可愛的海中人氣王齊聚一堂

○おおいたマリーンパレスすいぞくかん「うみたまご」 書末地圖19A

大分海洋宮殿 海之卵水族館

0歲 1~3歲 4~5歲 6歲以上

097-534-1010

大人(高中生~) 2200日圓 中小學生 1100日圓 幼兒(4歲~) 700日圓

館內有2間餐廳。
投幣式置物櫃為300~500日圓。

設立宗旨在於能夠接觸海洋生物的水族館。設置於中央的大迴游水槽內養育了鯊魚和魟魚等約90種、1500隻豐後水道的魚類。館內劃分為河流、海洋、奇想、科學、熱帶、寒帶等區域，每區各有值得一看的精彩。

面朝別府灣，馬路對面就是國立公園高崎山自然動物園

幼兒資訊

租借嬰兒車1天200日圓。設有10處換尿布空間、4間哺乳室。

一起來check!

後台導覽

專為小學生以上遊客於週六日、假日上午11時到下午1時舉辦，費用為國中生以上1000日圓、小學生500日圓，人數上限為每次20人。

DATA 9:00~17:30(11~2月至16:30) 休 一年約有2天不定休 所 大分市高崎山下海岸 JR日豐本線大分站搭巴士21分，步行即到 大分自動車道別府IC約10.2km P 800輛(1次410日圓)

讓人不禁想一直看下去的多種海洋生物

重點看過來!

其1 海之卵廳

位於1樓的純白色廳堂內，燈光呈現令人彷彿置身於潛水艇中。可以觀察到大迴游水槽水底的模樣，感受身處在博物館般的氛圍。

其2 海豚表演

在設於2樓室外的海豚池1天舉行2次，不僅能欣賞驚人的大跳躍，海豚可愛的一舉一動也是看點。

其3 在珊瑚大水槽的水中散步

珊瑚大水槽是日本首次以人工燈光成功繁殖珊瑚的地方。這裡會有手持水中攝影機的潛水員以直播影像來介紹珊瑚，還會餵食曲紋唇魚。

大分市 約1500隻野生猴子棲息的樂園

○こくりつこうえんたかさきやましぜんどうぶつえん 書末地圖19A

國立公園 高崎山自然動物園

0歲 1~3歲 4~5歲 6歲以上

097-532-5010

大人 510日圓 中小學生 250日圓

園內雖然沒有餐飲設施，但猴子館內設有輕食、咖啡廳。投幣式置物櫃(100日圓)為用畢退錢式。

約有1500隻野生猴子棲息的高崎山，目前將其分成B、C兩個猴群，會在集合處分別輪流將猴子帶下山，因此能近距離觀察平常生活在山中的猴子。餵食大約從上午9點開始每隔約30分鐘會餵小麥，猴群輪替的時間會餵番薯。餵食番薯的時間雖然會視當天猴群出沒的時間而調整，但大多落在下午1點到下午3點半。

從1952年開始餵食猴子的自然動物園

幼兒資訊

免費租借嬰兒車。園內廁所有2處，猴子館內的廁所則設有3處換尿布空間。

一起來check!

猴子的挑戰表演區

每天下午2時40分開始約達15分鐘，可以一睹猴子大展跳躍力等體能。可能會視雨天或猴子的狀況而中止。

DATA 8:30~16:30(17:00閉園) 休 無休 所 大分市神崎ウト3098-1 JR日豐本線大分站搭巴士21分，步行即到 大分自動車道別府IC約10.2km P 800輛(1次410日圓)

大分市 融入大自然中大玩特玩

○マザーランド 書末地圖19B

Motherland

0歲 1~3歲 4~5歲 6歲以上

097-586-4183

免費

租借遊樂器材300日圓、跳跳床20分300日圓、滑草1小時300日圓、各種遊樂設施200日圓、球池20分300日圓、滑板車、足球各1小時300日圓

有主要供應飲品的咖啡廳。
能否帶外食入內需洽詢。

33萬㎡的占地內分布著飼養山羊與兔子等小動物的交流牧場、草原廣場、最晚需在1週前預約的烤肉區等。草原廣場內設有室外舞台、滑草場、溜滑梯，可以大玩足球或籃球、跳跳床等活動。

全長40m的綠色溜滑梯

幼兒資訊

可自行攜入嬰兒車。雖然設備不算齊全，帶小嬰兒前來也不需擔心。

一起來check!

綠色直營店

園內設有九州乳業的總工廠，直營店售有牛奶和乳製品。營業時間為上午10點到下午1點以及下午3點到下午5點。

DATA 10:00~17:00 休 無休(綠色直營店為週日、第1、3週六休)、遊樂器材區僅於週六日、假日營業 所 大分市迴栖野3231 JR日豐本線大分站搭巴士40分，步行10分 大分自動車道大分光吉IC約8km P 1000輛(免費)

圖示凡例 大約所需時間 雨天OK 有餐廳 可帶外食入內 投幣式置物櫃 嬰兒車(租借/自行攜帶) 兒童廁所 換尿布空間 哺乳室

九重町 主打親身體驗的**觀光牧場**

○こくりつこうえんくじゅうやまなみぼくじょう 書末地圖 23D

國立公園 九重群山牧場

0歲 1~3歲 4~5歲 6歲以上

0973-73-0080

¥ 免費

雨天可選擇手工體驗、逛街、泡溫泉等玩法。外食限於室外用餐。

在飯田高原上擁有約12萬㎡腹地的觀光牧場，來到交流廣場可以抱抱小牛、綿羊、鴨子等動物，也可以餵飼料。遼闊的園內還設有まきばの溫泉館、餐廳、自創乳製品的直營所、麵包工房等各式各樣的設施。

冬季會有候鳥飛來的園內池塘

幼兒資訊

可免費租借嬰兒車。餐廳旁的女廁內設有換尿布空間。

一起來check!

直營所與藍莓

直營所有販售剛出爐的麵包及優格、冰淇淋等，牛奶為900mℓ1000日圓。7月到9月可以體驗採藍莓。

DATA 🕘9:00～17:00（12～3月中旬至16:00） 休週三（逢假日則營業）、暑假期間無休（12～3月中旬為週二、三休） 所玖珠郡九重町田野1681-14 🚃JR久大本線由布院站搭巴士（預約制）47分，步行25分 🚗大分自動車道九重IC約17km P350輛（免費）

九重町 與**放牧**動物自由玩耍

○くじゅうしぜんどうぶつえん 書末地圖 23D

九重自然動物園

0歲 1~3歲 4~5歲 6歲以上

0973-79-3005

¥ 大人（高中生~）1000日圓 兒童（4歲~）500日圓

餐飲設施有「珈琲ロッジ」。雨天可免費借用雨具。

汽車露營場1輛車5500日圓（最多5人，每加1人加收1000日圓）、機車露營場1人1輛1200日圓（每加1人加收1000日圓）、腳踏車露營場1人1輛1000日圓

放牧駱馬、鹿、綿羊等20種多達200隻草食動物的動物園，能夠近身接觸在園內自由奔跑的動物們，而動物也不怕人類，就算是小朋友也能放心玩。站在瞭望台上能將九重連山和飯田高原盡收眼底。

在園內自由走動的駱馬

幼兒資訊

可免費租借嬰兒車。提供泡奶粉用的熱水。

一起來check!

餵食體驗

幾乎園內所有動物都能餵飼料（1袋100日圓），小山羊和小綿羊則可以餵牛奶（1次200日圓）。

DATA 🕘9:00～17:30（11月下旬～3月中旬為9:30～17:00） 休無休 所玖珠郡九重町田野1685-3 🚃JR久大本線由布院站搭巴士（預約制）47分，步行15分 🚗大分自動車道九重IC約17km P150輛（免費）

竹田市 網羅**更賽牛**的乳製品及產品

○ガンジーぼくじょう 書末地圖 23G

GUERNSEY FARM

0歲 1~3歲 4~5歲 6歲以上

0974-76-0760

¥ 免費

餐飲設施有1間餐廳，2間外帶店。

位處久住高原的大牧場，育有日本十分罕見、擁有絕佳乳質的更賽牛，園內不但有餐廳、交流牧場、狗狗運動場等設施，還能一嘗現擠的更賽牛牛乳，來到工廠「九重農場」則能參觀乳製品的製作過程。餐廳從上午11時到下午3時會推出午餐吃到飽，費用為大人1600日圓、小學生900日圓。

更賽牛的牛奶在歐洲被譽為「黃金牛奶」

幼兒資訊

可自行攜入嬰兒車。餐廳及商店的女廁內設有換尿布空間。

一起來check!

體驗騎小馬

週六日、假日會舉辦騎小馬體驗（500日圓），不過僅供小學生以下遊客參加，冬季休息。

DATA 🕘9:00～17:00 休無休 所竹田市久住町久住4004-56 🚃JR豐肥本線豐後竹田站搭計程車30分 🚗大分自動車道九重IC約43km P300輛（免費）

津久見市 以**海洋**為背景所開拓的景點

○うみたまたいけんパーク「つくみイルカじま」 書末地圖 3G

UMITAMA體驗公園「津久見海豚島」

0歲 1~3歲 4~5歲 6歲以上

0972-85-3020

¥ 大人870日圓 中小學生540日圓 幼兒（4歲~）430日圓

雨天時可在帶頂蓬的設施欣賞海豚表演等。外食請在休息用的涼亭用餐。

投餵海豚飼料500日圓、與海豚合影500日圓～、與海豚玩耍Lite1000日圓、賞海豚小船1艘2000日圓（附飼料）

以海豚與人類間的「互動、療癒」為主題的體驗型海上休閒設施，賣點在於精彩萬分的海豚表演、以「與海豚共游」為首的多種互動體驗項目。這裡不但育有海豹、企鵝等，還能樂享釣魚和划船趣。

可以摸摸海豚腹部和背鰭的「與海豚玩耍Lite」

幼兒資訊

可自行攜入嬰兒車。涼亭旁的哺乳室內設有換尿布空間。

一起來check!

活動資訊

海豚表演及「與海豚玩耍Lite」為1天3場，「投餵海豚飼料」隨時皆有實施。

DATA 🕘10:00～15:30 休1月中旬～2月中旬 所津久見市四浦2218-10 🚃JR日豐本線津久見站搭計程車15分 🚗東九州自動車道津久見IC約12.6km P150輛（免費）

大分 平價0元・景點

竹田市 開滿整片山丘的繽紛花海

○くじゅうはなこうえん 書末地圖23G

久住花公園

0歲 1~3歲 4~5歲 6歲以上

☎0974-76-1422

¥ 大人(高中生~)1300日圓 兒童(5歲~)500日圓

70歲以上1100日圓。年票大人3000日圓、兒童800日圓

雨天時可以參觀溫室、藝廊、乾燥花商店。

座落在九州中央一片清新遼闊的久住高原，而坐擁22萬㎡廣大腹地的園內，從春天到秋天會有500種、500萬株花卉恣意綻放。附設以花草和香氛為主題的商店、能吃到使用當地特產品烹煮菜餚的餐廳，讓遊客能在此度過充實的一天。

位在阿蘇九重國立公園的一角

幼兒資訊

可免費租借嬰兒車。有4處換尿布空間，走進大門的地方設有哺乳室。

一起來check!

活動資訊

4月中旬會舉辦鬱金香節，6月中旬則有薰衣草節，10月有秋櫻祭。

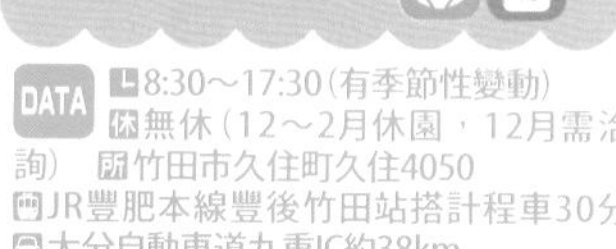

DATA ⏰8:30~17:30(有季節性變動) 休無休（12~2月休園，12月需洽詢） 所竹田市久住町久住4050 🚃JR豐肥本線豐後竹田站搭計程車30分 🚗大分自動車道九重IC約38km P300輛(免費)

秋季賞隨風搖曳的波斯菊 帶來好心情

重點看過來!

其1 隨季節更迭的花卉

春季有三色堇、鬱金香、罌粟花，夏季有薰衣草、向日葵，秋季有一串紅、波斯菊等為園內抹上鮮豔色彩。

其2 乾燥花商店「Rose de Mai」

賣乾燥花與生活用品的商店，可以在工房嘗試花圈製作（1000日圓~）。

其3 麵包工房「Pascolo」

可以外帶剛出爐麵包的店家，園內販賣的「花公園仙貝」（350日圓）也是由這家店烤製而成。

公園・植物園

竹田市 九州第一的秋海棠花園

○くじゅうこうげんフラワーズヴァレー 書末地圖23F

久住高原花卉山谷

0歲 1~3歲 4~5歲 6歲以上

☎0974-77-2928

¥ 大人(高中生~)400日圓

園內的餐飲設施有1間餐廳。

九州非常罕見的秋海棠花園，溫室內種植了以安地斯山脈原生「球根秋海棠」為主的超過400種秋海棠。還有直徑20cm的大型品種以及從天花板垂落下來的垂吊品種等，一整年都能欣賞美麗的秋海棠。

豔麗綻放的秋海棠花園

幼兒資訊

可自行攜入嬰兒車。雖然設備不算齊全，帶小嬰兒前來也不需擔心。

一起來check!

喫茶「空」

在附設餐廳能品嘗蛋包飯（927日圓）和1天限量10份的豐後牛特製漢堡排（1620日圓）。

DATA ⏰10:00~17:00(餐廳為11:00~15:00，售完打烊) 休週四 所竹田市久住町有氏1868 🚃JR豐肥本線豐後竹田站搭計程車30分 🚗大分自動車道九重IC約46km P30輛(免費)

九重町 在林中小徑遇見稀有的野生植物

○くじゅうのはなのさと 書末地圖23D

九重野花之鄉

0歲 1~3歲 4~5歲 6歲以上

☎0973-79-3375

¥ 免費

餐飲設施有1間餐廳。能否帶外食入內需確認。

九州屈指可數的觀光野草園，春天有鈴蘭、夏天有藍刺頭等多達1000種高原植物在此自然生長。從6月中旬到9月，被譽為夢幻之花的花葱會開出淡紫色的花朵。在園內的商店能買到特產品以及不易找到的花草苗等。

位處草木叢生丘陵地的觀光野草園

幼兒資訊

可自行攜入嬰兒車。雖然設備不算齊全，帶小嬰兒前來也不需擔心。

一起來check!

餐廳

除了能吃到大分最出名的麵糰湯定食、雞肉天婦羅定食外，使用九重夢豬肉的陶板燒等菜色也很受歡迎。

DATA ⏰8:30~17:00 休無休（冬季視天候會有臨時公休） 所玖珠郡九重町田野1672-18 🚃JR久大本線豐後中村站搭巴士35分，步行5分 🚗大分自動車道九重IC約13.5km P50輛(免費)

圖示凡例  大約所需時間  雨天OK  有餐廳  可帶外食入內  投幣式置物櫃  嬰兒車(租借/自行攜帶) 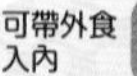 兒童廁所  換尿布空間  哺乳室

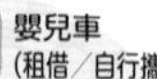

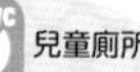

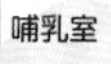

日出町

高雅玫瑰綻放的玫瑰花園很受歡迎

○たいけんがたハーブえん おおがファーム 書末地圖3E

體驗型香草園 大神農場

0歲 1~3歲 4~5歲 6歲以上

0977-73-0012

大人600日圓
中小學生300日圓

12~2月為大人300日圓、中小學生200日圓，5月6日~6月4日的玫瑰節期間為大人800日圓、中小學生500日圓（費用有季節性變動）。製作香氛果凍蠟燭1600日圓。能在1年效期內自由入園的年票為大人1300日圓、中小學生600日圓

3小時 OK 有 不可 無

餐飲設施有1間餐廳。雨天時建議走訪文化工房。

有優美花朵增添色彩的設施

在能夠飽覽別府灣的海岸線與幽美森林所圍繞的2萬坪腹地上，栽種了超過200種香草及野生花卉，並規劃出廣達3300㎡的玫瑰花園。餐廳內很多餐點都運用了自家栽培的有機香草。

幼兒資訊

可免費租借嬰兒車。遊客中心內設有換尿布空間及哺乳室。

一起來check!

香氣芬芳的展覽活動

3、4月會舉辦園藝展，5月則是玫瑰，6月是與薰衣草等香草相關的活動。

DATA 9:00~17:00 休週二（4~5月無休）、12月23日~1月1日 所速見郡日出町大神6025-1 JR日豐本線日出站搭計程車10分 日出バイパス日出IC約10km P200輛（免費）

中津市

能在大自然中與狗狗交流

○わんわんはなみちえん 書末地圖3D

汪汪花道園

0歲 1~3歲 4~5歲 6歲以上

0979-43-2888

大人（國中生~）1500日圓
兒童（3歲~）1000日圓

半日 OK 無 OK 無

由於園內沒有餐飲設施，建議自行帶外食入內。雨天可在交流廣場遊玩。

狗狗賽跑參加費500日圓。體驗遛狗1隻中小型犬500日圓、大型犬1000日圓

四季花樹與果樹林林總總合起來約種植10萬棵樹木，周長約1km的園內有花公園、狗狗運動場、交流廣場，能夠接觸許多狗狗。高30m、長50m的吊橋散步路線在春天時可以一面賞櫻一面漫步。

可以和可愛的狗狗互動

幼兒資訊

可免費租借嬰兒車。交流廣場旁的休息室內設有換尿布空間。

一起來check!

狗狗賽跑

春、秋兩季的週日及假日會舉行可愛的小型犬賽跑。體驗遛狗可能因天候或狗的身體狀況而有所調整。

DATA 10:00~16:00（17:00閉園）、4~9月至17:00（18:00閉園） 休無休 所中津市三光森山63 JR日豐本線中津站搭計程車15分 東九州自動車道宇佐IC約11km P300輛（免費）

宇佐市

活用天然地形而生的休閒景點

○かぞくりょこうむら「あじむ」 書末地圖3D

家族旅行村「安心院」

0歲 1~3歲 4~5歲 6歲以上

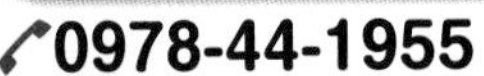

0978-44-1955

免費

體育館1小時760日圓。游泳池（僅限夏季）高中生以上380日圓、4歲~國中生270日圓

3小時 OK 有 OK 無

餐飲設施有3間餐廳、2間輕食、咖啡廳。帶外食入內若在露營區用餐需付費。

89萬㎡的占地上散布著10棟小屋、6棟小別墅、公園高爾夫球場、溫泉中心等，還有規劃完善的自然步道，能通往設有遊樂器材的冒險之森及觀光葡萄園。全年皆能烤肉，採預約制且提供器材的租借服務，費用需洽詢。夏季會開放游泳池。

還有2棟原木屋

幼兒資訊

可自行攜入嬰兒車。兒童室的一隅設有換尿布空間。

一起來check!

觀光採葡萄

8月中旬到10月上旬可參加觀光採葡萄。溫泉中心的泡澡費為大人300日圓、中小學生150日圓。

DATA 8:30~17:30 休無休 所宇佐市安心院町下毛 JR日豐本線中津站搭巴士1小時10分，步行10分 東九州自動車道安心院IC約3km P200輛（免費）

佐伯市

設有能親子同樂的遊樂器材廣場

○さいきしそうごううんどうこうえん 書末地圖3H

佐伯市綜合運動公園

0歲 1~3歲 4~5歲 6歲以上

0972-25-1335

免費

3小時 OK 無 OK 有

投幣式置物櫃為用畢退錢式，體育館100日圓、泳池50日圓。體育館內有用餐區，垃圾請帶走。

各設施需付費（需洽詢）

廣闊腹地內具備多功能廣場、遊樂器材廣場、室內外游泳池、夏季會開放的滑水道、佐伯球場、田徑場等設施的綜合運動公園。小朋友的歡笑聲此起彼落的遊樂器材廣場內，設有大型組合遊樂器材與幼兒專用的組合遊樂器材。

備受小朋友喜愛的遊樂器材廣場

幼兒資訊

可自行攜入嬰兒車。多功能廁所內設有換尿布空間，兒童體育室後方有哺乳室。

一起來check!

滑水道

7月週六日及暑假開放，共4個大小滑水道，費用為100日圓（游泳池使用費另計），營業時間及公休日需確認。

DATA 自由入園（各設施的營業時間需洽詢） 休12月29日~1月3日、游泳池為週一休（逢假日則翌日休） 所佐伯市長谷2614 JR日豐本線佐伯站搭計程車15分 東九州自動車道佐伯堅田IC約0.5km P1150輛（免費）

九重町 高度為日本第一的吊橋

○ここのえ"ゆめ"おおつりはし 書末地圖23C

九重"夢"大吊橋

0歲 1~3歲 4~5歲 6歲以上

☎0973-73-3800（九重"夢"大吊橋觀光服務處）

¥ 大人（國中生～）500日圓 小學生200日圓

餐飲設施有輕食及外帶店。備有免費的帶鎖置物櫃。

日本第一的人行大吊橋架設在鳴子川溪谷的深邃山谷間，海拔達777m，從長390m、高173m、寬1.5m的橋上能欣賞列為日本瀑布百選的「震動瀑布」及九醉溪、九重連山等美景，尤其在楓紅時節就好比一幅由群樹交織出的美麗浮世繪。

中村入口有通往震動瀑布的步道

幼兒資訊

可免費租借嬰兒車。有2處換尿布空間。管理中心內可提供一室作為哺乳室使用（需確認）。

一起來check!

務必留意鞋子!

由於橋是採用將鋼板做成格子狀的格柵板構造，穿高跟鞋行走時需特別留意。可以從中村區域及北方區域入場。

DATA 8:30～16:30（7～10月至17:30） 休無休 所玖珠郡九重町田野1208 JR久大本線豐後中村站搭巴士22分，步行即到 大分自動車道九重IC約12km P262輛（免費）

重點看過來!

其1 九重"夢"大吊橋

可以從中村入口及北方入口兩處入場，自海拔777m的橋上以360度欣賞九重連山。北方入口有附設瞭望台的輕食餐廳，秋天時能眺望被紅葉渲染的一片美景。

其2 震動瀑布

從橋上往中村區域看，位在左側落差達83m的瀑布。座落於鳴子川溪谷，因瀑布水流奔流而下的水勢彷彿使周遭震動起來而得其名。一般情況下可以從橋上望見瀑布的底端。

其3 九重"夢"大吊橋物產直賣所 天空館

位於九重"夢"大吊橋設施內的直賣所，販賣以農作物為主的九重町特產品。使用在地物產製作的當地漢堡「九重"夢"漢堡」（550日圓）很受歡迎。

九重町 從馬背上飽覽高原景致

○エル ランチョ グランデ 書末地圖23C

EL RANCHO GRANDE

0歲 1~3歲 4~5歲 6歲以上

☎0973-79-2217

¥ 免費

賽馬場騎馬1人騎馬1300日圓、親子騎馬1840日圓。迷你散步15分4280日圓、迷你遠遊30分6870日圓

※有英語對應

園內有僅供飲品的咖啡廳，能否帶外食入內需確認。備有免費的置物櫃。

能夠在九重的雄偉大自然中騎馬的牧場，工作人員會耐心指導，即使是初學者也能輕鬆學騎馬，小學生以上便能參加飯田高原迷你散步。設有室外、室內騎馬場、咖啡廳和住宿設施、多功能室等，也提供馬術治療的服務。

有初學者騎馬教室（6870日圓）等多種選擇

幼兒資訊

可自行攜入嬰兒車。餐廳內設有哺乳室和換尿布空間。

一起來check!

室內賽馬場

雨天和冬季可以在室內的賽馬場騎馬。春、暑、寒假會舉辦小學生以上能參加的騎馬學校。

DATA 9:00～17:00 休週二（逢假日則營業，需確認） 所玖珠郡九重町田野1726-320 JR久大本線由布院站搭巴士（預約制）47分，步行5分 大分自動車道九重IC約14km P30輛（免費）

九重町 渾然天成的滑水道

○りゅうもんのたき 書末地圖3F

龍門瀑布

0歲 1~3歲 4~5歲 6歲以上

☎0973-73-5505（九重町觀光協會）

¥ 免費

餐飲設施有2間餐廳。投幣式置物櫃（500日圓）僅於7月第3週日～8月可使用。

落差26m、寬40m的兩段式瀑布。雖然這裡以秋季賞優美紅葉的國家名勝著稱，夏季也是絕佳的戲水處，能從瀑布中段滑瀑布而下。滑瀑布時，在屁股下方鋪個塑膠袋會更好滑，而瀑布旁的商店也有滑瀑布板可供租借，也可以在餐廳免費借用安全帽。

小朋友的歡笑聲與瀑布聲響徹雲霄

幼兒資訊

可自行攜入嬰兒車。

一起來check!

交通方式

由於開往當地的巴士班次較少，以開車自駕為上策，不過也需留意免費停車場可容納的車輛數不多。

DATA 自由進出 休無休 所玖珠郡九重町松木 JR久大本線豐後森站搭計程車15分 大分自動車道九重IC約10km P20輛（免費）

圖示凡例   大約所需時間  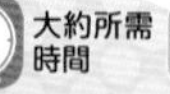 雨天OK  有餐廳   可帶外食入內 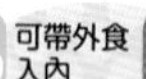 投幣式置物櫃   嬰兒車（租借／自行攜帶）  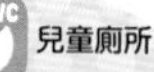 兒童廁所  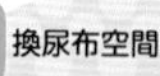 換尿布空間  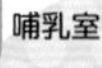 哺乳室

日田市 淘金體驗大受歡迎

○ちていはくぶつかんたいおきんざん 書末地圖 15F

地底博物館 鯛生金山

0歲 1~3歲 4~5歲 6歲以上

0973-56-5316

大人 1030日圓 國高中生 820日圓 小學生 510日圓

門票加淘金的套票大人1440日圓、國高中生1230日圓、小學生1030日圓。純體驗淘金620日圓。蒟蒻加工510日圓～

※有英語對應

餐飲設施有1間餐廳。能否帶外食入內需確認。

重新運用停採的金山而開設的博物館，沿著長約800m的路線，藉由當時的機器與模型等來介紹挖礦的流程。館內能參加淘金、蒟蒻加工（預約制）等體驗，淘金時所發現的砂金可以帶回家。

裝飾上金色鯛魚的「黃金洞窟」

幼兒資訊

可自行攜入嬰兒車。有2處多功能廁所內設有換尿布空間。

一起來check!

公路休息站 鯛生金山

此博物館是公路休息站的附屬設施之一，還附設有餐廳「けやき」和禮品店「清流」等設施。

DATA 9:00～17:00（12～2月為10:00～16:30） 休 1月1日 所 日田市中津江村合瀨3750 JR久大本線日田站搭計程車1小時 大分自動車道日田IC約40km，九州自動車道八女IC約46km P 135輛（免費）

大分市 觀測月亮及行星、星雲星團

○せきざきかいせいかん 書末地圖 3F

關崎海星館

0歲 1~3歲 4~5歲 6歲以上

097-574-0100

¥ 免費

參加觀測天體、講座等的費用為大人（大學生～）420日圓、高中生210日圓、國中生以下免費

由於沒有餐飲設施，建議自行帶外食入內，外食可以在館內的瞭望室用餐

具備肉眼的7300倍集光力的60cm反射望遠鏡，是九州少數擁有此設備的瞭望兼天文台設施。位處自然豐沛的佐賀關半島尖端的高地，不光是夜晚，只要天氣晴朗，即使是白天也能觀測到太陽日珥、明亮的恆星等。針對宇宙和星星、海洋等做解說的展示區也非常有趣。

觀星活動一整年都有舉辦

幼兒資訊

可自行攜入嬰兒車。館內走廊一角設有嬰兒區，備有嬰兒床，可以換尿布或哺乳。

一起來check!

太空劇場&商店

具備100吋超大銀幕的太空劇場會播放星座節目等，為免費觀賞，而網羅多種宇宙相關商品的商店也不容錯過。

DATA 10:00～17:30（週五～日、假日及8月至21:30，開館時間可能調整） 休 週二（逢假日則翌日休）、12月29～31日、1月2、3日 所 大分市佐賀關4057-419 JR日豐本線幸崎站搭巴士20分，轉乘計程車10分 東九州自動車道大分宮河內IC約23km P 30輛（免費）

豐後大野市 日本最大的水中洞穴

○いなづみすいちゅうしょうにゅうどう 書末地圖 7A

稻積水中鐘乳洞

0歲 1~3歲 4~5歲 6歲以上

0974-26-2468

大人 1200日圓 大學生 1000日圓 國高中生 800日圓

兒童（4歲～）600日圓

※有英語對應

除了鐘乳石洞，還有時光隧道館、美術館等，雨天時也能玩得盡興。

於3億年前的古生代所形成，為日本最大的水中鐘乳石洞。洞內有32個看點，打造出奇幻的世界。洞內溫度全年維持在16℃。這一帶被規劃成完善的觀光設施，還設有稻積昇龍大觀音、懷舊的昭和玩具館、餐廳「名水亭」等。

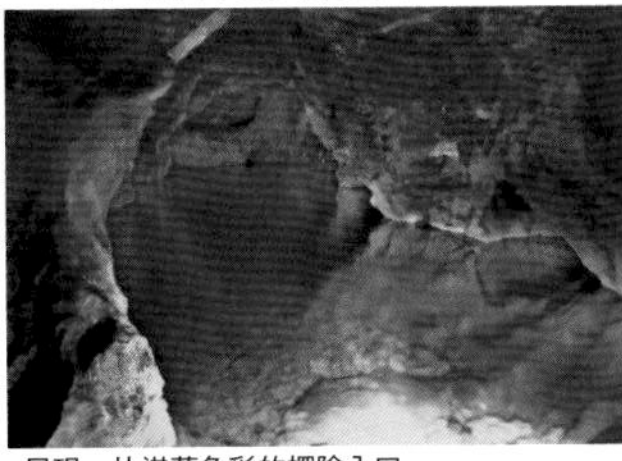

呈現一片湛藍色彩的探險入口

幼兒資訊

可自行攜入嬰兒車。

一起來check!

螢火蟲祭

腹地內有日本名水百選的清流——白山川流過，6月會舉辦螢火蟲祭。冬季的茶梅及秋季的紅葉也很優美。

DATA 9:00～17:00 休 無休 所 豐後大野市三重町中津留300 JR豐肥本線三重町站搭計程車20分 大分自動車道大分米良IC約42.5km P 300輛（免費）

佐伯市 能親近海洋的休閒景點

○おおいたけんマリンカルチャーセンター 書末地圖 7B

大分縣海洋文化中心

0歲 1~3歲 4~5歲 6歲以上

0972-42-1311

¥ 免費

海洋科學館、星象儀、游泳池（僅限夏季）各為大人240日圓、小學生120日圓、幼兒（3歲～）60日圓。海洋珊瑚號大人1800日圓、中小學高中生900日圓（幼兒為1大人可免費帶2幼兒）。以水下觀察筒觀察珊瑚大人800日圓、小學生以下500日圓

餐飲設施有1間餐廳。帶外食入內只要在餐廳外用餐即可。

內有海洋科學館及星象儀、可以從水槽側面洞口餵魚吃飼料的「交流水槽」、春天到初夏能看見翻車魚且號稱日本第一長的「100m海水游泳池」等設施，在餐廳則能品嘗蒲江特有的活跳跳海產，還有附設住宿設施。

能快樂學習海洋的文化與歷史的海洋科學館

幼兒資訊

可免費租借嬰兒車。1樓大廳的廁所內設有換尿布空間，大廳後方有哺乳室。

一起來check!

海洋珊瑚號

珊瑚遊覽船1天會從候船處開出3班，船內的下層有鋪設玻璃，可以觀察珊瑚礁。

DATA 9:00～17:00（餐廳為11:00～18:00） 休 無休（餐廳為週三休，1年有2次臨時休館） 所 佐伯市蒲江竹野浦河內1834-2 JR日豐本線佐伯站搭巴士1小時10分，步行即到 東九州自動車道蒲江IC約9km P 200輛（免費）

都城市 以親近動物和多采多姿的體驗為特色

○たかちほぼくじょう 書末地圖8B

高千穗牧場

0歲 1~3歲 4~5歲 6歲以上

可以摸摸可愛的娟珊牛寶寶

☎0986-33-2102

¥ 免費

擠牛奶體驗免費，騎馬體驗500日圓、製作奶油500日圓、自製冰淇淋1000日圓、香腸製作體驗800日圓。平日的手作體驗需洽詢

另需確認可否攜帶外食。
雨天時可參觀牛舍、牛乳工廠等。

海拔約500m，能眺望霧島山風光的觀光牧場。除了主要的娟珊牛外還飼養了綿羊和馬，從牛奶的生產到加工、販賣採一條龍作業。透過擠牛奶（免費）和各種手作體驗、設施參觀感受大自然與酪農的魅力，與動物之間的交流互動也樂趣無窮。

DATA 🕒9:00～17:30（11～3月至17:00、休息區10:30～15:30）
休 不定休　所 都城市吉之元町5265-103
🚃 JR日豐本線霧島神宮站搭計程車10分
🚗 宮崎自動車道高原IC約18km
P 1000輛（免費）

幼兒資訊

嬰兒車租借1天200日圓。綜合服務處和餐廳的廁所都有換尿布空間，哺乳室設在綜合服務處旁。

一起來check!

牧場餐廳

備有280個座位。菜單以烤肉為主，成吉思汗烤肉點餐時至少要兩人份，一人1620日圓。

牧場內的商店

牧場內設有販售牛奶、乳製品、手工麵包、點心類、香腸等的商店，霜淇淋（330日圓）很受歡迎。

第一次的騎馬體驗有點小緊張

重點看過來！

其1 騎馬區

週六日、假日的下午12時30分至下午2時有騎馬活動。由工作人員牽著韁繩，因此小朋友也能安心體驗。

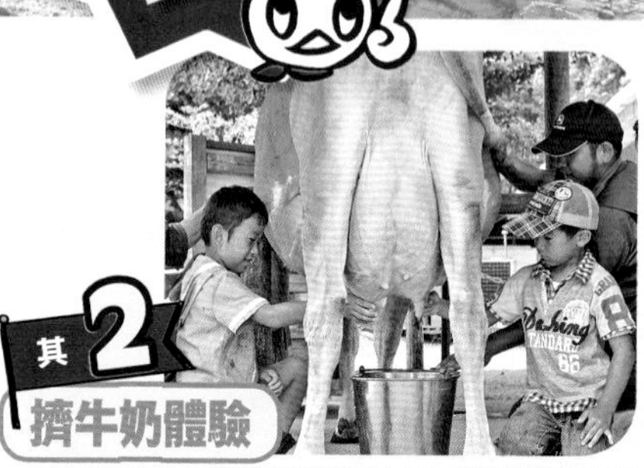

其2 擠牛奶體驗

不需抽取號碼牌就能體驗擠牛奶。舉辦時間為週六日、假日的上午11時30分至下午2時30分，活動免費。包含等候時間一次體驗約10～15分鐘，限額30名左右。

其3 香腸製作體驗

週六日、假日推出的活動，採預約制。從灌香腸到加熱煮熟約需50分鐘，限額20名。時間為上午11時起，至少需於3天前電話預約報名。

其4 製作奶油體驗

舉行時間為週六日、假日的下午2時起，成品是比高爾夫球還大上一倍的奶油球。限額20名，所需約30分鐘。

其5 動物交流廣場

能觸摸像小鹿斑比般可愛的娟珊牛寶寶、毛茸茸的綿羊，是最受小朋友們喜歡的園區。

圖示凡例

 所需大約時間
 雨天OK
 有餐廳
 可帶外食入內
 投幣式置物櫃
 嬰兒車（租借／自行攜帶）

 兒童廁所
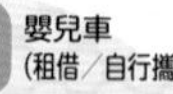
 換尿布空間

 哺乳室

串間市 與海豚一同悠遊

○しぶしわん うみのえき イルカランド 書末地圖9E

志布志灣 濱海休息站 大黑海豚樂園

0歲 1~3歲 4~5歲 6歲以上

☎0987-27-3939

大人 1300日圓　中小學生 850日圓　兒童(3歲～) 650日圓

全年護照成人4200日圓、中小學生2700日圓、兒童2100日圓。有提供兔子、海龜、縞鰺的餵食體驗。 ※費用有時會變動

雨天時可至有屋頂的海豚表演池和海豚館、企鵝館等展區。

以觀賞海豚活力演出的海豚表演池為中心，另外還有企鵝館、飼養小馬和兔子的「小動物區」、販售物產與伴手禮的海鮮市場等。面朝志布志灣，每當退潮時能觀察到棲息於海濱的各種生物。

能欣賞精彩演出的海豚表演池

幼兒資訊

可攜帶嬰兒車進入。除了餐廳入口的哺乳室外，館內的廁所皆設有換尿布空間。

一起來check!

海豚樂園的牡蠣小屋

可前往附設的海鮮市場採買，當場享用炭烤牡蠣、扇貝等貝類及魚、肉等食材。炭火費1桌500日圓。

DATA 🕒9:00～17:30(7月20日～8月的每日及3～9月的週六日、假日至18:30，10～2月10:00開園) 休無休(2月有維修公休) 所串間市高松1481-3 🚃JR日南線福島高松站搭計程車3分 🚗東九州自動車道曾於彌五郎IC約28km P300輛(免費)

重點看過來！

其1 親密接觸

海豚表演秀結束後舉辦，可以觸摸海豚的嘴巴和尾鰭。最小到會走路的幼兒都能參加，1次500日圓。

其2 開心共游

下水與海豚一起游泳。參加條件為小學生以上且會游泳，需事先電話報名預約。參加費5000日圓，租借乾、濕式防寒衣2000日圓。

其3 企鵝的搖擺散步時間

企鵝館內的企鵝會到小動物區散步一圈。每天一次，下午2時起，需時約10分鐘。

宮崎市 活動很吸引人的動物園

○みやざきしフェニックスしぜんどうぶつえん 書末地圖19F

宮崎市鳳凰自然動物園

0歲 1~3歲 4~5歲 6歲以上

☎0985-39-1306

成人(高中生～) 830日圓　國中生 420日圓　小學生 310日圓

翼龍之旅250日圓、瘋狂老鼠300日圓、卡丁車1人座300日圓、2人座600日圓。遊樂園「9項設施玩到飽」1人1000日圓，週日、假日「全設施玩到飽」1人1600日圓

園內設有餐飲設施，也很推薦自帶外食野餐。投幣式置物櫃300日圓。

佔地13萬㎡的動物園有近100種、1200隻亞洲和非洲等地的動物，在兒童動物村內還可以和吐噶喇山羊等小動物玩。自上午10時起，每隔30分鐘舉辦一次動物相關活動。腹地內還附設了遊樂園，有卡丁車、旋轉木馬等適合小朋友玩的遊樂設施。

備有15種遊樂設施的遊樂園

幼兒資訊

嬰兒車租借1天200日圓。動物園入口的女廁內設有兒童（小便斗）廁所。有4處換尿布空間，哺乳室在餐廳的入口。

一起來check!

動物表演秀

每天有3場能欣賞紅鶴展翅高飛的「紅鶴飛翔秀」，還有廣受歡迎的「大象漫步與拍照留念」。

DATA 🕒9:00～16:30 休週三(假日、寒暑假、黃金週除外)、12月31日 所宮崎市塩路浜山3083-42 🚃JR日豐本線宮崎站搭巴士25分，接駁巴士15分 🚗一葉收費道路住吉IC即到 P600輛(1天400日圓)

宮崎市 南國花卉綠意環繞的療癒樂園

○こどものくに 書末地圖19H

兒童王國

0歲 1~3歲 4~5歲 6歲以上

☎0985-65-1111

4歲以上 200日圓　65歲以上 100日圓

特別活動舉辦期間需洽詢。各項遊樂設施的費用另計

有1間輕食咖啡廳，外食請將垃圾清理帶走。投幣式寄物櫃100日圓。

園內可一覽青島和太平洋景觀，盡情享受大自然，也有許多小孩大人都能玩得開心的遊樂器材。提供球池、抱石等室內遊戲設施的「元氣兒童館」非常受歡迎，還有栽種近300種、3500株玫瑰的花園。緊鄰宮崎市青島公園高爾夫球場。

草坪四季常綠的公園高爾夫球場

幼兒資訊

嬰兒車租借1天300日圓。中央入口與園內設有哺乳室，並提供換尿布空間。

一起來check!

宮崎市青島公園高爾夫球場

擁有4條球道、36洞的球場，使用費成人1天510日圓～，4歲～高中生260日圓～(含兒童王國門票，特別活動期間除外)。球具租借100日圓。

DATA 🕒10:00～16:00(有季節性變動，需確認) 休不定休(淡季週二、三公休，請洽詢) 所宮崎市青島1-1-1 🚃JR日南線兒童王國站步行即到 🚗宮崎自動車道宮崎IC約10km P300輛(免費，特別活動期間的週六日、假日1天500日圓)

宮崎

平價景點 0元·

公園·植物園

宮崎市 充滿花與綠的休憩空間

○フローランテみやざき 書末地圖19F

FLORANTE宮崎

0歲 1~3歲 4~5歲 6歲以上

☎0985-23-1510

¥ 成人(高中生~)310日圓 兒童(小學生~)150日圓

全年護照成人1540日圓、兒童770日圓

有一間輕食店，建議自帶外食。投幣式置物櫃(100日圓)為退幣式。

春天的美麗鬱金香花海

一整年都有季節花草能欣賞的植物公園。設有四季常綠的草坪廣場、庭園設計示範區，能度過一段悠閒時光。每年8月的「FLORANTE乘晚涼」會在園內點起中式燈籠，12月至1月期間還會舉辦名為彩燈秀的夜間活動。

幼兒資訊

免費租借嬰兒車。6處無障礙廁所內設有換尿布空間，哺乳室在夢花館。

一起來check!

園藝講習

提供免費的講習活動，指導季節花卉的照顧管理、繁殖方法等。詳情請洽詢。

DATA 9:00～17:00(活動時會有變動) 休週二(逢假日則翌日休，活動時會有變動) 所宮崎市山崎町浜山414-16 JR日豐本線宮崎站搭巴士25分，步行即到 宮崎自動車道宮崎IC約11.5km P200輛(免費)

宮崎市 豐富多樣的運動設施

○キリシマヤマザクラみやざきけんそうごううんどうこうえん 書末地圖19H

KIRISHIMA YAMAZAKURA 宮崎縣綜合運動公園

0歲 1~3歲 4~5歲 6歲以上

☎0985-58-6543

¥ 免費

運動設施需付費，日向景修園免費入園

園內沒有餐飲設施，建議自帶外食，垃圾請自行帶走。

總面積達154萬㎡，綠意盎然的公園

由500種、42萬棵樹木繽紛妝點的運動公園。共有19個場館可用於32項競技，以及全天候型的木之花巨蛋、熱帶大橋、遊戲廣場等設施。擁有池泉回遊式日本庭園的日向景修園、玫瑰園、蘇鐵廣場等，也都值得參觀。收費設施的洽詢電話☎0985-58-5588。

幼兒資訊

可攜嬰兒車進入，14處廁所皆設有換尿布空間。

一起來check!

日向景修園

以日本傳統的庭園樣式為基礎，再加上宮崎縣風景名勝的設計元素。園內還有茶室和菖蒲園。

DATA 8:30～22:00 休無休(各競技設施週二公休，逢假日則營業) 所宮崎市熊野1443-12 JR日南線運動公園站步行5分 宮崎自動車道宮崎IC約7km P3400輛(週六日、假日1天300日圓)

宮崎市 連小小孩也能利用的運動公園

○みやざきしきよたけそうごううんどうこうえん 書末地圖19G

宮崎市清武綜合運動公園

0歲 1~3歲 4~5歲 6歲以上

☎0985-85-1148

¥ 免費

各設施的費用需洽詢

園內沒有餐飲設施，建議攜帶外食。

交流廣場上的體能遊樂器材

以提倡運動和增進健康為宗旨的標準型運動公園。除了各式各樣的運動設施外，還有山茶花之森、交流廣場、雀躍廣場等園區，連小小孩也能玩得不亦樂乎。交流廣場上設有遊樂器材，雀躍廣場則置有體健器材。禁止攜帶寵物入內。

幼兒資訊

可攜嬰兒車進入，交流廣場設有兒童廁所和換尿布空間。

一起來check!

交流廣場

備有大型組合遊樂器材、搖搖樂、草坪廣場等能活動全身的遊樂設施，總是充滿孩子們的歡笑聲。

DATA 8:30～日落(視設施而異，需洽詢) 休無休(收費設施12月29日～1月3日公休) 所宮崎市清武町今泉甲530 JR日豐本線清武站搭計程車5分 東九州自動車道清武IC約2km P80輛(免費)

日南市 以完全復刻的摩艾石像為地標

○サンメッセにちなん 書末地圖9C

日南太陽花園

0歲 1~3歲 4~5歲 6歲以上

☎0987-29-1900

¥ 成人700日圓 國高中生500日圓 兒童(4歲~)350日圓

高爾夫球車1輛30分鐘租金1000日圓(之後每30分鐘加收300日圓)

雨天時可到商店購物或參觀資料館，商店內有可免費寄放行李的地方。

背對太平洋佇立的7座摩艾石像

座落於山丘上，可俯瞰太平洋風光的休閒娛樂設施，園內有餐廳、常設世界昆蟲展的中央廣場、摩艾廣場、蝴蝶地上圖騰、迎賓廣場等。獲得復活島特別授權，7座高5.5m、重18噸的復刻版摩艾石像為日南太陽花園地標。

幼兒資訊

免費租借嬰兒車，換尿布的話可至迎賓廣場和中央廣場的哺乳室。

一起來check!

迎賓廣場

主要設施的迎賓廣場內除了商店外，還設有可外帶速食的庭園露台。

DATA 9:30～17:00 休第1、3週三(8月和假日除外) 所日南市宮浦2650 JR日南線油津站搭巴士20分，步行13分 宮崎自動車道宮崎IC約40km P220輛(免費)

圖示凡例   所需大約時間  雨天OK  有餐廳   可帶外食入內  投幣式置物櫃  嬰兒車(租借/自行攜帶)  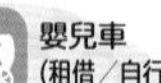 兒童廁所   換尿布空間    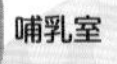 哺乳室

都城市 春天賞櫻、秋天賞紅葉的名勝

○あおいだけしぜんこうえん 卷末地圖19G

青井岳自然公園

0歲 1~3歲 4~5歲 6歲以上

0986-57-2177(青井岳溫泉)

免費

園內有1間餐廳，設施內禁帶外食。

位於境川溪谷的自然公園。園內栽有21種、28000株的繡球花，十分出名。住宿設施青井岳莊與露營場間有步道相連，不僅可漫步其間，還能從高15m的展望台飽覽四周的大自然景色。露營場的開放時間為7、8月。

春天賞櫻、秋天賞紅葉的著名景點

幼兒資訊

可攜帶嬰兒車進入。

一起來check!

青井岳露營場

有8棟8人住的小木屋、可容納約30頂帳篷的露營區、休憩區、炊事區。入場費1人50日圓，自備帳棚紮營1620日圓。

DATA 自由入園 休無休(青井岳莊第1週四公休) 所都城市山之口町山之口2123 JR日豐本線青井岳站步行10分 宮崎自動車道田野IC約12km P150輛(免費)

都城市 有許多好玩的設施

○たかじょうかんのんいけこうえん 書末地圖19H

高城觀音池公園

0歲 1~3歲 4~5歲 6歲以上

0986-58-6139

免費

各設施的費用需洽詢。

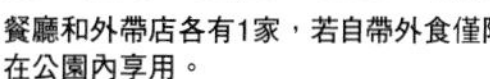

餐廳和外帶店各有1家，若自帶外食僅限在公園內享用。

有卡丁車、迷你高爾夫、摩天輪等遊樂設施，以及交流廣場、露營車區、溫泉、夏天才開放的活水游泳池等。天氣晴朗時，可從摩天輪上眺望霧島山的風光。卡丁車可選擇1人座或2人座。

園內的溫泉設施「観音さくらの里」

幼兒資訊

可攜帶嬰兒車進入。溫泉設施有兒童廁所，廁所內有換尿布空間，若有需求可提供空房作為哺乳室。

一起來check!

交流廣場

有收費的滑車溜滑梯、滑草板、滑草等遊樂設施。還可搭乘吊椅纜車（1次210日圓）直達展望台，全程約6分鐘。

DATA 自由入園(收費設施10:00~17:00，溫泉設施7:00~21:00) 休無休(收費設施僅週六日、假日營業，溫泉設施週三公休) 所都城市高城町石山4195 JR日豐本線都城站步行6分，搭巴士40分，步行3分 宮崎自動車道都城IC約5km P850輛(免費)

延岡市 海邊的戶外活動景點

○すみえかぞくりょこうむら 書末地圖7C

須美江家族旅行村

0歲 1~3歲 4~5歲 6歲以上

0982-43-0201

免費

家族水族館門票成人300日圓、中小學生200日圓。小木屋1棟8640日圓，帳篷營位1400日圓，露營車區1個營位3240日圓。趣味高爾夫成人500日圓、國中生以下350日圓，淋浴冷水100日圓、溫水200日圓，網球場1面430日圓(1小時)

場內並無餐飲設施，建議自帶外食。垃圾請帶走。

座落於風光明媚的日豐海岸國定公園中景觀最漂亮的場所。園內有小木屋、露營場、多功能廣場、網球場等，還附設「海灘之森須美江」和「須美江家族水族館」。須美江家族水族館內有近150 種、800條魚可供觀賞。

波浪平靜的須美江海水浴場

幼兒資訊

免費租借嬰兒車。海灘之森和海水浴場的管理棟皆設有換尿布空間，海灘之森的管理棟另有哺乳室。

一起來check!

海灘之森須美江

有設置大型溜滑梯的休憩廣場、卡丁車、滑草、昆蟲貝殼館等設施的森林遊樂區。

DATA 9:00~17:00 休週三(逢假日則翌日休，露營場無休) 所延岡市須美江町1450-2 JR日豐本線延岡站搭巴士25分，步行3分 東九州自動車道須美江IC約2km P400輛(免費)

高原町 暢玩戶外活動的自然公園

○おうじばるこうえん 書末地圖8B

皇子原公園

0歲 1~3歲 4~5歲 6歲以上

0984-42-3393

免費

度假小屋1棟8600日圓~。溪釣1600日圓，卡丁車1人座300日圓、2人座500日圓，網球場1小時650日圓

園內有1間餐廳，也很推薦自帶外食。

以神武天皇誕生地聞名的自然公園。園內有古墳群、能倘佯森林浴的觀光步道，還可到溪邊釣虹鱒。也是廣受歡迎的賞花名勝，春天櫻花綻放，秋天則有彼岸花盛開。備有卡丁車、蒸汽小火車等遊樂器材以及網球場、度假小屋等設施。

利用天然溪谷規劃成的釣場

幼兒資訊

可攜帶嬰兒車進入。

一起來check!

烤肉區

烤肉區提供租借烤肉架的服務，1桌(10人用)1500日圓。食材可自備。

DATA 8:30~17:00 休無休(11~3月週四公休) 所西諸県郡高原町蒲牟田3-251 JR吉都線高原站搭計程車15分 宮崎自動車道高原IC約8km P250輛(免費)

美鄉町 坐擁大自然景觀美麗的公園

○いしとうげレイクランド 書末地圖7E

石峠Lakeland

0歲 1~3歲 4~5歲 6歲以上

☎0982-68-2222

¥免費

各設施的使用費需洽詢

園內有餐廳，餐廳禁帶外食。
投幣式置物櫃(100日圓)為退幣式。

以湖泊為中心所規劃的休閒景點，提供寬板滑水、遊艇等遊樂設施。園內有草坪廣場、花園、吊橋、適合兒童的遊樂器材，以及溫泉館、12棟度假小屋、餐廳「湖畔」、大小游泳池、伴手禮店、麵包店等，玩上一整天也沒問題。

讓小朋友流連忘返的遊樂器材

幼兒資訊

可攜帶嬰兒車進入。Center House設有換尿布空間，哺乳室在溫泉館內。

一起來check!

兒童遊樂器材

有飛龍雲霄飛車、搖晃吊橋等能滿足小小孩冒險心的遊樂器材，免費自由暢玩。

DATA 10:00～20:40（餐廳11:00～20:00） 休週三（逢假日則翌日休） 所東臼杵郡美鄉町西鄉田代5812-1 JR日豐本線日向市站搭巴士40分，步行5分 東九州自動車道日向IC約24km P150輛（免費）

延岡市 可暢玩一整天的休閒公園

○エトランド はやひのみね 書末地圖7D

ETO Land 速日之峰

0歲 1~3歲 4~5歲 6歲以上

☎0982-47-2700

¥免費

卡丁車1人座300日圓、2人座510日圓。趣味高爾夫成人510日圓、兒童300日圓。出租別墅1晚平房15400日圓，雙層樓房18510日圓(皆為6人入住的價格)

有1間綜合式餐廳，也很推薦自帶外食。

位於海拔868m的速日峰山頂附近，園內有卡丁車賽場、趣味高爾夫球場、包棟別墅等設施。別墅的入住定額為6人，追加1人500日圓，平房和雙層樓房最多可追加至8位。多功能廣場上置有適合小小孩玩耍的器材，另外還有免費的運動設施。

小木屋風的兩層樓出租別墅

幼兒資訊

免費租借嬰兒車，活動中心1樓的廁所前設有換尿布空間。

一起來check!

運動設施

備有10種連小朋友也可以玩的運動設施。6月繡球花開，11月有紅葉和雲海等美麗景觀，魅力無窮。

DATA 9:00～17:00 休週二（逢假日則翌平日休） 所延岡市北方町早中巳1183 JR日豐本線延岡站搭計程車40分 九州中央自動車道北方IC約13km P100輛（免費）

高鍋町 以自然和農業為主題的公園

○みやざきけんのうぎょうかがくこうえん ルピナスパーク 書末地圖7G

宮崎縣農業科學公園 魯冰花公園

0歲 1~3歲 4~5歲 6歲以上

☎0983-22-4000

¥免費

園內沒有餐飲設施，建議自帶外食。

佔地廣大的公園以農業和自然為主題，一年四季百花綻放，又暱稱為「魯冰花公園」。園內有科學館、花卉溫室、設有滾輪溜滑梯的大型遊樂器材等，還推出預約制、自付實際費用的蔬菜煎餅和豆腐等食品加工體驗。5人以上需事先預約，詳情請洽詢。

又暱稱為魯冰花公園

幼兒資訊

可攜帶嬰兒車進入。

一起來check!

葡萄採收體驗

每年7月下旬～9月上旬的週六日、假日都有採收葡萄的體驗活動（1kg 500～1200日圓）。

DATA 9:30～17:00（各設施16:30） 休週一（逢假日則翌日休）、過年期間 所兒湯郡高鍋町持田5732 JR日豐本線高鍋站搭計程車10分 東九州自動車道高鍋IC車4km P800輛（免費）

宮崎市 一窺不可思議又有趣的科學

○みやざきかがくぎじゅつかん 書末地圖19F

宮崎科學技術館

0歲 1~3歲 4~5歲 6歲以上

☎0985-23-2700

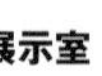

¥展示室 高中生以上540日圓 4歲～國中生210日圓

展示室+天象儀高中生以上750日圓，4歲～國中生310日圓

自帶外食僅可在餐飲區享用，投幣式置物櫃(100日圓)為退幣式。

以「玩樂科學」為宗旨的科學技術館。展示阿波羅11號月球登陸船同尺寸模型、雙子星號太空艙、國際太空站以及大氣壓實驗裝置、真空落下實驗裝置等，能體驗奇妙又生動有趣的科學世界。天象儀為全天幕影像投射系統。

金屬銀的外觀很引人矚目

幼兒資訊

免費租借嬰兒車，設有2處換尿布空間和3間哺乳室。

一起來check!

天象儀

直徑27m的圓頂，平日1天會放映3場(11:00·13:30·15:00)、週日和假日1天有4場(11:00·13:10·14:20·15:30)。觀賞天象儀需購買含參觀展示室的套票。

DATA 9:00～16:00 休週一（逢假日則開館）、假日翌日（逢週六日、假日則開館）、12月29日～1月3日 所宮崎市宮崎駅東1-2-2 JR日豐本線宮崎站步行2分 宮崎自動車道宮崎IC約6.3km P40輛（免費）

圖示凡例

所需大約時間

雨天OK

有餐廳

可帶外食入內

投幣式置物櫃

嬰兒車（租借／自行攜帶）
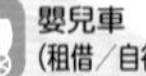

兒童廁所

換尿布空間
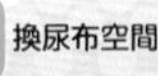

哺乳室

綾町 森林和溪谷就在腳下，刺激度破表

○あやのてるはおおつりはし 書末地圖19E

綾之照葉大吊橋

0歲 1~3歲 4~5歲 6歲以上

0985-77-2055

¥ 300日圓

與照葉樹林文化館的套票

有1間提供輕食的咖啡廳，建議自帶外食。

在照葉樹林映襯下的美麗造型吊橋

綾町首屈一指的觀光名勝。高度名列世界前茅的行人專用吊橋，長250m、寬1.2m，距水面142m，屬世界數一數二高。步道的其中一部分為網眼構造，可俯瞰正下方的綾川溪谷。側面也是格子網狀，橋身搖晃時走起來可是驚險又刺激。

幼兒資訊

可攜嬰兒車進入。

一起來check!

照葉樹林文化館

吊橋旁有棟兩層樓的資料館，介紹照葉樹林的自然生態系，以及與人類間的關係。

DATA 8:30～18:00(10～3月至17:00) 休無休 所東諸県郡綾町南俣5691-1 JR日豐本線宮崎站搭巴士53分，搭計程車15分 宮崎自動車道高原IC約45km P135輛(免費)

西都市 體驗古代人的生活和娛樂

○けんりつさいとばるこうこはくぶつかんこだいせいかつたいけんかん 書末地圖7G

縣立西都原考古博物館 古代生活體驗館

0歲 1~3歲 4~5歲 6歲以上

0983-41-0041 (縣立西都原考古博物館)

¥ 免費

製作陶器340日圓、石器120日圓、勾玉70～180日圓、竹笛180日圓、織布(苧麻織)180日圓

3樓的大廳與戶外皆可享用外食，投幣式置物櫃(100日圓)為退幣式。

小組挑戰生火體驗

縣立西都原考古博物館的附屬設施，能體驗學習古代人的生活方式。館內有開設製作陶器、石器、勾玉、織布（苧麻織）等16項講座，各講座的製作時間從30分鐘到2小時不等，可在專業人員的指導下體驗DIY的樂趣。

幼兒資訊

免費租借嬰兒車。1樓和2樓各有1處換尿布空間，哺乳室在1樓。

一起來check!

體驗講座

推薦參加勾玉(中)講座，大人1小時內可完成，小學生則約需一個半小時。報名生火體驗需3人一組。

DATA 10:00～18:00(體驗講座報名～16:30) 休週一(逢假日則翌日休，餐飲設施週四也公休) 所西都市三宅西都原西5670 JR日豐本線南宮崎站步行3分，轉搭巴士1小時，再搭計程車10分(一天有2班來回直達車) 東九州自動車道西都IC約9km P100輛(免費)

蝦野市 以工廠參觀和廣袤花田為亮點

○グリーンパークえびの 書末地圖6G

蝦野綠色公園

0歲 1~3歲 4~5歲 6歲以上

0984-25-4211

¥ 免費

下雨時到可樂館參觀工廠或是購買商品、參觀展示藝廊。外食只能在戶外區域享用。

巨大的可口可樂瓶罐相當顯眼

參觀可口可樂西社的公園工廠，還能享受試喝的樂趣。館內展示著呈現可口可樂歷史的700件國內外珍貴資料，戶外則有花卉庭園、草坪廣場和可散步其間的觀光步道。參觀工廠不需預約，下午4時前至可樂館報名即可。需時約30分鐘，參觀後可獲得可口可樂等小禮物。

幼兒資訊

免費租借嬰兒車。可樂館內有兒童廁所及換尿布空間、哺乳室。戶外的廁所也設有換尿布空間。

一起來check!

花卉庭園

佔地1萬坪的花卉庭園內，油菜花、波斯菊等季節花卉盛開。附設能買到官方商品的商店。

DATA 9:30～17:00(工廠參觀報名～16:00) 休週一(逢假日則翌日休)，有臨時休館 所えびの市東川北有留1321-1 JR吉都線蝦野站搭計程車5分 九州自動車道蝦野IC約1km P176輛(免費)

日南市 在日南海中公園悠閒漫步

○マリンビューワーなんごう 書末地圖9D

Marine Viewer Nango

0歲 1~3歲 4~5歲 6歲以上

0987-64-4288

¥ 成人(高中生～) 2200日圓 兒童(3歲～) 1100日圓

沒有餐飲設施，因此建議自帶外食。

以鯨魚彩繪為設計的水中觀光船

搭乘水中觀光船飽覽日南海中公園的風光，橘色船身與蔚藍大海相互映襯。從半潛水式的船底能觀賞海中的七彩熱帶魚群，還能近距離欣賞桌形軸孔珊瑚的樣貌。一天有6個航班，船上還有餵食老鷹等活動，相當受到歡迎。天候不佳時航班會有變動，行前需再洽詢。

幼兒資訊

可攜嬰兒車進入。乘船人數過多時會禁止帶上船，需洽詢。

一起來check!

出航時間

9:00·10:00·11:00·13:00·14:00·15:00(較長的連假會加開航班)，搭配周遊群島約需45分鐘。

DATA 9:00～16:30 休不定休 所日南市南郷町潟上134-54 JR日南線南鄉站搭巴士8分，步行即到 宮崎自動車道宮崎IC約55km P30輛(免費)

鹿兒島市

有許多海中生物的表演節目

○いおワールド かごしますいぞくかん

書末地圖 25A

IO WORLD 鹿兒島水族館

0歲 1~3歲 4~5歲 6歲以上

☎099-226-2233

成人	中小學生	兒童(4歲~)
1500日圓	750日圓	350日圓

全年護照成人3000日圓、中小學生1500日圓、兒童700日圓（家庭成員一同購票，成人2700日圓、中小學生1350日圓、兒童630日圓）。與鹿兒島市平川動物公園的套票，成人1600日圓、中小學生770日圓

有1間綜合餐廳。屬於全天候型設施，不論晴、雨天都能玩得盡興。投幣式置物櫃（100日圓）為退幣式。

館內展示南北長達600km的鹿兒島海域中近500種的海中生物。世界最大的魚類鯨鯊與大型魟魚悠游的黑潮大水槽，相當有看頭。能近距離眺望櫻島，棲息於錦江灣和南西諸島的各種生物就在眼前以自然的狀態展示著。另設有體驗型的「發現廣場」等展示區。

DATA 🕒9:30～17:00（18:00打烊）
休12月第1週一起4天
所鹿兒島市本港新町3-1
🚃JR鹿兒島本線鹿兒島中央站搭巴士15分，步行即到 🚗九州自動車道薩摩吉田IC約9.8km P請利用周邊的縣營停車場（1小時200日圓，第1個小時免費）

幼兒資訊

免費租借嬰兒車。有5處兒童廁所（小便斗）、5處換尿布空間，1樓有2間哺乳室。

一起來check!

Amusement Shop

販售原創商品以及種類豐富的各式周邊。只有鹿兒島水族館才買得到的粉紅色鯨鯊布偶，M尺寸2480日圓、L尺寸3240日圓

後台導覽

週六日、假日的下午3時起實施。聽著水質淨化機制等的解說，一邊一路參觀平常看不到的水族館「後台」。

水族館的人氣明星海豚母子

悠然漫游的鯨鯊「YUYU」

重點看過來！

其1 黑潮大水槽

水量1500噸的巨大水槽，能見到世界最大的魚類鯨鯊、鮪魚、大型魟魚等自在悠游的模樣。

其2 海豚的時間

觀眾參加型的節目活動，介紹海豚跳躍、游泳的能力。舉辦地點在館內的海豚池，約需20分鐘。表演時間為11:00・13:30・16:00（週日、假日、暑假期間10:30・12:00・14:00・16:00）開始。

其3 嚮導遊覽

由海洋小姐擔任嚮導解說展示。時間為上午10時（週日、假日上午11時）和下午3時開始，週六日、假日下午3時起的場次則是後台導覽。定額15名，當天至綜合服務處報名。

其4 海豚水道展示

連結水族館前鹿兒島灣的戶外水道。上午10時30分至下午4時期間，水族館的海豚會游出來玩耍。一天舉辦3場的「藍天海豚秀」，能近距離觀賞海豚的表演。

其5 海豹時間

一天有2場介紹斑海豹進食樣貌的活動。除了有工作人員的解說，也安排了提問時間。

圖示凡例

所需大約時間

雨天OK

有餐廳

可帶外食入內

投幣式置物櫃

嬰兒車（租借／自行攜帶）

兒童廁所

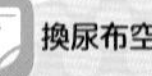
換尿布空間
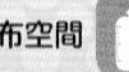

哺乳室

鹿兒島市

無尾熊和白老虎最受歡迎

○かごしましひらかわどうぶつこうえん

書末地圖 20G

鹿兒島市平川動物公園

0歲 1~3歲 4~5歲 6歲以上

園內飼養了雌雄共3隻的小貓熊

099-261-2326

成人 500日圓　中小學生 100日圓

各項遊樂設施的費用另計。全年護照成人1000日圓、中小學生200日圓。與IO WORLD 鹿兒島水族館的套票，成人1600日圓、中小學生770日圓。

綜合餐廳、輕食店等共有5處。園區以戶外空間為主，不適合雨天造訪。投幣式置物櫃有200日圓和300日圓。

置身於豐沛大自然中的動物公園。飼養約140種、1000隻動物，其中又以無尾熊和白老虎最受歡迎。此外也有能認識動物生態和身體結構的「動物學習館」，展示猛禽類和夜行性動物的「奇妙動物區」，長頸鹿和斑馬所在的「非洲園」等展區。

DATA 9:00～17:00
休12月29日～1月1日
所鹿兒島市平川町5669-1
JR鹿兒島本線鹿兒島站搭巴士55分，步行即到　指宿SKYLINE谷山IC約8.4km　P630輛(1次200日圓)

幼兒資訊

提供租借嬰兒車服務，無遮陽式200日圓、遮陽式300日圓。園內廁所皆設有換尿布空間，哺乳室有6間。

一起來check!

商店

能買到獨家造型玩偶「Whitey」的手機吊飾以及各種原創周邊商品。

遊樂園

遊樂園內附設的遊樂器材，只需1張搭乘券（100日圓）就能暢玩。物超所值的回數券11張1000日圓。

近距離一窺真實動物的生活模樣！

重點看過來！

其1 非洲草原區

以非洲大草原為概念，將長頸鹿、鴕鳥、斑馬等動物混合飼養在同一區。是個在逛完園內一圈後，可以坐下來泡個足湯，悠閒觀賞動物的好去處。

其2 無尾熊館

全九州只有這裡飼養無尾熊，目前館內共有6隻無尾熊。

其3 白老虎

飼養了4頭遠從中國而來的白老虎，分別是媽媽Kohaku和小孩Riku、Kai、Mei。

其4 動物學習館

2016年開幕。展示超過1000本以上有關生物與環境的書籍，供遊客自由翻閱。觀察動物後若有疑問，不妨來這尋找資料。

其5 交流廣場

2016年時才重新整修。觸摸區內有天竺鼠、兔子，互動區可接觸山羊、綿羊，可實際感受動物的心臟跳動與毛色的差異。

志布志市 位於Daguri岬公園的一隅

○ダグリみさきゆうえんち 書末地圖 9E

Daguri岬遊樂園

0歲 1~3歲 4~5歲 6歲以上

099-473-1061

3歲以上 300日圓

活水泳池3歲以上300日圓（入園費另計）。8項遊樂設施的使用費皆為210日圓，若購買10張一組的回數券（1000日圓）只需支付2張（200日圓）

休息區和外帶區各1處，若自帶外食請將垃圾帶走。

遊樂園座落在突出於志布志灣的Daguri岬。園內有指標性的摩天輪、卡丁車、觀景單軌列車等種類多元的遊樂設施。能同時享受海景與闔家同歡的氣氛，人氣相當夯。夏天會另外開放引用海水的活水泳池，泳池的公休日需洽詢。

地處Daguri岬公園內

幼兒資訊

可攜嬰兒車進入，但園內的地面有高低差又有階梯。卡丁車旁的男女廁所內都設有換尿布空間。

一起來check!

Daguri岬公園

海岬一帶規劃成的公園，除了遊樂園外還有「國民宿舍」以及7月上旬～8月開放的海水浴場。

DATA 10:00～17:00 休週二（逢假日則翌日休，春、夏、寒假期間無休） 所志布志市志布志町夏井211-2 JR日南線大隅夏井站步行5分 東九州自動車道曾於彌五郎IC約27km P300輛（免費，暑假期間的週六日、盂蘭盆節1天300日圓）

鹿兒島市 四季百花綻放的風景名勝

○けんりつよしのこうえん 書末地圖 20E

縣立吉野公園

0歲 1~3歲 4~5歲 6歲以上

099-243-0155（吉野公園管理事務所）

¥ 免費

園內沒有餐飲設施，建議自帶外食。

位於海拔234m的高地上，30萬m²的腹地栽種了水仙、梅花、櫻花、杜鵑花、溪蓀等近140種7萬株以上的花卉。另外還有花鐘、噴泉、大草坪廣場、幼兒池、兒童廣場、和之庭、櫻花林園、島之華園等景點。

櫻花林園的賞櫻光景

幼兒資訊

免費租借嬰兒車，園內6處多功能廁所內都設有換尿布空間。

一起來check!

夜櫻開園

園內的櫻花種類共有12種。春天時推出賞夜櫻的活動，屆時公園會延長開放至晚上9時。活動日期需洽詢。

DATA 6:00～20:00（10月～至18:00，11～3月為7:00～17:00，活動期間可能變動） 休12月29～31日 所鹿兒島市吉野町7955 JR鹿兒島本線鹿兒島中央站搭巴士30分，步行即到 九州自動車道薩摩吉田IC約7km P420輛（免費）

鹿兒島市 有許多能活動身體的遊樂設施

○かごしまふれあいスポーツランド 書末地圖 20F

鹿兒島運動園區

0歲 1~3歲 4~5歲 6歲以上

099-275-7107

¥ 免費

室內游泳池成人300日圓、高中生200日圓、中小學生100日圓。健身房成人200日圓、高中生100日圓（高中生以下不可使用）。EX Studio成人200日圓，高中生以下100日圓

若自帶外食請將垃圾帶走。投幣式置物櫃（100日圓）為退幣式。

園區內有室內游泳池、室內運動場、運動廣場、草坪廣場、交流廣場、親水廣場、遊具廣場等，能充分活動筋骨玩得盡興。除泳池以外，初次使用健身房、室內運動場、草坪廣場、運動廣場等收費設施都需預約。遊具廣場上有彩色溜滑梯及各式各樣的遊樂器材，皆可免費使用。

小朋友最愛的遊具廣場

幼兒資訊

免費租借嬰兒車，管理棟的哺乳室與女廁內都設有換尿布空間。

一起來check!

室內游泳池

備有25m游泳池、兒童幼兒池、滑水道泳池、溫泉療養區。滑水道泳池需身高120cm以上才可進入。

DATA 7:45～21:00（收費設施8:30～，室內游泳池至20:00） 休室內游泳池、健身房週三休（逢假日則翌日休）、12月30日～1月2日 所鹿兒島市中山町591-1 JR鹿兒島本線鹿兒島中央站搭計程車25分 指宿SKYLINE中山IC即到 P900輛（免費）

霧島市 樂趣無窮的綠意公園

○きりしましんわのさとこうえん 書末地圖 8B

霧島神話之里公園

0歲 1~3歲 4~5歲 6歲以上

0995-57-1711

¥ 免費

遊園車1人單程200日圓、觀光吊椅1人1次500日圓

餐廳以外的空間皆可攜帶外食，Club House內設有免費的鑰匙式置物櫃。

能從海拔670m處眺望，視野開闊，不只霧島、連遠方的櫻島都能盡收眼底。有草皮溜滑梯、滑車溜滑梯等收費遊樂設施和觀景餐廳、商店等，熱門的「公路休息站 霧島」也緊鄰在旁。園內面積廣大，建議搭乘遊園車移動。

絕不可錯過展望廣場的眺望美景

幼兒資訊

可攜嬰兒車進入，公路休息站商店內的廁所、展望停車場的廁所都設有換尿布空間。

一起來check!

觀光吊椅

可搭觀光吊椅直達山頂的展望廣場，從空中眺望的景致美不勝收。購票請至Club House。

DATA 9:00～17:00（4～10月至17:15） 休無休（餐廳12月30～31日休） 所霧島市霧島田口2583-22 JR日豐本線霧島神宮站搭巴士20分，步行即到 九州自動車道溝邊鹿兒島機場IC約25.5km P250輛（免費）

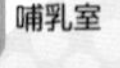

圖示凡例 所需大約時間 雨天OK 有餐廳 可帶外食入內 投幣式置物櫃 嬰兒車（租借/自行攜帶） 兒童廁所 換尿布空間 哺乳室

霧島市　暢快無比的滑草體驗

○きりしまこうげんまほろばのさと　書末地圖 8B

霧島高原MAHOROBA之鄉

0歲　1~3歲　4~5歲　6歲以上

0995-78-2240

¥ 免費

滑雪式滑草、履帶鞋式滑草、滑板式滑草皆為1小時1620日圓~，迷你高爾夫1080日圓、遊園車300日圓、小型賽車5分鐘1080日圓、趣味腳踏車30分鐘330日圓、電動車100日圓~，卡丁車1人座330日圓、2人座540日圓。陶藝教室648日圓~，玻璃工藝體驗1080日圓~(需確認)

除餐廳外皆可攜帶外食，設有投幣式置物櫃(100日圓)。

有人工滑雪場、迷你高爾夫以及陶藝教室、燒酎酒壺工廠、玻璃工藝等文化設施，還有4間菜色豐富的餐廳與2家外帶店。栽種近25萬株芝櫻的「芝櫻之丘」為全九州規模最大，3月下旬到4月下旬是最佳觀賞季節。

有兩條路線可以選擇

幼兒資訊

免費租借嬰兒車。休憩區1樓的女廁有換尿布空間，另設有哺乳室。

一起來check!

有趣好玩的遊樂設施

在天然草坪上遊玩的滑草活動相當受到歡迎，小小孩的話則建議到小朋友專用滑道或搭遊園車遊玩。

DATA 9:00～18:00　休 無休　所 霧島市牧園町高千穗3240　JR肥薩線霧島溫泉站搭巴士20分，步行5分　九州自動車道橫川IC約15km　P 500輛(免費)

霧島市　擁有迷人風景的休憩空間

○しろやまこうえん　書末地圖 8C

城山公園

0歲　1~3歲　4~5歲　6歲以上

0995-46-1561

¥ 免費

卡丁車1人220日圓(滿7歲且身高120cm以上)、摩天輪1人220日圓、電瓶車100日圓。迷你高爾夫(9洞)成人220日圓、國中生以下110日圓。展望室成人100日圓，小學生50日圓

園內設有輕食咖啡廳，只在週六日、假日的10:00～14:00營業。

位於海拔192m的高地上，放眼望去是綿延的國分平原，北方是霧島山，南邊則有櫻島和錦江灣。有卡丁車、摩天輪、迷你高爾夫球場、滾輪溜滑梯等設施，是深受霧島市民喜愛的休憩場所。從公園南側欣賞到的夜景，已入選為新日本三大夜景100選之列。

春天有盛開的櫻花和杜鵑花

幼兒資訊

可攜嬰兒車進入。園內的廁所設有換尿布空間，哺乳室在管理事務所的1樓。

一起來check!

展望室(研修中心)

展望室設在附電梯的展望台內，高35m。入館需付費，室內有提供望遠鏡(1次10日圓)。

DATA 9:30～18:00(10～3月至17:00)　休 週一(逢假日則翌日休，暑假無休)　所 霧島市国分上小川3819　JR日豐本線國分站搭計程車7分　東九州自動車道國分IC約5.5km　P 267輛(免費)

始良市　在大自然中露營也很熱門

○かごしまけんけんみんのもり　書末地圖 20B

鹿兒島縣縣民之森

0歲　1~3歲　4~5歲　6歲以上

0995-68-0557

¥ 免費

羽球高爾夫成人1030日圓、高中生以下520日圓。網球場1小時成人420日圓、高中生以下210日圓。汽車露營場1個營位2580日圓、5人住閣樓小屋1棟5150日圓、5人住度假小屋1棟9800日圓

園內沒有餐飲設施，建議自帶外食。

面積廣達1000萬㎡的縣民之森，由牟田山、長尾平、丹生附等3個地區構成，各自設有汽車露營場、戶外音樂舞台等各式各樣的設施。區域內整備了森林浴路線、登山路線等自然散步路線，可以盡情享受豐富的大自然。

會不時推出竹子玩具DIY等活動

幼兒資訊

可攜帶嬰兒車進入。

一起來check!

活動情報

森林感謝祭、抓獨角仙、撿栗子、園藝講座等，幾乎每個月都會舉辦活動。詳情需洽詢。

DATA 8:30～17:00　休 週三(7～9月無休)　所 始良市北山3464-119　JR日豐本線帖佐站搭計程車30分　九州自動車道溝邊鹿兒島機場IC12km　P 400輛(免費)

指宿市　集結世界花卉的植物公園

○フラワーパークかごしま　書末地圖 8G

鹿兒島花卉公園

0歲　1~3歲　4~5歲　6歲以上

0993-35-3333

¥ 成人 620日圓　中小學生 300日圓

戶外空間為主，雨天時免費租借傘具。投幣式置物櫃(100日圓)為退幣式。

利用溫暖的氣候與地形，打造出世界各國植物齊聚一堂的植物公園。36萬5000㎡的遼闊腹地內，有以開聞岳為背景的花廣場、一望鹿兒島灣的展望迴廊、通風開放式的室內花園等，溫室內還能欣賞到原產於東南亞、中南美洲的熱帶植物。

通風開放式的室內庭園

幼兒資訊

免費租借嬰兒車。備有1處兒童廁所、3處換尿布空間，入口大廳和圖書館內設有哺乳室。

一起來check!

公園的參觀方式

園內是和緩的坡道，帶著小小孩要走完全程較為不易。步道的園內地圖上有介紹較輕鬆好走的路線。

DATA 9:00～16:30　休 12月30～31日　所 指宿市山川岡児ヶ水1611　JR指宿枕崎線山川站搭巴士20分，步行即到　指宿SKYLINE谷山IC約51km　P 525輛(免費)

指宿市 綿延於開聞岳的山麓

○かいもんさんろくふれあいこうえん 書末地圖8G

開聞山麓交流公園

0歲 1~3歲 4~5歲 6歲以上

✆0993-32-5566

¥ 免費

9洞迷你高爾夫1場770日圓、2場1230日圓，卡丁車1圈410日圓。露營場、小木屋、汽車露營區的費用需洽詢

有1家手打蕎麥麵店，若自帶外食請將垃圾帶走。投幣式置物櫃100日圓。

位於開聞岳山麓的休閒景點，擁有豐沛的大自然。有迷你高爾夫球場、全年開放的露營場、小木屋、汽車露營區、卡丁車等設施，以及採預約制、提供手打蕎麥麵體驗的「皆楽来」。「愉徒里館」內還有卡拉OK、桌球、羽球場地。

汽車露營區又分為固定式營位區和開放式營位區

幼兒資訊

免費租借嬰兒車。管理棟設有哺乳室和換尿布空間，露營場的淋浴間內也有換尿布空間。

一起來check!

手打蕎麥麵體驗

「皆楽来」的手打蕎麥麵體驗費1人440日圓、蕎麥麵DIY套組（材料4人份）1640日圓，需預約。

DATA 9:00～17:00、蕎麥麵館「皆楽来」11:00～14:30（暑假期間11:00～15:30） 休 週二（逢假日則翌日休） 所 指宿市開聞十町2626 JR指宿枕崎線開聞站搭計程車5分 指宿SKYLINE谷山IC約46km P 120輛（免費）

指宿市 薩摩半島最南端的公園

○ながさきばなパーキングガーデン 書末地圖8G

長崎鼻公園

0歲 1~3歲 4~5歲 6歲以上

✆0993-35-0111

¥ 成人（高中生~）1200日圓 兒童（4歲~）600日圓

有1間輕食店，下雨時則可到「WAKUWAKU動物館」觀察生物。

座落於薩摩半島最南端的長崎鼻。朱槿、九重葛等亞熱帶植物生長茂密的園內，放養近56種、507隻動物。每天都有動物表演可以欣賞，如老鼠吱吱學校、金剛鸚鵡秀、紅鶴之舞等動物拿手絕活的華麗演出。

栽種著亞熱帶植物的園內

幼兒資訊

嬰兒車租借1天300日圓。餐廳旁設有哺乳室，也有換尿布空間。

一起來check!

叢林世界

重現叢林的生態環境，在茂密的熱帶、亞熱帶植物間，還有日本第一座穿梭在樹冠層的空中步道。

DATA 8:00～17:00 休 無休 所 指宿市山川岡児ケ水1571-1 JR指宿枕崎線山川站搭巴士17分，步行即到 指宿SKYLINE谷山IC約52km P 250輛（免費）

指宿市 以亞熱帶植物和吐噶喇馬最吸睛

○かいもんさんろくしぜんこうえん 書末地圖8G

開聞山麓自然公園

0歲 1~3歲 4~5歲 6歲以上

✆0993-32-2051

¥ 成人（高中生~）360日圓 中小學生210日圓

「小馬親子牧場」的馬飼料310日圓

有1間餐廳，也很建議自帶外食。

地處開聞岳東麓的自然公園。長滿茂盛亞熱帶植物的園內，放養著被稱為日本馬原種的天然紀念物「吐噶喇馬」。825萬㎡的廣大腹地內坡道眾多，開車的話可直抵開聞岳的3合目。還設有展望所，能將長崎鼻、東海、遠方的佐多岬都盡收眼底。

能近距離觀賞性情溫馴的吐噶喇馬

幼兒資訊

可攜帶嬰兒車進入。

一起來check!

飲食情報

鄰接指宿高爾夫俱樂部，可前往俱樂部內的餐廳用餐。

DATA 8:00～17:00 休 無休 所 指宿市開聞川尻6743 JR指宿枕崎線山川站搭巴士30分，步行5分 指宿SKYLINE谷山IC約54km P 200輛（免費）

南九州市 佔地龐大的休閒景點

○ゆめ・かぜのさとアグリランドえい 書末地圖8F

夢・風の里アグリランドえい

0歲 1~3歲 4~5歲 6歲以上

✆0993-36-3535

¥ 免費

「アグリ温泉えい」入浴費成人330日圓、小學生130日圓、兒童（1歲~）70日圓，高爾夫1人216日圓

有綜合餐廳、燒肉餐廳各1間。

遼闊的腹地內有卡丁車場、燒肉餐廳、特產品店、設有小木屋的露營場、高爾夫球場、小動物區、溫泉設施等。提供48項遊樂器材的童話樂園和地面高爾夫都廣受家庭遊客的喜愛，高球場分9洞、Par28等2種。各設施的營業時間和公休日需洽詢。

卡丁車繞行1圈730m，車道上下起伏相當刺激

幼兒資訊

可攜嬰兒車進入。設備雖稱不上完善，但帶嬰幼兒同行完全沒問題。

一起來check!

アグリ温泉えい

設有眺望視野絕佳的大浴場，每月第2、4週一還有入浴費半價的「溫泉祭」活動。

DATA 9:00～17:00 休 無休 所 南九州市頴娃町牧之内15025-5 JR指宿枕崎線喜入站搭計程車20分 指宿SKYLINE谷山IC約35.1km P 200輛（免費）

圖示凡例

所需大約時間
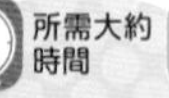
雨天OK

有餐廳

可帶外食入內

投幣式置物櫃

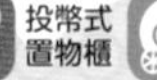
嬰兒車（租借／自行攜帶）
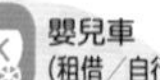

兒童廁所

換尿布空間
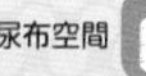

哺乳室

南薩摩市 可享受運動樂趣的開放空間

○けんりつふきあげはまかいひんこうえん 書末地圖 20H

縣立吹上濱海濱公園

0歲 1~3歲 4~5歲 6歲以上

☎0993-52-0910

¥免費

游泳池成人(高中生～)250日圓、中小學生150日圓。輪鞋溜冰1小時成人210日圓、中小學生100日圓(鞋、護具租借皆為1小時100日圓)。租自行車2小時210日圓

園內沒有餐飲設施，建議自帶外食。

輪鞋溜冰場廣受各年齡層的喜愛

利用日本三大砂丘之一「吹上濱」的地形規劃的公園。109萬9000㎡的園內有露營場（→P.105）、兒童廣場、野鳥觀察之家、足球廣場、祭典廣場、音樂池、輪鞋溜冰場等。海邊還有吹上濱砂丘自行車道，並提供自行車租借。另有「加世田海濱溫泉遊樂」設施，露營區住宿客可享成人入浴費折抵100日圓。

幼兒資訊

提供免費租借嬰兒車的服務。有5處換尿布空間，哺乳室設在管理事務所。

一起來check!

兒童廣場和游泳池

兒童廣場置有體能訓練遊樂設施和戲水區，7月第2週日～8月31日會開放游泳池。

DATA 8:30～17:00（7～8月至19:00） 休12月29～31日 所南さつま市加世田高橋1936-2 JR鹿兒島本線鹿兒島中央站搭巴士1.5小時，搭計程車10分 指宿SKYLINE谷山IC約30km P800輛（免費）

薩摩町 美麗的三段式瀑布

○かんのんだきこうえん 書末地圖 20A

觀音瀧公園

0歲 1~3歲 4~5歲 6歲以上

☎0996-58-0889（觀音瀧溫泉 瀧之宿）

¥免費

手打蕎麥麵體驗1人900日圓～（視人數而異，需預約）。「觀音瀧溫泉 瀧之宿」的1日溫泉入浴費成人（高中生～）330日圓，兒童（6歲～）150日圓

餐飲設施內禁帶外食，投幣式置物櫃（100日圓）為退幣式。

在一片綠意中有各式各樣的設施

以位於川內川支流「穴川」的觀音瀑布為中心的大型遊樂區。河流貫穿的腹地內，設有手打蕎麥麵的體驗館、薩摩町玻璃工藝館、只提供泡湯的溫泉設施「觀音瀧溫泉 瀧之宿」以及夏天才開放的露營場。各設施的營業時間請洽詢。

幼兒資訊

可攜嬰兒車進入。設備雖稱不上完善，但帶嬰幼兒同行完全沒問題。

一起來check!

薩摩町玻璃工藝館

可體驗製作玻璃。費用1000日圓～，採預約制，請洽薩摩びーどろ工芸（☎0996-58-0141）。

DATA 自由入園 休無休 所薩摩郡さつま町中津川7601 鹿兒島機場搭巴士30分，步行15分 九州自動車道横川IC約22km P200輛（免費）

錦江町 與綠意相互映襯的知名大瀑布

○かみかわおおたきこうえん 書末地圖 8F

神川大瀧公園

0歲 1~3歲 4~5歲 6歲以上

☎0994-25-2511（錦江町觀光交流課）

¥免費

有1間餐廳，也很推薦自帶外食。

寬35m、高25m的神川大瀑布

以寬35m、高25m的神川大瀑布為中心的自然公園，為欣賞櫻花、杜鵑花、紫藤等各種花卉與紅葉的名勝，眾多野鳥棲息的森林也是賞鳥的好去處。觀光步道往上走至「彩虹吊橋・大瀧橋」即可從高68m處欣賞美麗景色，享受一趟全長130m的空中散步之旅。

幼兒資訊

可攜嬰兒車進入。有2處兒童廁所與2處換尿布空間。

一起來check!

餐廳「大滝の茶屋」

流水麵線相當出名，可邊觀賞瀑布邊用餐。營業時間上午11時～下午3時，洽詢☎0994-22-2120。

DATA 9:00～20:00 休無休（餐廳週一休） 所肝屬郡錦江町神川2382 垂水港搭巴士1小時20分，搭計程車5分 東九州自動車道鹿屋串良Jct約31km P80輛（免費）

鹿屋市 運動和休閒設施十分充實

○おおすみこういきこうえん 書末地圖 8F

大隅廣域公園

0歲 1~3歲 4~5歲 6歲以上

☎0994-58-5197

¥免費

卡丁車1圈1人座210日圓、2人座410日圓。手打蕎麥麵體驗600日圓、木工體驗100日圓、披薩DIY設施費1140日圓（冬天790日圓）+1片300日圓（至少1個月前預約）

園內沒有餐飲設施，隔壁物產館內則有餐廳。若自帶外食請將垃圾帶走。

木製恐龍是小朋友的最愛

座落在吾平山陵旁的縣立公園。面積廣大的園內有美麗季節花卉綻放的花之廣場，以及置有木製恐龍吸引小朋友聚集的冒險谷、繞行1圈772m的卡丁車場等眾多設施。並提供木工、手打蕎麥麵、披薩DIY等體驗活動，皆採預約制。各設施的營業時間請洽詢。

幼兒資訊

免費租借嬰兒車。有4處兒童廁所（小便器）、8處換尿布空間。休憩區和大隅體育館21都設有哺乳室。

一起來check!

室內球場和體育館

室內球場可供網球和五人制足球用，體育館則有羽球、桌球等設備。另外還有預約制的露營場。

DATA 8:30～19:00（10～2月至17:00，3、4、9月至18:00） 休12月29～31日 所鹿屋市吾平町上名黒羽子地内 垂水港搭巴士1小時，轉搭計程車20分 大隅縱貫道笠之原IC約13km P590輛（免費）

鹿屋市 擁有全日本最大的玫瑰園

○かのやしきりしまがおかこうえん 書末地圖 8F

鹿屋市霧島之丘公園

0歲 1~3歲 4~5歲 6歲以上

✆0994-40-2170

¥ 免費

卡丁車1人座220日圓、2人座440日圓，電動車100日圓。玫瑰園成人620日圓（費用視開花狀況會有變動）、中小學生110日圓

餐廳和咖啡廳各有1間。也很推薦自帶外食，但請將垃圾帶走。

地處鹿屋市的西部、海拔160m丘陵地上的休閒公園。園內有佔地8萬㎡的「玫瑰園」，栽種近35000株的玫瑰。卡丁車、大型遊樂設施等都很充實，兒童廣場上還可以搭電動車遊玩。從展望台可一望櫻島和開聞岳的風光。

一年四季都有繽紛綻放的花海

幼兒資訊

免費租借嬰兒車。有8處換尿布空間，哺乳室設在玫瑰園內。

一起來check!

玫瑰花季

4月下旬～6月上旬以及11上旬～12月中旬是玫瑰的花季，另外還有罌粟花、一串紅等季節花卉。

DATA 自由入園（收費設施9:00～16:30、玫瑰園至17:00） 休週一（逢假日則翌日休） 所鹿屋市浜田町1250 JR鹿兒島本線鹿兒島中央站搭巴士2小時，搭計程車15分 大隅縱貫道笠之原IC約12km P1300輛（免費）

鹿屋市 眺望視野絕佳的山丘公園

○きほくうわばこうえん 書末地圖 8D

輝北UWABA公園

0歲 1~3歲 4~5歲 6歲以上

✆099-485-1900

¥ 免費

輝北天球館成人520日圓，中小學生310日圓

園內的咖啡廳僅於夏季營業，建議自帶外食。

公園內設有體能訓練廣場、露營設施、山道遊客中心、交流之森、天文台「輝北天球館」。全年開放的露營場採預約制，除帳篷營位外另有16棟小屋。小屋又分為只附廚房，以及附衛浴兩種類型，詳情請洽詢。

位於視野遼闊的山丘上

幼兒資訊

可攜嬰兒車進入，管理事務所內的無障礙廁所設有換尿布空間。

一起來check!

輝北天球館

公園的象徵地標。備有口徑65cm的卡塞格林式反射望遠鏡，連大白天也能觀測到天空中明亮閃耀的一等星。開放時間10:00～17:30（週五～日、假日～21:30），洽詢電話✆0994-85-1818

DATA 自由入園 休週一、二（逢假日則翌日休） 所鹿屋市輝北町市成1660-3 JR日豐本線國分站搭計程車45分 東九州自動車道國分IC約23km P300輛（免費）

出水市 可享受露營和烤肉的樂趣

○たかのやまこうえん 書末地圖 6G

高野山公園

0歲 1~3歲 4~5歲 6歲以上

✆0996-63-0017（出水市銀髮族人材中心）

¥ 免費

園內沒有餐飲設施，建議自帶外食，但請將垃圾帶走。

規劃有觀光步道的公園內，設有滾輪溜滑梯、烤肉廣場、遊樂器材廣場、露營場。露營場的小屋全年開放使用。共有12座6人用的烤肉台並免費租借鐵網、鐵板，但木炭和食材需自備。

小屋林立的露營場

幼兒資訊

可攜嬰兒車進入，但坡道眾多。停車場旁的廁所設有換尿布空間。

一起來check!

賞花景點

35000㎡的腹地內有近200棵櫻花樹，每逢4月上旬就成了熱門的賞花景點。

DATA 自由入園 休無休 所出水市高尾野町大久保高棚地 肥薩橙鐵道高尾野站步行20分 九州自動車道栗野IC約55km P50輛（免費）

阿久根市 可在戶外暢所欲玩的景點

○ばんしょがおかこうえん 書末地圖 6H

番所丘公園

0歲 1~3歲 4~5歲 6歲以上

✆0996-73-3777

¥ 免費

卡丁車1人座210日圓、2人座310日圓，電動車100日圓。輪鞋溜冰成人510日圓、國高中生310日圓、小學生以下100日圓。高爾夫1場成人100日圓，國高中小學生50日圓

園內沒有餐飲設施，建議自帶外食。

提供卡丁車、電動車、輪鞋溜冰、迷你高爾夫、合格8洞球道的高爾夫球場等遊樂設施的綜合休閒景點。位於園區中央的「徒步池」水深不超過50cm，黃金週和暑假期間會開放給遊客玩水。兒童廣場也很受歡迎。

地形起伏變化豐富的9洞高爾夫球場

幼兒資訊

可攜嬰兒車進入，綜合管理棟與第一停車場的廁所設有換尿布空間。

一起來check!

迷你高爾夫

總共才9洞，連小朋友也有機會可以打博蒂。利用費成人250日圓，國高中小學生160日圓。自備球桿也OK。

DATA 8:30～17:00（4～9月至9:30～18:00） 休週一（逢假日則翌日休），12月28日～1月4日 所阿久根市西目6812-439 肥薩橙鐵道阿久根站搭巴士15分，步行15分 南九州自動車道薩摩川內都IC約33.5km P180輛（免費）

圖示凡例

 所需大約時間  雨天OK  有餐廳 可帶外食入內  投幣式置物櫃 嬰兒車（租借／自行攜帶）  兒童廁所 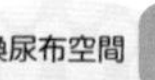 換尿布空間  哺乳室

鹿兒島市 實地操作的體驗型科學館

○かごしましりつかがくかん 書末地圖 25C

鹿兒島市立科學館

0歲 1~3歲 4~5歲 6歲以上

099-250-8511

成人(高中生~) 400日圓 中小學生 150日圓

外食只能在2樓和4樓的飲食區享用，投幣式置物櫃(100日圓)為退幣式。

天象儀・圓頂劇場的參觀費成人500日圓、中小學生200日圓。全年護照的入館券成人800日圓、中小學生300日圓，參觀券成人1000日圓、中小學生400日圓

以「變得更喜歡科學、變得更喜歡鹿兒島」為宗旨，運用陳列、影像、照明裝置等手法呈現展品。每一層樓都有不同的主題，可從體驗中達到快樂學習的目的。4樓還規劃了幼兒、小朋友的遊樂設施和休憩空間，提供家庭的使用需求。

展示在4樓「宇宙科學」的「可以觸摸的太陽」

幼兒資訊

免費租借嬰兒車。有3處換尿布空間，哺乳室設在4樓。

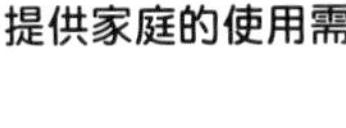

一起來check!

勞作工房

可在工作人員陪同下體驗動手做勞作的樂趣。每天上午10時～12時、下午1時～4時，結束前20分鐘截止受理。

DATA 🕘9:30～17:30 休週二（逢假日則翌日休）、12月29日～1月1日 所鹿兒島市鴨池2-31-18 🚃JR鹿兒島本線鹿兒島中央站搭巴士13分，步行2分 🚗九州自動車道鹿兒島IC約6km P無

湧水町 在大自然中感受藝術

○かごしまけんきりしまアートのもり 書末地圖 8A

鹿兒島縣霧島藝術之森

0歲 1~3歲 4~5歲 6歲以上

0995-74-5945

成人 310日圓 高中・大學生 200日圓 中小學生 150日圓

有1間咖啡廳，下雨則可前往多功能展示區等處參觀。投幣式置物櫃(100日圓)為退幣式。

藝術大廳內有木雕以及FRP、玻璃等多元素材的創作品。於13萬㎡的腹地內置有國內外23位藝術家的作品，呈現出與霧島大自然融為一體的藝術之美。同時設有多功能空間，播放以淺顯易懂方式解說展示作品的相關影片。

崔正化的作品《You Are the Art》

幼兒資訊

免費租借嬰兒車，藝術大廳1樓設有換尿布空間和哺乳室。

一起來check!

發現樂趣工房

每月第3個週六的下午1時30分會舉辦「發現樂趣工房」講座，親身體驗製作現代藝術風格的作品。

DATA 🕘9:00～16:30(17:00閉園)、7月20日～8月31日的週六日、假日～18:30(19:00閉園) 休月曜週一（逢假日則翌日休）、2月第3週一起連休7天、過年期間 所姶良郡湧水町木場6340-220 🚃JR肥薩線栗野站搭巴士20分，步行即到 🚗九州自動車道栗野IC約9.5km P200輛(免費)

薩摩川內市 透過大型望遠鏡觀察宇宙

○せんだいうちゅうかん 書末地圖 20B

川內宇宙館

0歲 1~3歲 4~5歲 6歲以上

0996-31-4477

成人 500日圓 中小學生 300日圓

為全天候型的設施，不論晴雨都能玩得盡興。

全年護照成人1000日圓，中小學生500日圓

由天文台和宇宙相關展室組成的體驗型天文設施。天文台一般以圓頂結構為主，但這裡卻是採用滑動式的可開啟屋頂。經由口徑50cm的大望遠鏡，即可一窺浩瀚的宇宙天體。還會推出各式各樣期間限定的企畫展

以太空船為意象的建築外觀

幼兒資訊

可攜嬰兒車進入，館內的無障礙廁所設有換尿布空間。

一起來check!

體驗型的展示

展示室內設有能體驗銀河星座之旅的模擬機器、問答挑戰區等。

DATA 🕘10:00～20:30(觀測室的開放時間視月份而異) 休週一（逢假日則翌日休） 所薩摩川內市永利町2133-6 🚃JR鹿兒島本線川內站搭計程車20分 🚗南南九州自動車道薩摩川內都IC約13km P200輛(免費)

南種子町 滿載夢想與希望的宇宙中心

○たねがしまうちゅうセンター うちゅうかがくぎじゅつかん 書末地圖 9G

種子島宇宙中心 宇宙科學技術館

0歲 1~3歲 4~5歲 6歲以上

0997-26-9244

免費

自帶外食可至館內商店或草坪廣場享用，有免費的密碼鎖式置物櫃。

宇宙餐1袋367～682日圓，T恤2100日圓～

展示與宇宙開發有關的各種資料。有宇宙站實驗設施「希望」的實物大小模型、能體驗模擬火箭升空震撼威力的劇場等，可邊玩邊學習宇宙的知識。戶外的草坪廣場上還置有實際大小的火箭模型。

可利用立牌拍攝紀念照

幼兒資訊

免費租借嬰兒車，1樓的哺乳室和所有女廁內都設有換尿布空間。

一起來check!

多采多姿的活動

宇宙中心於春天期間皆有對外開放，夏天、冬天還會推出科學秀之類的季節專屬活動。

DATA 🕘9:30～17:00(7、8月至17:30) 休週一（逢假日則翌日休）、12月29日～1月1日(可能因發射火箭等因素臨時休館) 所熊毛郡南種子町茎永 🚃種子島機場搭計程車40分 🚗種子島機場約31km P37輛(免費)

平價景點 0元・

其他體驗

在壯麗景色中享受釣魚樂趣

○かごしましさくらじまうみづりこうえん 書末地圖 20E

鹿兒島市櫻島海釣公園

0歲 1~3歲 4~5歲 6歲以上

✆099-293-3937

成人(高中生~) 100日圓 中小學生 50日圓

園內沒有餐飲設施，建議自帶外食。

釣魚費用4小時以內成人200日圓、中小學生100日圓(4小時以上每小時成人50日圓、中小學生20日圓)

釣場的後方即櫻島，還可邊釣魚邊享受錦江灣和鹿兒島市街的眺望景致。釣魚平台長50m、水深6～9m，水流速度偏快，禁止拋竿釣和撒餌。依水流速度需10～15號的鉛錘，能釣到褐菖鮋、隆頭魚科、斑鮀等魚種。

可同時容納45位釣客的T字型釣魚場

幼兒資訊

可攜帶嬰兒車進入。

一起來check!

必備用具有哪些?

釣具、魚餌之類可在管理棟內的商店購買，兩手空空也無妨。釣竿、救生衣可免費租借。

DATA 6:00～19:00(10月至18:00、11～3月為7:00～17:00) 休無休 所鹿児島市桜島横山町1722-3 櫻島港步行7分 櫻島港約0.5km P公共停車場(100輛，免費)

霧島市 完整體驗繩文時代的世界

○うえのはらじょうもんのもり 書末地圖 8C

上野原繩文之森

0歲 1~3歲 4~5歲 6歲以上

✆0995-48-5701

免費

展示館成人310日圓、高中大學生210日圓、中小學生150日圓。生火體驗免費，手作飾品200日圓、弓箭製作300日圓、橡果藝術品50日圓、陶器製作150～500日圓

下雨天可前往展示館參觀，或到體驗學習館感受繩文時代的生活。投幣式置物櫃(100日圓)為退幣式。

國家指定史蹟「上野原遺跡」為9500年前大規模的聚落遺址，目前修整成以保存、活用為宗旨的體驗型歷史公園，並入選日本歷史公園100選之列。展示館陳列著7500年前上野原遺跡出土的陶、石器等文物，腹地內另有復原的聚落、遺跡保存館、廣場、體能訓練遊樂設施等。

修復完成的豎穴住居

幼兒資訊

免費租借嬰兒車。戶外有7處兒童廁所(小便斗)，除展示館內設有哺乳室和換尿布空間外，戶外另有7處換尿布空間。

一起來check!

體驗學習館

提供生火體驗、陶器和飾品DIY等，一窺繩文時代以及古代人的生活方式。

DATA 9:00～16:30 休週一(逢假日則翌日休，4月29日～5月5日和8月13～15日無休)、12月30日～1月1日(2月中旬有臨時休園) 所霧島市国分上野原縄文の森1-1 JR日豐本線國分搭計程車20分 東九州自動車道國分IC約8km P450輛(免費)

指宿市 饒富趣味的考古博物館

○いぶすきしこうこはくぶつかん じゆうかんココはしむれ 書末地圖 8F

指宿市考古博物館 時遊館COCCO橋牟礼

0歲 1~3歲 4~5歲 6歲以上

✆0993-23-5100

成人 510日圓 高中・大學生 410日圓 中小學生 300日圓

全天候型的設施，不論晴雨都能自在玩樂。投幣式置物櫃為100日圓。

勾玉橡皮擦150日圓、石製勾玉100日圓、苧麻編織體驗100日圓～、鑰匙圈200日圓，採集橄欖石、萬花筒DIY各200日圓，陶器上色體驗500日圓

展示從國家指定史蹟指宿橋牟礼川遺跡出土的陶器，是一間能透過觀賞、觸摸、體驗達到學習目的的體驗型博物館。鄰近的橋牟礼川遺跡已規劃成佔地約2萬㎡的史蹟公園，並修復了4棟平安時代的豎穴式住居。

以苧麻編織製作杯墊

幼兒資訊

免費租借嬰兒車。博物館1樓的女廁設有換尿布空間和哺乳室。

一起來check!

體驗選單

可在專門的工作人員協助下，體驗用橡皮擦或石塊製作勾玉、源自繩文時代的苧麻編織等。

DATA 9:00～16:30 休週一、第4週三(逢假日則翌日休)、過年期間 所指宿市十二町2290 JR指宿枕崎線指宿站步行10分 指宿SKYLINE穎娃IC約26km P56輛(免費)

日置市 在薩摩燒的發祥地體驗製陶樂趣

○みやまとうゆうかん 書末地圖 20E

美山陶遊館

0歲 1~3歲 4~5歲 6歲以上

✆099-274-5778

免費

手拉坯體驗2050日圓、陶器上色體驗1510日圓、捏陶體驗1510日圓(寄送費另計)

晴天雨天都能暢玩的室內設施

美山為薩摩燒的發祥地，在親近大自然的同時還能體驗陶藝創作。體驗採預約制，有上午9～12時和下午1～5時兩個場次。所需時間不一，手拉坯50分、陶器上色1小時、捏陶1.5小時。作品從燒製完成到寄送約需3星期～1個月的時間。

陶藝體驗的模樣

幼兒資訊

可攜帶嬰兒車進入，並提供設施內的房間作為哺乳室使用

一起來check!

購物

館內有展示、販售美山當地窯場的作品。以食器為大宗，另有抹茶碗、花器等豐富多元的品項。

DATA 8:30～17:00 休週一(逢假日則翌日休) 所日置市東市来町美山1051 JR鹿兒島本線東市來站或伊集院站搭計程車7分 南九州自動車道美山IC約1.5km P15輛(免費)

圖示凡例

所需大約時間

雨天OK

有餐廳

可帶外食入內

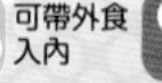
投幣式置物櫃
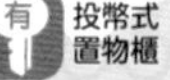
嬰兒車(租借／自行攜帶)

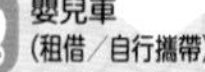
兒童廁所

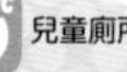
換尿布空間

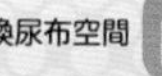
哺乳室

出遊攻略BOX

四季出遊情報滿載！

盛開的花海美景令人陶醉
賞花
P.96

熱鬧！華麗！歡騰！
祭典&活動
P.98

在夜空綻放的光之藝術
煙火大會
P.100

大飽口福當令時鮮美味
採蔬果
P.101

蔚藍大海與潔白沙灘夏天專屬的休閒娛樂！
海水浴場
P.102

暢快玩水讓暑氣全消！
游泳池
P.103

到海邊、山間盡享戶外活動！
露營
P.104

出遊時順路泡個湯！
不住宿溫泉
P.106

開開心心出遊去♪
適合親子住宿的飯店
P.110

精彩實用的情報豐富！

※刊登的日期、資訊為2016年10月採訪之2017年度的舉辦日、資訊(含2016年度實際資訊)。各年度可能有所變更，因此請事先確認。

盛開的花海美景令人陶醉

賞花

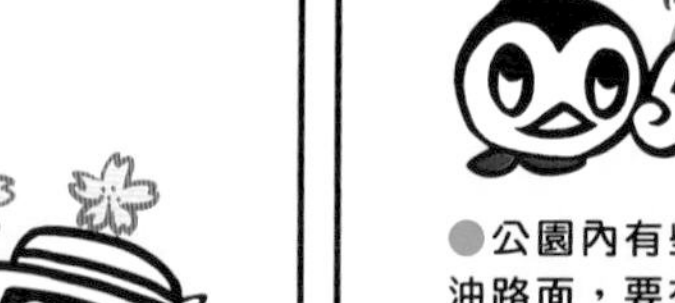

當五彩繽紛的花朵映入眼簾，
連心情也能得到療癒！
一起來走訪各個季節的賞花名勝吧。

●公園內有些地方並無鋪設柏油路面，要有心理準備可能得將嬰兒車摺疊起來提著走。

●請避開擁擠人潮，挑選遊客較稀少的平日或時段。

●櫻花綻放時的天氣還很冷，請做好禦寒措施，陽光強烈的夏天則必需做好防曬措施，根據不同季節攜帶必備物品。

●公園內的廁所空間較為狹窄或是得排隊久候。不妨自備尿布墊，若需要避開他人視線更換尿布時就能派上用場。

福岡 櫻花

●にしこうえん

西公園

有 OK

092-741-2004 書末地圖 21E
（大濠·西公園管理事務所）
所 福岡市中央区西公園 交 地下鐵大濠公園站步行15分 P 79輛（免費，但花季期間有交通管制）
賞花情報 櫻花 約1300株／3月下旬～4月上旬（期間中無休）／入園免費
公園已入選為「日本櫻花名所100選」，境內可觀賞染井吉野櫻和山櫻。

福岡 櫻花、牡丹花、芍藥

●きたきゅうしゅうしりつしらのえしょくぶつこうえん

北九州市立白野江植物公園

有 OK

093-341-8111 書末地圖 11B
所 北九州市門司区白野江2 交 JR鹿兒島本線門司港站搭往白野江方向的西鐵巴士20分，白野江2丁目下車，步行即到 P 84輛（1次300日圓） 賞花情報 櫻花 60種800株／2～6月、9～11月（期間中無休）／高中生以上200日圓、中小學生100日圓 牡丹花、芍藥 約50株／1月上旬～2月下旬（1月週二休，2月無休）／入園高中生以上200日圓、中小學生100日圓 ※其他還有石楠花、杜鵑花、水仙

福岡 虞美人、波斯菊

●ふくちさんろくはなこうえん

福智山麓花公園

有 OK

0949-23-4187 書末地圖 11E
所 直方市永満寺1498 交 九州自動車道八幡IC經直方外環道、國道200號車程8km
P 350輛（免費） 賞花情報 虞美人 3萬株／4月下旬～5月中旬（期間中無休）／大學生以上300日圓、小學生以上100日圓 波斯菊 10萬株／10月上旬～10月下旬（期間中無休）／入園大學生以上300日圓、小學生以上100日圓
※此外還有水仙、百合、石楠花、繡球花

福岡 鬱金香、櫻花

●のうがたリバーサイドパーク

直方河濱公園

有 OK

0949-28-8135 書末地圖 11E
（直方鬱金香節實行委員會事務局）
所 直方市新町地先 遠賀川河川敷
交 JR福北豐線直方站步行20分
P 900輛（需洽詢）
賞花情報 鬱金香 13萬株／4月上旬～4月中旬（期間中無休）／自由參觀
櫻花 70株／3月下旬～4月中旬（期間中無休）／自由參觀

佐賀 櫻花、杜鵑花

●おぎこうえん

小城公園

有 OK

0952-37-6129 書末地圖 13D
（小城市商工觀光課）
所 小城市小城町185 交 JR唐津線小城站步行5分 P 200輛（花季期間需支付停車場協力金500日圓）
賞花情報 櫻花 3000株／3月下旬～4月初旬（期間中無休）／入園免費
杜鵑花 25000株／4月中旬～5月中旬（期間中無休）／入園免費

佐賀 櫻花、杜鵑花、紫藤

●みふねやまらくえん

御船山樂園

有 OK

0954-23-3140 書末地圖 13E
所 武雄市武雄町武雄4100 交 JR佐世保線武雄溫泉站搭計程車5分 P 150輛（免費）
賞花情報 櫻花 3月下旬～4月上旬 杜鵑花 4月中旬～5月上旬 紫藤 4月下旬～5月上旬／入園成人400日圓、小學生200日圓（3月下旬～黃金週的花季期間費用會有變動）
※亦有繡球花、石楠花、木本杜鵑、楓樹、紅葉等

佐賀 櫻花

●せいけいこうえん

西溪公園

有 OK

0952-75-4827 書末地圖 13D
（多久市都市計畫課）
所 多久市多久町1975-1 交 JR唐津線多久站搭計程車10分 P 50輛（免費）
賞花情報 櫻花 400株／3月下旬～4月上旬（期間中無休）／入園免費
與出身多久市的煤礦大亨高取伊好有淵源的公園。以梶峰山為背景的優美風光，是春賞櫻花、秋賞紅葉的名勝。園內還設有鄉土資料館。

長崎 梅花、櫻花

●しまばらじょう

島原城

有 OK

0957-62-4766 書末地圖 17C
所 島原市城内1-1183-1 交 島原鐵道島原站步行5分 P 120輛（1次320日圓）
賞花情報 梅花 300株／2月／自由參觀
櫻花 250株／3月下旬～4月上旬／自由參觀
展示眾多與天主教文化、島原之亂有關的資料。不僅是賞櫻名勝，初夏的杜鵑花、繡球花和夏天的蓮花也都很美。

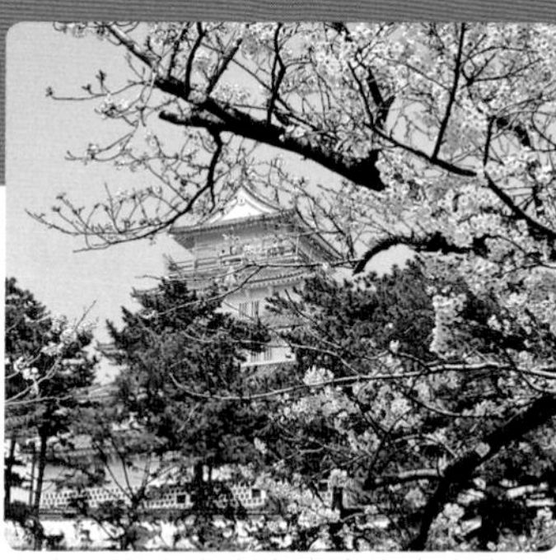

 有西式廁所  可使用嬰兒車  無（或是不可）

長崎 杜鵑花

●なぐしやまこうえん

長串山公園

0956-77-4111 書末地圖 12D

(長串山公園遊客中心)

所 佐世保市鹿町町長串174-12 西九州自動車道佐佐IC經縣道18號、一般道路車程17km P 500輛(免費) 賞花情報 杜鵑花 10萬株/4月中旬～5月上旬左右(期間中無休)/高中生以上500日圓(預定)

海拔234m、可一望北九十九島的公園，能欣賞以久留米杜鵑、平戶杜鵑為主的10萬株杜鵑花。花季期間會舉辦「杜鵑祭」。

長崎 櫻花、花菖蒲

●おおむらこうえん

大村公園

0957-52-3605 書末地圖 16B

(大村市觀光議會協會)

所 大村市玖島1-45-3 JR大村線大村站搭往諫早站方向的長崎縣營巴士5分，公園入口下車步行即到 P 350輛(免費)

賞花情報 櫻花 2000株/3月中旬～4月中旬(期間中無休)/入園免費

花菖蒲 30萬株/5月中旬～6月中旬(期間中無休)/入園免費

熊本 繡球花

●すみよししぜんこうえん

住吉自然公園

0964-22-1111 書末地圖 17D

(宇土市商工觀光課)

所 宇土市住吉町 JR三角線住吉站搭計程車5分 P 20輛(免費) 賞花情報 繡球花 約2000株/6月上旬～6月中旬/入園免費

從公園就能飽覽有明海的景致。每逢白、藍、粉紅等五顏六色繡球花盛開的6月上旬～中旬，就會舉辦例行的「繡球花曼陀鈴音樂會」。

熊本 玫瑰

●はなあそび

花阿蘇美

0967-23-6262 書末地圖 24B

所 阿蘇市内牧温泉内

九州自動車道熊本IC經國道57、212號車程42km P 200輛(免費) 賞花情報 玫瑰 450種4000株/全年無休/入園高中生以上500日圓、中小學生300日圓

設有玫瑰園和玫瑰巨蛋，能欣賞美麗的玫瑰花海。春天和秋天都會舉行玫瑰祭，1月以後還有採草莓等活動。

大分 花菖蒲

●かぐらめこはなしょうぶえん

神樂女湖花菖蒲園

0977-25-3601 書末地圖 22H

(志高湖野營場) 所 別府市神楽女5106-1

大分自動車道別府IC經國道11號、一般道路車程8km P 500輛(1次310日圓)

賞花情報 花菖蒲 80種15000株/6月中旬～7月上旬(期間中無休)/入園免費

於神樂女湖畔爭相綻放的花菖蒲美不勝收，每年6月中旬～下旬還有「花菖蒲觀賞會」。

宮崎 罌粟花、波斯菊

●いこまこうげん

生駒高原

0984-27-1919 書末地圖 8A

(花の駅 生駒高原) 所 小林市南西方生駒高原 JR吉都線小林站搭計程車15分

P 1000輛(免費) 賞花情報 罌粟花 35萬株/3月中旬～4月中旬(期間中無休)/入園高中生以上520日圓、中學生300日圓 波斯菊 100萬株/9月下旬～10月下旬(期間中無休)/入園高中生以上520日圓、中學生300日圓

※其他還有油菜花

宮崎 櫻花

●もちおこうえん

母智丘公園

0986-23-2460 書末地圖 9C

(都城觀光協會) 所 都城市横市町6633

宮崎自動車道都城IC經國道10號、一般道路、縣道108號車程12km P 櫻花祭期間有收費停車場(需洽詢) 賞花情報 櫻花 數量不詳/3月下旬～4月上旬(期間中無休)/入園免費

已入選為「日本櫻花名所100選」。綿延近2km的櫻花林蔭大道宛如櫻花隧道般極為壯觀，還會推出「櫻花祭」的活動。

宮崎 石楠花

●しゃくなげのもり

石楠花之森

0986-54-1367 書末地圖 9C

所 北諸県郡三股町長田5268 宮崎自動車道都城IC經一般道路、縣道33號車程19km P 200輛(免費) 賞花情報 石楠花 500種3萬株/4月上旬～5月上旬(期間中無休)/入園國中生以上500日圓、小學生300日圓

佔地6萬㎡的石楠花園為西日本數一數二的規模，還能買到石楠花霜淇淋等稀有甜點。

宮崎 油菜花、櫻花

●さいとばるこふんぐん

西都原古墳群

0983-41-1557 書末地圖 7G

(西都市觀光協會) 所 西都市三宅 東九州自動車道西都IC經國道219號7km P 1000輛(免費) 賞花情報 油菜花 30萬株/3月中旬～4月中旬(期間中無休)/入園免費 櫻花 2000株/3月下旬～4月上旬(期間中無休)/入園免費

※此外還有向日葵、波斯菊、杜鵑花、繡球花、梅花、花菖蒲

鹿兒島 油菜花

●いけだこはん

池田湖畔

0993-22-2111 書末地圖 8F

(指宿市觀光課) 所 指宿市池田 JR指宿枕崎線指宿站搭往開聞站方向的鹿兒島交通巴士35分，池田湖下車步行即到 P 155輛(免費) 賞花情報 油菜花 12萬株/12月下旬～2月上旬/自由參觀

池田湖為九州最大的破火山口湖，每到12月下旬湖畔邊就有近105萬株的油菜花盛開，美輪美奐。

※此外還有罌粟花、黃花波斯菊

熱鬧！華麗！歡騰！

祭典&活動

吸引大批人潮造訪的大規模祭典和活動，
不僅精彩有看頭又能感受濃郁的四季風情。
不妨帶全家人一起去朝聖吧。

●對0～1歲的嬰幼兒而言太大的聲響會造成壓力，請避免前往，或是挑選聲音較小的場所。

●有小小孩同行或是推著嬰兒車時，最好避開人潮。

●長時間使用揹巾會有中暑的危險，要記得定時將寶寶放下來透氣或採取防範措施。

福岡 1月3日

●たませせり

玉取祭

☎092-641-7431（筥崎宮） 書末地圖 21E

所福岡市東区箱崎 筥崎宮

交地下鐵箱崎宮前站步行即到

P2000輛（1次500日圓）

由分成海濱組和陸地組的壯丁們，展開爭奪直徑約30cm木球的傳統祭典。若海濱組勝利就代表該年度漁獲豐碩，陸地組搶贏的話則代表作物豐收。

鹿兒島 1月第2週日

●いぶすきなのはなマラソンたいかい

指宿油菜花馬拉松大會

☎0993-22-2550 書末地圖 8F

（指宿油菜花馬拉松大會實行委員會事務局）

所指宿市 田徑運動場周邊 交JR指宿枕崎線指宿站搭計程車10分

P5000輛（免費）

有近15000人參加的市民馬拉松大會。沿途能欣賞到盛開的油菜花海，讓人感受濃濃的春天氣息。當天車流量多容易塞車，行程安排請預留充裕的時間。

長崎 2月16日～3月4日(2018年)

●ながさきランタンフェスティバル

長崎燈籠節

☎095-822-8888 書末地圖 25D

（長崎市客服中心） 所長崎市 湊公園·長崎新地中華街·中央公園·唐人屋敷等

交JR長崎站搭往正覺寺下方向的長崎電氣軌道1號系統7分，築町電車站下車步行3分 P無

近15000個燈籠將長崎市內妝點得絢麗繽紛，還能欣賞「舞龍」等精彩活動。週末的皇帝出巡和媽祖遶境，更是將祭典氣氛炒熱至最高潮。

福岡 2月11日～4月3日(2018年)

●やながわひなまつり·さげもんめぐり

柳川女兒節·SAGEMON巡遊

☎0944-74-0891 書末地圖 14F

（柳川市觀光服務處） 所柳川市 市內各處

交西鐵天神大牟田線西鐵柳川站搭往早津江方向的西鐵巴士10分，御花前下車步行即到（水上遊行出發地） P300輛（300日圓或500日圓）

將各種布工藝品用線串起來做成吊飾掛滿整個房間天花板的「SAGEMON」，在商店街和柳川市內各地也都看得到。期間中還會舉辦水上遊行等多樣活動。

福岡 3月第1週日

●きょくすいのえん

曲水之宴

☎092-922-8225 書末地圖 10H

（太宰府天滿宮）

所太宰府市 太宰府天滿宮

交西鐵太宰府線太宰府站步行5分

P850輛（1天500日圓）

重現平安時代優雅氛圍的祭典活動。歌人們穿著十二單、衣冠等裝束，坐在太宰府天滿宮的曲水之庭，當酒杯從上遊流經自己面前時得詠唱出一首和歌，並將杯中酒一飲而盡。

熊本 4月1日～5月6日(2018年)

●つえたておんせんこいのぼりまつり

杖立溫泉鯉魚旗祭

☎0967-48-0206 書末地圖 15E

（杖立溫泉觀光協會）

所阿蘇郡小國町 杖立溫泉

交JR久大本線日田站搭往杖立方向的日田巴士50分，終點站下車步行即到

P200輛（免費）

擁有17家旅館林立的杖立溫泉街就座落在杖立川沿岸，溪谷旁還高掛著近3500支鯉魚旗隨風飄揚。夜晚會有夜間點燈。

長崎 4月第1週日(遇雨天則順延至隔週週日)

●ながさきハタあげたいかい

長崎風箏大會

☎095-823-7423 書末地圖 16D

（長崎國際觀光議會協會）

所長崎市 唐八景公園 交JR長崎站搭經由大波止往唐八景方向的長崎巴士25分，終點站下車步行10分 P請利用收費停車場

長崎當地將風箏稱為「Hata」。在比賽中會透過空中交纏並扯斷對方的風箏線，每年都吸引縣內外1萬多名的遊客來訪。

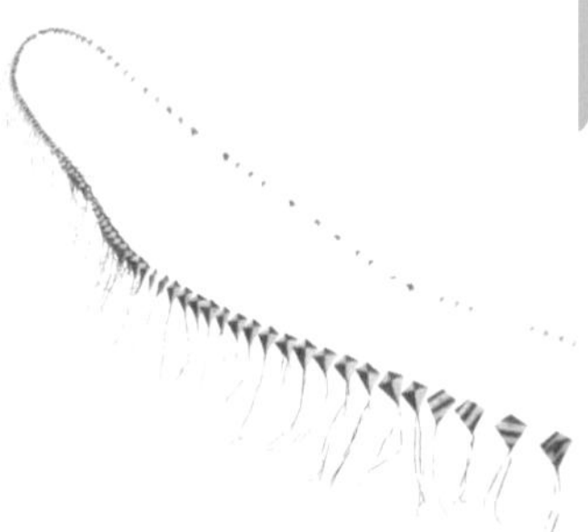

佐賀 4月29日～5月5日

●ありたとうきいち

有田陶器市

☎0955-42-4111 書末地圖 13E

（有田商工會議所）

所西松浦郡有田町 縣道281號沿路

交JR佐世保線有田站或上有田站步行即到

P請利用周邊停車場

於日本瓷器發祥地有田所舉辦的陶器市集。從JR有田站一路延伸至發現瓷器原料白瓷鑛的泉山總共聚集了近500家攤商，每年的遊客數都高達100萬人次。

鹿兒島 5月3～31日

●にせんじゅうしちふきあげはますなのさいてん サンドアンドフラワーフェスタインみなみさつま

2017吹上濱砂之祭典 SAND & FLOWER節in南薩摩

0993-53-2111 書末地圖 20G
(吹上濱砂之祭典實行委員會事務局)
所南さつま市 砂丘の杜きんぽう內特設會場
指宿SKYLINE谷山IC25km
P1600輛(免費)
世界屈指的砂雕祭。最大甚至高達10m，壯觀程度及作工精細的砂像雕刻令人嘆為觀止，還備有許多精彩的活動和美食。5月8日休園。

福岡 5月3、4日

●はかたどんたくみなとまつり

博多咚打鼓海港節

092-441-1170 書末地圖 21F
(福岡市民祭典振興會)
092-441-1118(福岡商工會議所商工振興本部)
所福岡市 市內一帶 JR博多站及西鐵福岡(天神)站前往市內各地 P無
屆時會有近200個參加團體從「咚打鼓廣場」出發展開遊行活動。市內各處設有舞台能欣賞到各式各樣的歌舞表演，整座城市都沉浸在祭典的氣氛中。

長崎 8月15日

●しょうろうながし

精靈流祭

095-822-8888 書末地圖 25D
(長崎市客服中心「あじさいコール」)
所長崎市 長崎縣廳前等市中心一帶
JR長崎站步行15分
P無
將載著故人靈魂的船放流，送往極樂淨土的長崎傳統祭典儀式。伴隨著鐘聲與炮竹聲，莊嚴隆重的遊行活動也持續至深夜。

熊本 8月15、16日

●やまがとうろうまつり

山鹿燈籠祭

0968-43-1579 書末地圖 15H
(山鹿灯籠祭實行委員會事務局)
所山鹿市 市區及山鹿小學運動場等 JR鹿兒島本線玉名站搭往山鹿溫泉方向的產交巴士1小時，山鹿郵便局前下車，步行5分
P1700輛(500日圓～)
祭典的重頭戲為16日晚間的「千人燈籠舞」。頭上頂著金燈籠、穿著浴衣的女性舞者們，圍成多個圓圈翩翩起舞的身影營造出夢幻般的美感。

大分 8月26日(2017年)

●こくほううすきせきぶつひまつり

國寶臼杵石佛火祭典

0972-64-7130 書末地圖 19C
(臼杵市觀光情報協會)
所臼杵市深田 臼杵石佛 JR日豐本線臼杵站搭往臼杵石仏方向的臼津交通巴士19分，臼杵石仏下車，步行即到
P有臨時停車場(免費)
西日本規模最大的火祭，晚上7時一到就會燃起1000支火把。可從臨時停車場搭接駁巴士(收費)前往現場。

長崎 10月7～9日

●ながさきくんち

長崎宮日節

095-822-0111 書末地圖 25C
(長崎商工會議所內長崎傳統藝能振興會)
所長崎市 諏訪神社等 JR長崎站搭往螢茶屋方向的長崎電氣軌道3號系統6分，諏訪神社前電車站下車，步行5分 P無
長崎氏神諏訪神社的秋季大祭。由日本、中國、荷蘭等文化交織出異國風情的「奉納舞」，已被列為國家重要無形民俗文化財。演出內容每年都不一樣。

佐賀 11月1～5日

●にせんじゅうしちさがインターナショナルバルーンフェスタ

2017佐賀國際熱氣球節

0952-29-9000 書末地圖 14D
(熱氣球大會佐賀營運委員會)
所佐賀市 嘉瀨川河床一帶
JR長崎本線Balloon佐賀站(活動期間的臨時站)下車步行即到
P4000輛(環境整備協力金1000日圓)
將海內外超過100顆以上的熱氣球齊聚於一堂，並展開各種競技比賽。也備有許多可讓遊客同樂的活動。

福岡 11月1～3日

●はくしゅうさいすいじょうパレード

白秋祭水上遊行

0944-74-0891 書末地圖 14E
(柳川市觀光服務處)
所柳川市 柳川遊河 西鐵天神大牟田線西鐵柳川站步行8分
P300輛(需收費，費用視停車場而異)
為緬懷當地偉人北原白秋而舉辦的祭典。約有80艘掛上酸漿提燈和行燈的搖櫓船供遊客搭乘，川邊還有古琴與太鼓表演。活動最後還會施放煙火。

佐賀 11月2～4日

●からつくんち

唐津宮日節

0955-72-4963 書末地圖 13B
(唐津站綜合觀光服務處)
所唐津市 唐津神社周邊 JR唐津線唐津站步行10分 P約2000輛(部分需收費，費用視設施而異)
唐津神社的秋季祭典。總共有14座神輿曳山，由身穿短掛的曳子們負責拖拉並繞行全町。曳山高5～7m、重2～3噸，相當的巨大，已被列為國家重要無形民俗文化財。

大分 11月第2週六、日

●ひたてんりょうまつり

日田天領祭

0973-23-3111 書末地圖 15C
(日田市觀光課)
所日田市 月隈公園及丸山地區、豆田地區
JR久大本線日田站步行15分
P600輛(免費)
於祭典中重現日田「天領時代」的繁榮景象。晚上還會在老街舉辦「千年燈」的活動，一次點亮3萬個竹燈籠。

在夜空綻放的光之藝術

煙火大會

夏日的季節印象非煙火莫屬。各地都會舉辦盛大的煙火大會，從遠方就能欣賞也是魅力所在。

●對0～1歲的嬰幼兒而言太大的聲響會造成壓力，請避免前往或是選擇遠離會場的地方欣賞。

●有小小孩同行或是推著嬰兒車時，請務必避開人潮。

●煙火大會的會場通常較為昏暗，請多留意小朋友的安全，避免走失。

鹿兒島 7月最後週六

●さくらじまひのしままつり

櫻島火之島祭

☎099-808-3333 書末地圖 20F
（33 call鹿兒島）
所鹿兒島市桜島横山町1722 櫻島多功能廣場
交櫻島港步行10分 P300輛(免費)
祭典起源自昭和63（1988）年所舉辦的火山會議。從會場可近距離欣賞壯觀的煙火以及妝點璀璨夜空的雷射燈光秀，美得令人讚嘆不已。

福岡 8月1日

●にしにっぽんおおほりはなびたいかい

西日本大濠煙火大會

☎0180-99-3895 書末地圖 21F
（7月31日～8月2日期間提供自動語音服務）
所福岡市中央區 大濠公園(→P.33)
交地下鐵大濠公園站下車步行即到
P無
以福岡市民的休憩場所大濠公園為舞台的煙火大會，能欣賞到震撼力十足的組合煙火表演。為遊客人次多達45萬人的盛大活動，每位煙火師傅也都卯足了全力互相較勁。

福岡 8月5日(2018年)

●ちくごがわはなびたいかい

筑後川煙火大會

☎0942-32-3207 書末地圖 14C
（水天宮內筑後川煙火大會實行委員會）
所久留米市 水天宮對岸河床、篠山城跡對岸河床 交JR鹿兒島本線久留米站步行10分 P無
始於慶安3（1650）年久留米藩主捐贈現今社地和社殿給水天宮時所舉行的祝賀祭典，會從兩個會場施放近18000發的高空煙火和組合煙火。

福岡 8月13日

●かんもんかいきょうはなびたいかい

關門海峽煙火大會

☎093-331-8781 書末地圖 11B
（關門海峽煙火大會實行委員會門司事務局）
所北九州市門司區 西海岸周邊
交JR鹿兒島本線門司港站步行5分
P無
由位於關門海峽兩端的北九州市門司區與山口縣下關市兩個城市共同舉辦。從近海300m遠的浮船上爭相發射的煙火秀，精彩萬分。

鹿兒島 8月下旬

●せんだいがわはなびたいかい

川內川煙火大會

☎0996-22-2267 書末地圖 20B
（川內商工會議所）
所薩摩川內市西開聞町 川內川河床、開戶橋下游 交JR鹿兒島本線川內站步行15分
P1000輛(免費)
規模為九州最高等級的煙火大會。總計約施放1萬發煙火，能看到Star Mine煙火與組合煙火交相競演的畫面、橫跨川內川長達1km的煙火瀑布等。內容可能會有變動。

鹿兒島 8月下旬

●かごしまきんこうわんサマーナイトだいはなびたいかい

鹿兒島錦江灣夏夜煙火大會

☎099-808-3333 書末地圖 20E
（33 call鹿兒島） 所鹿兒島市 鹿兒島港本港區 交JR鹿兒島中央站搭往鹿兒島站前方向的市電2系統10分，石燈籠通電車站下車，步行5分 P無
以15000發煙火數量著稱的鹿兒島夏日風情畫。同時發射在全日本也相當罕見的2尺玉煙火，是大會中的吸睛焦點。施放時間為下午7時30分～8時40分。

福岡 8月下旬

●ありあけかいはなびフェスタ

有明海煙火節

☎0944-73-8111 書末地圖 14F
（柳川市觀光課）
所柳川市橋本町 柳川市學童農園Mutugorourando周邊 交西鐵天神大牟田線西鐵柳川站搭接駁巴士45分，下車步行5分 P2000輛（500日圓）
有全長1km的「柳川SPECIAL空中瀑布」、二尺玉煙火、音樂煙火等，以近8000發煙火打造出繽紛亮麗的夏季夜空。

熊本 10月第3週六

●やつしろぜんこくはなびきょうぎたいかい

八代全國煙火競技大會

☎0965-33-4115 書末地圖 17G
（八代全國煙火競技大會事務局）
所八代市 球磨川河川綠地、新萩原橋上游
交JR鹿兒島本線八代站步行15分 P無
從北端的秋田縣到南端的鹿兒島共集結30位知名煙火師傅一較高下。除了5號玉、10號玉、Star Mine三個部門的競技煙火外，還有音樂煙火等比賽內容。備有需收費的觀賞席。

大飽口福的當令時鮮美味

採蔬果

全家出動開心採蔬果囉！
現摘新鮮水果並當場享用，
也是彌足珍貴的體驗。

小朋友同行時

●請告知小朋友必須遵守正確的採摘方法和規則。

●要留意避免蚊蟲叮咬，最好穿著減少肌膚外露的服裝及備妥驅蟲除蚊用品。

●在現場享用時小朋友可能會因太過興奮而弄髒衣服，要記得準備替換衣物。

●有時會因樹枝等物而導致受傷，請隨時留意小朋友的一舉一動。

福岡 葡萄、梨子

やまんどん

☎0943-77-4174 書末地圖 15C

所うきは市浮羽町山北2212-7 交大分自動車道杷木IC經國道386號、一般道路13km P20輛(免費) 採蔬果情報 葡萄 8月上旬～9月上旬(期間中不定休)／入園國中生以上300日圓、4歲以上200日圓／1kg1000日圓～ 梨 8月上旬～11月上旬(期間中不定休)／入園國中生以上300日圓、4歲以上200日圓／1kg650日圓

※還可採草莓、藍莓

福岡 柑橘

●やすたけみかんえん

安武橘子園

☎080-6413-0103 書末地圖 10D

所宗像市用山411 交九州自動車道古賀IC經縣道35號、國道495號、縣道528號車程18km P40輛(免費) 採蔬果情報 柑橘 10月1日～12月下旬(期間中無休)／入園(吃到飽)3歲以上200日圓／1kg300日圓

位於宗像市西端、佔地3萬m2的廣大柑橘園。樹下鋪有塑膠布以防過多雨水滲入土中的柑橘味道濃郁，也可以直接採買。

福岡 栗子、草莓

豐前FRUIT LAND

☎0979-83-4622 書末地圖 11G

所豊前市四郎丸2024-31 交東九州自動車道椎田南IC經國道10號、一般道路4.5km P100輛(免費) 採蔬果情報 栗子 9月上旬～10月上旬(期間中不定休、需洽詢)／入園3歲以上300日圓／1kg700日圓～ 草莓 1月下旬～4月下旬(期間中不定休、需洽詢)／入園3歲以上200日圓／吃到飽30分鐘小學生以上1300日圓、3～5歲800日圓，外帶依時價／1kg

※還可採柑橘、葡萄和挖地瓜

佐賀 梨子、巨峰葡萄

●みちのえき いまり

公路休息站 伊万里

(需確認)

☎0955-24-2252 書末地圖 13C

所伊万里市南波多町井手野2754-9 交長崎自動車道武雄北方IC經國道498、202號25km(請至「公路休息站 伊万里」) P視場所而異 採蔬果情報 梨子 8月20日～9月30日(每年會有變動，期間中無休)／入園免費／1kg500日圓 巨峰 8月20日～9月30日(每年會有變動，期間中無休)／入園免費／1kg1000日圓

※還可採草莓(1月上旬～5月上旬)

長崎 蘋果、葡萄

●おおまたのうえん

大又農園

☎0957-55-4588(期間中)

所大村市東野岳町1054 書末地圖 13H

交長崎自動車道大村IC經國道34號、縣道6號10km P30輛(免費)

採蔬果情報 蘋果 8月中旬～8月下旬(期間中無休)／入園免費／1kg600日圓～

葡萄 8月中旬～9月中旬(期間中無休)／入園無料／1kg1200日圓左右

※還可撿栗子、採藍莓

熊本 草莓、香菇

●みなみあそふれあいのうえん

南阿蘇ふれあい農園

☎090-2717-4478 書末地圖 24G

所阿蘇郡南阿蘇村一関1273-1 交九州自動車道熊本IC經國道57、325號36km P20台輛(免費) 採蔬果情報 草莓 12月中旬～5月中旬(期間中不定休)／入園(吃到飽)國中生以上1300～1700日圓、小學生900～1200日圓、3歲以上500～700日圓(視時期而異，需確認)／100g170～200日圓 香菇 12月上旬～3月下旬(期間中不定休)／入園免費／100g150日圓

宮崎 蘋果

●いこまこうげんりんごえん

生駒高原蘋果園

☎0984-27-1654(期間中)

所小林市南西方8565-32 書末地圖 8A

交宮崎自動車道小林IC經一般道路4km

P50輛(免費) 採蔬果情報 蘋果 8月中旬～11月下旬(期間中無休)／入園5歲以上400日圓(可試吃1顆)／1kg900日圓

廣達11000坪的腹地內，栽種了富士等15種品種、500棵蘋果樹。自家製果汁(1杯200日圓)也很受歡迎。

鹿兒島 草莓

●まえだいちごえん

前田草莓園

☎0993-84-2182 書末地圖 8E

所南九州市知覧町永里3319-2 交指宿SKYLINE知覧IC經縣道23、232號12km P10輛(免費) 採蔬果情報 草莓 1月上旬～4月下旬(期間中無休)／入園免費／100g216日圓～

以減少農藥栽培方式、兼顧風味與安全性的農園，也有販售果醬之類的草莓加工品。還可預約製作草莓大福或果醬，一份2000日圓。

 有西式廁所  可使用嬰兒車 無(或是不可)

蔚藍大海與潔白沙灘 夏天專屬的休閒娛樂！

海水浴場

徜徉在陽光中的海水浴是
夏天最熱門的休閒活動，
來看看有哪些適合親子共遊的海水浴場吧！

●0～1歲的嬰幼兒皮膚較為脆弱，體力也較不足。此外，還得擔心在海灘上撿拾物品吞食等狀況。請務必仔細觀察孩子狀況。

●強烈日照是一大威脅，請確實防曬。建議在海邊遊玩的時間為上午或傍晚。請利用可躲避日照的海之家。

●皮膚脆弱的小朋友易受海水及海風刺激，回去時請仔細清洗身體。

福岡　玄界灘 7月上旬～8月下旬

●けやかいすいよくじょう

芥屋海水浴場

有（西式廁所）　有（海之家）

☎092-322-2098 書末地圖 10G
（糸島市観光協會） 所糸島市志摩芥屋 交JR筑肥線筑前前原站搭往芥屋方向的昭和巴士27分，終點站下車，步行8分 P240輛(免費) 施設 溫水淋浴(收費)、冷水淋浴(收費)、投幣式置物櫃、更衣室、4間海之家、租借用品(海灘傘、游泳圈)
位於玄海國定公園內的海灘，波浪平穩、透明度高。被日本環境省評選為「快水浴場百選」之一。

佐賀　伊萬里灣 7月上旬～8月中旬

●いまりじんこうかいひんこうえん

伊萬里人工海濱公園

無（西式廁所）　無（海之家）

☎0955-20-9031 書末地圖 13C
（伊萬里市観光課） 所伊万里市黒川町福田 交JR筑肥線伊萬里站搭計程車20分
P220輛(免費)
施設 置物櫃(收費)、冷水淋浴(收費)、休憩所(收費)
面伊萬里灣、風平浪靜的人工海灘，又稱為「Imarin Beach」。設有更衣室和淋浴間。

長崎　根獅子灣 7月上旬～8月下旬

●ひとつくかいすいよくじょう

人津久海水浴場

有（西式廁所）　有（海之家）

☎0950-22-4111 書末地圖 12D
（平戶市観光課） 所平戶市大石脇町
交平戶棧橋巴士轉運站搭計程車30分
P100輛(1天500日圓) 施設 溫水淋浴(收費)、冷水淋浴(收費)、2間海之家、租借用品(游泳圈等)、廁所、救生員
擁有純白潔淨的沙灘，拍打上岸的海水透明度高得令人訝異。淺灘綿延很長，第一次來海水浴場的小小孩也能安心玩耍。

熊本　茂木根海岸 6月下旬～8月

●ほんどかいすいよくじょう

本渡海水浴場

無（西式廁所）　無（海之家）

☎0969-23-1111 書末地圖 17H
（天草市観光振興課） 所天草市本渡町広瀬
交JR熊本站搭往車庫前方向的產交巴士2.5小時，終點站下車，步行10分
P100輛(免費)
施設 冷水淋浴(收費)、更衣室
屬於海灣內波浪平穩的淺灘，因此也很適合帶小小孩來同樂。離天草市區很近，交通相當便利。

熊本　有明海 7月1日～8月31日

Pearl Sun Beach

有（西式廁所）　有（海之家）

☎0964-56-5602 書末地圖 17G
（天草四郎観光協會） 所上天草市松島町合津樋合 交JR三角線三角站往天草アレグリア方向的產交巴士18分，さんぱーる下車，轉搭計程車15分 P500輛(1天500日圓)
施設 冷水淋浴(收費)、更衣室、1間海之家
天草松島環繞下的海濱，正式名稱為「樋合海水浴場」。夏天民宿風格的海之家就會開張營業。

宮崎　日向灘 7月下旬～9月上旬(預定)

●あおしまかいすいよくじょう

青島海水浴場

有（西式廁所）　有（海之家）

☎0985-65-1055 書末地圖 19H
（青島Beach Center渚の交番）
所宮崎市青島2 交JR日南線青島站步行10分 P500輛(1天500日圓) 施設 溫水淋浴(收費)、冷水淋浴(收費)、更衣室、投幣式置物櫃、海之家(間數不定)、租借用品
瀰漫南國度假氣息的海灘，有救生員常駐，提供安全安心的戲水環境。已被日本環境省選為「快水浴場百選」之一。

宮崎　日南海岸 7月第1週日～8月31日(預定)

●ふとかいすいよくじょう

富土海水浴場

有（西式廁所）　有（海之家）

☎0987-31-1134 書末地圖 9C
（日南市観光協會） 所日南市富土 交JR日南線油津站搭往宮崎駅方向的宮崎交通巴士35分，富土下車，步行5分 P200輛(1天200日圓) 施設 溫水淋浴(收費)、投幣式置物櫃、更衣室、3間海之家、租借用品(游泳圈)
海灘周圍華盛頓椰子樹林立，充滿南國風情。備有幼兒用的海濱游泳池，很受家庭遊客歡迎。

鹿兒島　錦江灣 7月1日～8月31日

●こくぶキャンプかいすいよくじょう

國分露營海水浴場

有（西式廁所）　有（海之家）

☎0995-45-1550 書末地圖 8C
（國分露營海水浴場管理事務所）
所霧島市国分下井洲崎 交JR日豐本線國分站搭往垂水方向的三州巴士12分，検校橋下車，步行5分 P150輛(免費) 施設 冷水淋浴(免費)、更衣室、4間休憩棟、1間賣店
緊鄰國分海濱公園，能同時享受露營和海水浴的樂趣。有廁所、淋浴間、更衣室、賣店等，設備相當齊全。

 有西式廁所　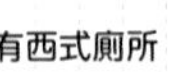 有海之家　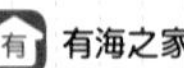 無

暢快玩水讓暑氣全消！

游泳池

大熱天就要想到游泳池玩水！
以下列出幾間設施齊全的游泳池，
而且都備有小朋友最愛的遊樂器材以及幼兒用泳池。

●即使都有幼兒池，各設施的規定也不太一樣。可能有禁止穿著泳池用尿布下水、禁止塗防曬乳後下水等狀況，需事先確認。

●戲水非常消耗體力，請減短戲水時間，多補充水分，確實上岸休息。出泳池後請擦乾身體，在陰涼處穿上T恤等衣物休息。

●即便認為水很淺，可能對小朋友來說卻很深，甚至發生溺水等狀況。請仔細看顧好小朋友。

福岡　7月上旬～9月中旬(需洽詢)

●うみのなかみちかいひんこうえんサンシャインプール

海中道海濱公園「露天水上遊樂園」

有西式廁所　有幼兒用泳池

092-603-6835(期間中)
所 福岡市東區西戸崎18-25 書末地圖 21C
L 9:00～17:00(可能會有變動) 休 期間中無休 ¥ 成人1900日圓、中小學生1000日圓、兒童(3歲以上)300日圓(包含海中道海濱公園的入園費) 🚃 JR香椎線海中道站步行3分 P 3100台輛(1天520日圓，可能會有變動)
施設 滑水道、流水池、水上叢林、幼兒池等

福岡　7月下旬～8月31日

●むなかたユリックスゆ～ゆ～プール

宗像YURIX「YUYU POOL」

有西式廁所　有幼兒用泳池

0940-37-1373 書末地圖 10D
(宗像YURIX AQUA DOME) 所 宗像市久原400 L 9:30～18:00 休 期間中無休 ¥ 成人610日圓、國高中生490日圓、4歲～小學生360日圓(平日15:00以後可享入場費半價優惠) 🚃 JR鹿兒島本線東鄉站搭計程車5分 P 1200輛(免費)
施設 滑水道、溜滑梯、漂漂河、幼兒池

福岡　7月14日～9月2日(2018年)

Adventure Pool

有西式廁所　有幼兒用泳池

093-963-5900(期間中)
所 北九州市小倉南區志井公園2 書末地圖 11D
L 9:00～18:30 休 期間中無休 ¥ 成人400日圓、中小學生200日圓、兒童(1歲以上)50日圓(造浪池成人300日圓、中小學生150日圓、兒童50日圓) 🚃 北九州單軌電車企救丘站步行5分 P 無 施設 滑水道、漂漂河、幼兒池、造浪池、淺水池
※營業時間、費用等為2018年的資訊

福岡　7月12日～9月2日(2018年)

●あしやかいひんこうえんレジャープールアクアシアン

蘆屋海濱公園休閒游泳池AQUASIAN

有西式廁所　有幼兒用泳池

093-223-3481 書末地圖 11C
所 遠賀郡芦屋町芦屋1455-284
L 9:30～18:00 休 期間中無休 ¥ 成人510日圓、國高中生410日圓、4歲～小學生310日圓 🚃 JR鹿兒島本線折尾站搭往芦屋方向的北九州市營巴士30分，芦屋町役場前下車，步行10分 P 1000輛(1天500日圓)
施設 滑水道、溜滑梯、漂漂河、幼兒池

長崎　6月第4週日～9月第1週日

●させぼしそうごうグラウンドプール

佐世保市綜合運動場游泳池

有西式廁所　有幼兒用泳池

0956-47-3125 書末地圖 12E
所 佐世保市椎木町 L 9:00～17:00 休 6月27日、7月4·11·18日 ¥ 高中生以上600日圓、中小學生240日圓、兒童150日圓(市內居住者皆可享優惠)，滑水道3次100日圓 🚃 JR佐世保線佐世保站搭往相浦桟橋方向的西肥巴士25分，総合グラウンド前下車，步行即到 P 1100輛(免費)
施設 滑水道、溜滑梯、幼兒池、比賽用池

熊本　7月21日～9月3日(2018年)

格林主題樂園「WATER PARK」

有西式廁所　有幼兒用泳池

0968-66-1112 書末地圖 14H
(格林主題樂園) 所 荒尾市緑ヶ丘 L 9:30～17:30(8月～日落) 休 期間中無休(予定) ¥ 高中生以上2300日圓、3歲～國中生1900日圓(費用包含格林主題樂園的入園費) 🚃 JR鹿兒島本線大牟田站搭往グリーンランド方向的西鐵巴士17分，グリーンランド正門前下車，步行即到 P 10000輛(1天500日圓)
施設 滑水道、溜滑梯、漂漂河、幼兒池

大分　7月中旬～8月下旬

●ひよしばるレジャープール

日吉原休閒游泳池

有西式廁所　有幼兒用泳池

097-593-5162(期間中)
所 大分市久原330-1 L 9:30～18:30(開館9:00～19:00) 書末地圖 19A 休 期間中無休
¥ 成人520日圓、高中生420日圓、中小學生320日圓、3歲以上100日圓(可能會有變動) 🚃 JR日豐本線坂之市站步行3分，從板の市搭往佐賀関方向的大分巴士4分，日吉原レジャープール前下車，步行即到 P 180輛(免費)
施設 滑水道、漂漂河、幼兒池、25m游泳池

鹿兒島　7月中旬～8月31日

●へいわこうえんレジャープール「アクアゾーンくしら」

平和公園休閒游泳池「Aqua Zone Kushira」

有西式廁所　有幼兒用泳池

0994-63-8287(期間中)
0994-31-1148 書末地圖 8E
(鹿屋市都市政策課公園管理室)
所 鹿屋市串良町有里5183-1 L 10:00～17:00 休 期間中無休 ¥ 成人520日圓、中小學生310日圓、3歲以上210日圓 🚃 大隅縱貫道東原IC5km P 150輛(免費)
施設 滑水道、溜滑梯、漂漂河、幼兒池

 有西式廁所　有幼兒用泳池　無

到海邊、山間享盡戶外活動！

露營

只需最基本的配備，即便是新手也沒問題！
倘佯在大自然的環境中，
體驗與平常不一樣的生活樂趣吧。

小朋友同行時

●也有不太會使用蹲式廁所的小朋友，因此請事先確認廁所、洗手台等盥洗設施。

●在大自然中活動，請留意受傷及蚊蟲叮咬。在河邊、水邊遊玩時，更得多加小心。

●用火時請特別留意，別讓小朋友太過靠近

●也請做好天候不佳時的活動企劃。

四季出遊 露營

福岡 河邊

●ゆめたちばなビレッジ

YUME TACHIBANA VILLAGE

有 有

0943-35-0022 書末地圖 14F

所八女市立花町白木3720

期間 全年　休週二(夏季休假期間無休，黃金週照常營業，過年期間公休)

¥汽車營位1個5000日圓、閣樓小屋8000日圓，管理棟合宿房10000日圓

IN 12:00、OUT 11:00(閣樓小屋、管理棟合宿房IN 14:00、OUT 10:00)

九州自動車道八女IC13km

四周山林環繞、大百合野川流經的露營場內，在螢火蟲出沒的時節就能見到螢光點點。汽車營位就環繞在炊事棟的外圍，全區皆為AC電源。

福岡 河邊

●グリーンパルひゅうがみきょう

GREENPAL日向神峽

有 有

0943-45-1001 書末地圖 15E

所八女市黒木町北大渕4410-2

期間 全年

休週三(黃金週、夏季休假期間照常營業)

¥汽車營位1個4860日圓、帳篷營位1帳3024日圓、小木屋16740～22140日圓 IN 14:00、OUT 10:00

九州自動車道八女IC29km

位於松瀨水壩湖畔的露營場，備有以樹叢區隔空間的汽車營位以及面湖視野遼闊的帳篷營位。

福岡 森林

●いわやキャンプじょう

岩屋露營地

有 有

0946-72-2759 書末地圖 15B

0946-72-2232(寶珠山故里村)

所朝倉郡東峰村宝珠山4171

期間 全年　休過年期間

¥汽車營位1個3000日圓、帳篷營位1帳1500日圓、小木屋10000～16000日圓、閣樓小屋5000～6000日圓

IN 15:00、OUT 11:00

大分自動車道杷木IC20km

宛如與大自然融為一體的環境中設有提供AC電源的汽車露營區，以及小木屋、閣樓小屋等住宿設施。

佐賀 森林

●うれしのしえいひろこうらキャンプじょう

嬉野市營 廣川原露營場

有 有

0954-43-8260 書末地圖 13G

(期間中)／預約專線 0954-68-0200

所嬉野市嬉野町吉田丙595-6　期間 4月下旬～10月下旬　休期間中的週一～五(逢假日則營業)，夏季休假期間無休　¥附AC電源的汽車營位1個3000日圓、帳篷營位1帳320日圓、閣樓小屋2100～17850日圓、小木屋18000日圓～　IN 15:00、OUT 13:00 長崎自動車道嬉野IC13km

汽車營位只有3個，但附帶設備應有盡有、空間大又舒適。湖畔林間也設有露營區，能盡情倘佯在大自然的洗禮中。

長崎 森林

●ながさきけんみんのもりキャンプじょう

長崎縣民之森露營場

有 有

0959-24-1660 書末地圖 16B

所長崎市神浦北大中尾町691-7

期間 全年　休12月29日～1月3日

¥汽車營位1個3080日圓，常設帳棚2050日圓、4620日圓，閣樓小屋6680～14370日圓，森之交流館成人2670日圓、中小學生1330日圓　IN 14:00～17:00、OUT 11:00(閣樓小屋、森之交流館IN 15:00)

長崎自動車道長崎多良見IC35km

位居森林內的汽車露營區備有AC電源、自來水、洗手台，另外還有常設帳篷區。以設備充實著稱。

熊本 森林

●あそファンタジーのもりキャンプむら

阿蘇夢幻之森露營村

有 有

0967-44-0912 書末地圖 23F

所阿蘇郡南小国町満願寺瀬の本6259

期間 全年　休不定休　¥入村費成人648日圓、兒童(2歲～小學生)432日圓，垃圾處理費成人1人108日圓(兒童與大人同樣人數時免費，每追加1～2人另收100日圓)，停車費1000日圓、1500日圓、2000日圓，汽車自由營位帳篷1帳1080～1620日圓、閣樓小屋8640～15120日圓　IN 13:00、OUT 11:00　大分自動車道日田IC48km

森林內的空間皆為自由營位。場內除了備有混浴和女用溫泉露天浴池外，還有游泳池、釣鱒池等遊樂設施。

熊本 高原

●マゼノきょうわこくこうのせキャンプむら

間瀨野共和國 甲之瀨露營村

有

0967-42-1448 書末地圖 15G

所阿蘇郡南小国町中原甲の瀬　期間 4月上旬～11月　休期間中不定休　¥入場費成人200日圓、兒童(小學生～19歲)100日圓，汽車營位1個2000日圓、帳篷營位1帳1500日圓、閣樓小屋4000日圓，小木屋2人入住5000日圓(每追加1人2000日圓，最多12～13人16000日圓)　IN 9:00、OUT 17:00　九州自動車道熊本IC40km

為家庭客專用的露營場。利用原本地形規劃而成的場地內共有24個汽車營位，該有的設備一應俱全。

熊本 高原

●ファームビレッジうぶやまキャンプじょう

產山農莊露營場

有 有

0967-25-2210 書末地圖 3H

所阿蘇郡産山村大利585　期間 全年

休無休(冬季有臨時公休)

¥附AC電源的營位1個5000日圓、山林小屋5人入住18000日圓(每追加1名成人1030日圓、兒童500日圓)、大型山林小屋10人入住36000日圓(每追加1名成人2060日圓、兒童1030日圓)

IN 14:00、OUT 10:00

九州自動車道熊本IC55km

由出租農園、山林小屋村、汽車露營場所組成的設施。汽車營位全區皆提供AC電源，可輕鬆入住的別墅型山林小屋也很受歡迎。

 有西式廁所　 有沐浴設施　無

熊本 森林

●こだいのさとキャンプむら

古代之里露營村

0967-22-5100 書末地圖 24B

所 阿蘇市一の宮町手野2160 期間 全年 休 無休 ¥ 汽車營位1個3500日圓(第2晚2500日圓)、帳篷營位1帳2000日圓(第2晚1000日圓)，小木屋5人入住15000日圓、20000日圓(每追加1名成人1000日圓、兒童500日圓) IN 12:00、OUT 12:00(小木屋IN 14:00、OUT 10:00) 九州自動車道熊本IC45km

位在阿蘇五岳和九重連山圍繞下的大自然中，周邊有許多景點。在烤肉小屋還可以嘗到阿蘇赤牛。

熊本 森林

●おくあそキャンプじょう

奧阿蘇露營場

0967-64-0138 書末地圖 7B

所 阿蘇郡高森町草部1009

期間 全年

休 無休

¥ 入場費1人(小學生以上)300日圓、帳篷營位1帳700～2500日圓，閣樓小屋17000日圓、21000日圓

IN 15:00、OUT 10:00

九州自動車道熊本IC55km

位於海拔670m的山上，可飽覽周圍的群山風光。附近有許多麻櫟樹，有機會還能見到鍬形蟲之類的昆蟲身影。

熊本 高原

●うたせキャンプじょう

歌瀨露營場

0967-83-0554 書末地圖 7C

所 上益城郡山都町菅尾1344-1

期間 全年 休 週四(大型連假、夏季休假期間除外) ¥ 入場費成人300日圓、兒童200日圓，附AC電源的營位1個4000～5000日圓、汽車自由營位1個3000日圓、帳篷營位1個2500日圓、閣樓小屋6500日圓

IN 12:00、OUT 11:00

九州自動車道御船IC50km

位於林間的汽車營位依空間大小和附帶設備又分成4種類型，另外也有自由營位可供遊客任選。

大分 河邊

●かみつえフィッシングパーク

上津江釣魚公園

0973-55-2003 書末地圖 15G

所 日田市上津江町川原1656-92

期間 全年 休 週三(逢假日則營業)，夏季休假期間無休，過年期間公休

¥ 清掃費1人(小學生以上)100日圓、帳篷營位1帳1000～3000日圓、閣樓小屋8740日圓～41140日圓 IN 14:00(閣樓小屋IN 15:00)、OUT 10:00

大分自動車道日田IC45km

境內設有人工釣場，能同時體驗釣魚和露營的樂趣。住宿設施的種類多元，可依照個人需求來挑選。

大分 高原

●くじゅうさんそうみなみとざんぐちキャンプじょう

久住山莊 南登山口露營場

0974-76-0391 書末地圖 23G

預約專線 097-537-0143

所 竹田市久住町久住3991-169 期間 全年 休 3月16日～11月15日的週三(7月1日～8月31日無休)、11月16日～3月15日的平日 ¥ 入場費成人540日圓、兒童270日圓，汽車營位1個2160～3240日圓(費用視期間會有變動)，山林小屋(小)5400日圓～、山林小屋(中)10800日圓～、山林小屋(大)21600日圓～(費用視期間會有變動) IN 14:00、OUT 12:00(山林小屋IN 15:00、OUT 11:00) 大分自動車道九重IC40km

能眺望九重連山雄壯景觀的露營場。營位區叢林茂密，即便夏天也相當舒適宜人。場內整齊乾淨、管理完善，也備有住宿設施。

大分 高原

●ここのえグリーンパークせんすいキャンプむら

九重Green Park 泉水露營村

0973-79-3620 書末地圖 23D

所 玖珠郡九重町田野後原204-1 期間 全年(住宿設施僅春季～秋季營業) 休 無休(過年期間需洽詢) ¥ 入村費成人400日圓、兒童(中小學生、高中生)300日圓、小學生以下100日圓，汽車營位1個2100日圓、附AC電源的營位1個2600日圓、山林小屋9300～35000日圓、迷你閣樓小屋3000日圓 IN 13:00～17:00、OUT 10:00 大分自動車道九重IC20km

地處泉水山麓。除了帳篷營位、汽車營位外還有多種住宿設施，不妨選擇最適合自己的方式輕鬆享受露營樂。

宮崎 海邊

●みやざきしらはまオートキャンプじょうココナ

宮崎白濱汽車露營場 COCONA

0985-65-2020 書末地圖 19H

所 宮崎市折生迫上白浜6600-1

期間 全年 休 無休

¥ 附AC電源的營位1個3020日圓、汽車自由營位1個1030日圓、露營車營位1個4100日圓(繁忙期需另加價)、小木屋10260日圓～

IN 14:00、OUT 13:00(小木屋OUT 11:00)

宮崎自動車道宮崎IC15km

可一望大海的汽車營位皆有提供AC電源，空間寬敞。場內的設備齊全，也很推薦入住小木屋輕鬆享受。

鹿兒島 高原

●きりしまこうげんこくみんきゅうようち

霧島高原國民休養地

0995-78-2004 書末地圖 8B

所 霧島市牧園町高千穂3311 期間 全年 休 無休，溫泉「Symphony SPA」週三公休(旺季則營業) ¥ 入村費成人(中學生以上)210日圓、兒童(3歲以上)160日圓，垃圾處理協力金200日圓、普通車輛停車費1050日圓，帳篷1帳1580日圓、天幕1帳520日圓、AC電源使用費530日圓、度假小屋17300～20450日圓(6人以上入住須追加費用)、小木屋4320日圓 IN 12:00、OUT 12:00(度假小屋IN 15:00～20:00、OUT 10:00) 九州自動車道橫川IC18km

備有草坪汽車營位、溫泉設施「Symphony SPA」以及各式各樣的設施，以音樂家之名命名的度假小屋則有如入住別墅般的氛氣。

鹿兒島 森林

●かごしまけんけんみんのもりにっけオートキャンプじょう

鹿兒島縣縣民之森 丹生附汽車露營場

0995-68-0557 書末地圖 20B

(鹿兒島縣縣民之森管理事務所)

所 霧島市溝辺町有川3079-5

期間 4～10月 休 期間中的週一～五、假日(逢假日前日則營業，7～9月無休)

¥ 汽車營位1個2580日圓、閣樓小屋5150日圓、度假小屋9800日圓

IN 14:00、OUT 11:00 九州自動車道溝邊鹿兒島機場IC12km

每個營位皆附野外爐具和桌子，另有閣樓小屋和小木屋的住宿設施。周邊多為林間道路，衛星導航的規劃路線需再確認。

鹿兒島 海邊

●けんりつふきあげはまかいひんこうえんキャンプじょう

縣立吹上濱 海濱公園露營地

0993-52-7600 書末地圖 20H

所 南さつま市加世田高橋1936-2 期間 全年

休 12月29日～1月3日(10～6月管理事務所週三休)

¥ 汽車營位1個2900日圓、附AC電源的營位1個3970日圓、帳篷營位1帳1140日圓，閣樓小屋(小)9920日圓、(大)12020日圓，常設帳棚(5人用)2800日圓、(8人用)4460日圓，日間露營最多5人1140日圓(6月、9～3月皆可享折扣優惠) IN 14:00、OUT 12:00 指宿SKYLINE谷山IC30km

四周樹林環繞的露營區備有桌椅，有的營位還附AC電源和自來水。設備齊全，公園內還有許多遊樂設施。

出遊時順路泡個湯！

不住宿溫泉

溫泉勝地眾多的九州有許多提供純泡湯不住宿的溫泉設施，也有多處設有包租浴池，可在專屬的私人空間內與家人共享幸福時光。

●小朋友肌膚脆弱，請避免刺激性強的溫泉，泉質和溫度等也需事先確認。如擔心對肌膚的影響，出浴池後可淋浴沖洗乾淨。

●推薦不必在意周遭眼光，可全家一起泡湯的包租浴池。

●各設施有不同規定，如○歲以下禁止入浴，包尿布的嬰幼兒禁止入浴等，請事先確認。

福岡 家庭浴池「金樂泉」溫泉

●モジポート

MOJI PORT

有 有

✆093-382-3322 書末地圖 11C

所北九州市門司区大里本町3-13-26 L10:00～23:00 休無休(有維修公休) ¥包租室內浴池1小時2000日圓、包租露天浴池1小時2800日圓～、包租露天＋室內浴池1小時3800日圓～ 施設 包租室內浴池3、包租露天浴池5、包租露天＋室內浴池4 交JR鹿兒島本線門司站步行10分 P200輛(免費)

※有英文對應，無中文對應

位於國道199號旁。溫泉水呈茶褐色，含有氧元素、鐵質、鹽分。能邊悠閒眺望關門海峽的風景邊享受具豐富療效的泡湯樂。

福岡 筑後川流域溫泉

●いづみのゆ

いづみ乃湯

有

✆0942-41-1230 書末地圖 14C

所久留米市新合川1-6-30 L10:00～翌日3:00 休12月31日～1月1日 ¥A型浴池1小時1800日圓、B型浴池1小時2400日圓、C型浴池1小時3000日圓(另有1.5小時、2小時的設定方案，需洽詢) 施設 包租露天＋室內浴池20 交西鐵天神大牟田線西鐵久留米站搭往ゆめタウン方向的西鐵巴士10分，終點站下車步行3分 P70輛(免費)

※有中、英文對應

為包租浴池的專用設施，20間包租浴池內皆附露天浴池和室內浴池。有檜木浴池、石塊砌成的浴池、挖空樹椿製成的浴池等，各有不同特色。

佐賀 熊之川溫泉

●とうせんきょうおんせんかん とうしょうか

溫泉鄉溫泉館 湯招花

有 有

✆0952-64-2683 書末地圖 14C

所佐賀市富士町上熊川180-1 L10:00～22:00(包租室內浴池20:45，附包廂休憩的包租浴池～20:00) 休週三(逢假日則營業) ¥成人1200日圓、兒童(～12歲)600日圓，包租室內浴池1小時1000日圓、1500日圓(入浴費另計)，附包廂休憩的包租浴池(2名以上受理)1.5小時4900日圓、5250日圓(每追加1名成人800日圓、兒童400日圓，延長以30分鐘1200日圓計價) 施設 男女別室內浴池、男女別露天浴池、包租室內浴池10、包租露天＋室內浴池1 交JR佐賀站搭往古湯溫泉方向的昭和巴士38分，熊の川溫泉前下車，步行3分 P70輛(免費)

※有中、英文對應

大浴場內有檜木浴池、三溫暖，戶外有露天浴池、噴射水柱。另有11間包租浴池，其中有6間是附休憩室的獨棟形式。營業時間需確認。

佐賀 鳥栖溫泉

●かぞくぶろおんせん やまぼうし

家族風呂溫泉 山ぼうし

有

✆0942-85-1443 書末地圖 14B

所鳥栖市河内町2867 L11:00～22:00(週六日、假日10:00～21:00) 休週四(逢假日則營業)、盂蘭盆節期間、過年期間 ¥包租浴池3名50分鐘1500日圓(每追加1名500日圓)，女用露天浴池成人500日圓、兒童(3歲～小學生)250日圓(週六日、假日的包租使用50分鐘2500日圓) 施設 女用露天浴池、包租室內浴池10、包租露天浴池1 交JR鹿兒島本線鳥栖站搭往市民の森方向的西鐵巴士20分，富士通リサイクルセンター前下車，步行3分(上車時請告知司機欲下車的站名) P20輛(免費)

※有英文對應，無中文對應

備有獨棟形式的11棟包租浴池和女性專用的露天浴池。包租浴池的溫泉水開關為投幣計時的方式，女用露天浴池於週六日、假日採包租制。

佐賀 嬉野溫泉

●うれしのおんせんこうしゅうよくじょう「シーボルトのゆ」

嬉野溫泉公共浴場「シーボルトの湯」

有

✆0954-43-1426 書末地圖 13F

所嬉野市嬉野町下宿乙818-2 L6:00～21:30 休第3週三(逢假日則翌日休) ¥成人400日圓、小學生200日圓、小學生以下免費(需有保護者同行)，包租浴池最多5名50分鐘2000日圓 施設 男女別室內浴池、包租室內浴池5 交JR佐世保線武雄溫泉站搭往嬉野溫泉方向的JR九州巴士33分，嬉野溫泉下，車步行6分 P50輛(免費)

※有中、英文對應

除了男女別大浴場外，另有5間包租浴池。橘色屋頂的顯眼外觀，散發出西洋古典建築的風情。還提供訂餐外送服務。

長崎 長崎溫泉

●ながさきいおうじま しまかぜのゆ

長崎伊王島 島風の湯

有 有

✆095-898-2000 書末地圖 16D

所長崎市伊王島町1仙崎甲3278-3 L9:00～22:30(包租浴池～22:00，食堂11:00～21:00) 休無休 ¥大浴場(附毛巾租借)成人800日圓、兒童500日圓(週六日、假日成人1000日圓、兒童700日圓)，包租浴池1小時2990日圓(週六日、假日3990日圓) 施設 男女別室內浴池、男女別露天浴池、包租露天＋室內浴池10 交JR長崎站搭往伊王島バスターミナル方向的長崎巴士50分，終點站下車步行10分(從長崎站有接駁巴士運行，採預約制) P200輛(免費)

※有中、英文對應

隸屬於長崎溫泉やすらぎ伊王島的溫浴設施。能享受從地下1800m湧出的自家源泉，還附設展望浴池、包租浴池、餐廳等。

熊本 阿蘇乙姫溫泉

●あそおとひめおんせん ゆらゆら

阿蘇乙姫温泉 湯ら癒ら

有 有

☎0967-32-5526 書末地圖 24D

所 阿蘇市乙姫2052-3 L 10:00～23:00(週日、假日9:30～，餐飲設施11:00～14:00) 休 無休(有維修公休) ¥ 包租浴池最多3名1小時10分1650日圓～(週六日、假日1小時1650日圓～，每追加1名或延長15分鐘400日圓) 施設 包租室內浴池5、包租露天+室內浴池10 🚃JR豐肥本線內牧站搭計程車5分 P 40輛(免費)

※無中、英文對應

總計有15間以檜木、磁磚、天然岩石等材質設計而成的浴室，例如置有膠囊式岩盤浴的房間、附溜滑梯的露天浴池等。

熊本 岳之湯地獄谷溫泉

●たけのゆじごくだにおんせん ゆうか

岳の湯地獄谷温泉 裕花

有 有

☎0967-46-4935 書末地圖 15F

所 阿蘇郡小国町北里天句松1800-33 L 8:00～21:00(包租浴池24小時開放) 休 第3週三(咖啡廳週三休，逢假日則翌日休) ¥ 成人600日圓、小學生400日圓，包租室內浴池最多4名50分鐘1300日圓～(每追加1名500日圓) 施設 男女別露天浴池、包租室內浴池14 🚃JR豐肥本線阿蘇站搭往杖立溫泉方向的產交巴士1小時，在公路休息站「ゆうステーション」換搭往岳之湯方向的產交巴士30分，中尾入口下車，步行即到 P 70輛(免費)

※無中、英文對應

大露天浴池與主建物相連，四周還有多間獨棟式的包租浴池。備有石砌、岩石、檜木、木桶4種類型的包租室內浴池，24小時皆可利用。

熊本 岳之湯溫泉

●ほうれいのゆ

豊礼の湯

有 無

☎0967-46-5525 書末地圖 23D

所 阿蘇郡小国町西里2917 L 24小時(露天大浴池8:00～20:00，包租露天浴池～19:00、部分～20:00) 休 無休 ¥ 成人500日圓、小學生200日圓，包租室內浴池1小時800日圓，包租露天浴池1小時1200日圓、1500日圓 施設 男女別露天浴池、包租室內浴池6、包租露天浴池11 🚃JR豐肥本線阿蘇站搭往杖立溫泉方向的產交巴士1小時，在公路休息站「ゆうステーション」換搭往岳之湯方向的產交巴士35分，終點站下車，步行7分 P 70輛(免費)

※有中、英文對應

共有17間投幣式的包租浴池，也備有無障礙設計的泡湯空間。除大露天浴池和包租露天浴池以外，其餘皆24小時開放使用。

熊本 七水木溫泉

●おんせんてい ゆ～あん

温泉邸 湯～庵

有 有

☎096-275-1677 書末地圖 18A

所 熊本市北区植木町亀甲1526-1 L 10:00～24:00(週五～日、假日、假日前日～翌日1:00) 休 一年有2次維修公休 ¥ 包租浴池50分鐘1500日圓～(每延長10分鐘300日圓，每追加1名成人400日圓、小學生以下300日圓)、包租附休憩和室的露天浴池1小時2200日圓(基本利用人數視各浴池而異) 施設 包租露天浴池10、包租露天+室內浴池5、包租附休憩和室的露天浴池2 🚃JR鹿兒島本線植木站搭計程車20分 P 45輛(免費)

※無中、英文對應

擁有17間包租浴池的專門設施。泡湯浴槽皆經過精心設計，有半露天式、附室內浴池、附休憩和室等多元種類可以選擇，使用前都會更換溫泉水。

熊本 山江溫泉

●やまえおんせん ほたる

山江温泉 ほたる

有 有

☎0966-22-7171 書末地圖 6F

所 球磨郡山江村万江甲423

L 8:00～22:00(包租浴池～21:00)

休 第3個週一(逢假日則延至隔週的週一休)

¥ 成人450日圓、兒童(3～15歲)300日圓，包租浴池1小時1500日圓(需預約)

施設 男女別室內浴池、男女別露天浴池、包租室內浴池2 🚃JR肥薩線人吉站搭計程車10分 P 100輛(免費)

提供氣泡湯、步行浴等多樣泡湯樂趣的大浴場，採每天男女湯互換的方式。從地下1000m湧出的碳酸泉水，擁有山林溫泉特有的清澈泉質。

熊本 山鹿溫泉

●かぞくゆ こうせんかく

家族湯 幸泉閣

有 無

☎0968-44-4880 書末地圖 15H

所 山鹿市鹿校通1-23-8 L 24小時 休 無休

¥ 包租室內浴池2名50分鐘900日圓～(23:00以後2名50分鐘1000日圓)、包租露天+室內浴池2名50分鐘1200日圓(皆每追加1名100日圓、每延長10分鐘200日圓)

施設 包租室內浴池10、包租露天+室內浴池4 🚃JR熊本站搭經由来民往山鹿溫泉方向的產交巴士1小時15分，鹿校通一丁目下車，步行5分 P 30輛(免費)

24小時開放的包租浴池專門設施。有4間露天+室內浴池、10間室內浴池，能享受汲取自山鹿溫泉源泉的溫泉水。

熊本 荒尾溫泉

●かぞくぶろ いつでもいちばんぶろ

家族風呂 いつでも一番風呂

有 有

☎0968-68-7773 書末地圖 14H

(荒尾温泉 ドリームの湯)

所 荒尾市水野1534-1

L 11:00～22:00(營業時間可能提前結束)

休 一年有2、3次維修公休

¥ 包租浴池最多5名，50分鐘1500日圓

施設 包租室內浴池10

🚃JR鹿兒島本線大牟田站搭計程車15分

P 300輛(免費)

※無中、英文對應

位於「荒尾温泉 ドリームの湯」內的包租浴池專用設施。每次都會更換溫泉水，隨時享受最乾淨的溫泉湯浴。10間包租浴池皆為室內浴池。

熊本 秘境溫泉

●かくれがおんせん こおやまリゾート

隠れ家温泉 古保山リゾート

有 有

☎0964-25-2206 書末地圖 18E

所 宇城市松橋町古保山虎御前97-4 L 10:00～22:00(週日、假日～24:00) 休 無休 ¥ 成人500日圓、兒童(4歲～小學生)300日圓，包租室內浴池1小時2000日圓(週六日、假日50分鐘)、包租露天+室內浴池1小時2500日圓(週六日、假日50分鐘)、特別室1小時3500日圓(週六日、假日50分鐘，需預約)、特別室包租6小時17000日圓～(需預約)，包租浴池延長費用每30分鐘500日圓～(特別室1500日圓) 施設 男女別室內浴池、男女別露天浴池、包租室內浴池8、包租露天+室內浴池4 🚃JR鹿兒島本線松橋站搭計程車10分 P 150輛(免費)

※無中、英文對應

備有大浴場、8間包租室內浴池、4間包租露天+室內浴池。包租露天+室內浴池的其中2間為特別室，能提供包租6小時的服務。

熊本 人吉溫泉

●ホテルはなのしょう ゆのくら

ホテル華の荘 湯の蔵

有 有

0966-22-1126 書末地圖 6F

（ホテル華の荘） 所人吉市東間下町3316 L6:00～23:30（包租露天+室內浴池9:00～23:00） 休無休 ¥成人600日圓、兒童（4～12歲）300日圓（餐廳用餐者與每月26日成人300日圓），包租露天+室內浴池2名1小時1800日圓（週六日、假日1小時200日圓） 施設 男女別室內浴池、男女別露天浴池、包租露天+室內浴池6 JR肥薩線人吉站搭計程車7分 P150輛（免費）

※無中、英文對應

附設於ホテル華の荘的溫泉館。露天浴池的周圍栽種著南國樹木，營造出悠閒的度假氛圍。包租露天+室內浴池共有6間，最好事先預約為佳。

大分 新川大深度地熱溫泉

●しんかわてんねんおんせんサマサマ

新川天然溫泉 SamaSama

有 有

097-514-3030 書末地圖 19A

所大分市勢家1137 D-plaza內 L10:00～翌日1:00（第2個週三17:00～，逢假日則翌日17:00～） 休無休 ¥成人600日圓、小學生230日圓、幼兒（4歲～）100日圓、70歲以上400日圓，包租浴池1小時2500日圓、1.5小時3000日圓 施設 男女別露天浴池、包租室內浴池4、包租露天浴池4 JR大分站搭經由新川往5號地・関の江方向的大分交通巴士10分，新川下車，步行即到 P500輛（免費）

※有英文對應，無中文對應

位於複合設施「D-plaza」內。提供多種SPA舒壓療程，備有溫泉以及德文名為Moor（褐炭）的琥珀色地熱水。

大分 神崎溫泉

●かんざきおんせん てんかいのゆ

神崎溫泉 天海の湯

有 有

097-537-7788 書末地圖 19A

所大分市神崎蟹喰62-8 L8:00～24:00（週四12:00～，包租浴池10:00～） 休無休 ¥成人500日圓、兒童（4歲～小學生）200日圓，包租浴池50分鐘2000日圓～（包租露天+室內浴池的其中2間從1星期前接受預約，其他間當天預約即可） 施設 男女別室內浴池、男女別露天浴池、包租室內浴池4、包租露天+室內浴池3 JR日豐本線西大分站搭計程車5分 P50輛（免費）

※無中、英文對應

備有男女別大浴場和7間包租浴池，所有浴池皆能飽覽別府灣的景致。設有陶製露天浴池及檜木室內浴池的「日和」人氣極高，旁邊就是用餐處。

大分 別府溫泉鄉

●さくらゆ

桜湯

有

0977-25-8431 書末地圖 22G

所別府市堀田4-2 L11:00～23:00（週六日、假日10:00～24:00，大浴場～22:00） 休無休 ¥成人500日圓、小學生以下250日圓（週六日、假日成人700日圓、小學生以下350日圓），包租室內浴池1小時2000～3000日圓（每延長30分鐘1000日圓，平日前30分鐘免費） 施設 男女別室內浴池、男女別露天浴池、包租室內浴池20 JR日豐本線別府站搭計程車15分 P60輛（免費）

※無中、英文對應

彷彿環繞著庭園而建的20間包租浴池內，有陶器、檜木、天然石、木桶、花崗岩等各種浴槽。另有附大露天浴池的男女別大浴場。

大分 別府溫泉鄉

●かしきりぶろ みゆきのゆ

貸切風呂 みゆきの湯

有

0977-75-8200 書末地圖 22F

所別府市鉄輪御幸3組 L11:00～23:00（週日、假日10:00～） 休無休 ¥包租室內浴池1小時2000日圓、包租露天+室內浴池1小時2500日圓 施設 包租室內浴池4、包租露天+室內浴池4 JR日豐本線別府站搭往鉄輪方向的龜之井巴士25分，鉄輪下車，步行3分 P40輛（免費）

※無中、英文對應

為包租浴池的專門設施，8間包租浴池中有4間是露天+室內的房型。另備有適合身障者和高齡者使用的無障礙空間浴室。

大分 別府溫泉鄉

●おにいしのゆ

鬼石の湯

有

0977-27-6656 書末地圖 22F

所別府市鉄輪559-1 L10:00～21:30 休第1個週二（逢假日則翌日休），黃金週照常營業 ¥成人620日圓、小學生300日圓、兒童（2歲～）200日圓，包租室內浴池1小時2000日圓 施設 男女別室內浴池、男女別露天浴池、包租室內浴池5 JR日豐本線別府站搭經由野口原往鉄輪方向的龜之井巴士20分，海地獄前下車步行即到 P40輛（免費）

※無中、英文對應

附設於「地獄巡禮」之一的鬼石坊主地獄，為純泡湯不住宿的設施。不僅能徜徉森林浴，還能輕鬆自在地享受泡湯之樂。

大分 別府大平山溫泉

●べっぷおおひらやまおんせん おかたのゆ

別府大平山溫泉 おかたの湯

0977-22-4126 書末地圖 22F

所別府市竹の内5組 L11:00～22:00（週六日、假日9:00～） 休不定休 ¥包租室內浴池1小時1300日圓～（每延長30分鐘650日圓～）、包租露天浴池1小時2000日圓（每延長30分鐘1000日圓） 施設 包租室內浴池8、包租露天浴池2 JR日豐本線別府站搭往扇山団地方向的龜之井巴士30分，終點站下車，步行3分 P20輛（免費）

※無中、英文對應

只提供包租浴池的設施。10間中有6間是獨棟式浴池，2間屬於源泉放流、8間為投幣式，浴槽則有岩石、檜木、木桶、石窟等各種樣式。

大分 別府溫泉鄉

●スーパーおんせん やまなみのゆ

スーパー溫泉 やまなみの湯

有

0977-67-4126 書末地圖 22F

所別府市鶴見103-3 L12:00～翌日8:00（週六日、假日24小時開放） 休無休 ¥成人450日圓、兒童（4歲～小學生）220日圓，包租室內浴池1小時1800日圓～ 施設 男女別室內浴池、男女別露天浴池、包租室內浴池11 JR日豐本線別府站搭往立命館アジア太平洋大學方向的龜之井巴士15分，朝日支所前下車步行5分 P700輛（免費）

※無中、英文對應

備有各種功效的溫泉浴池，如添加10多種藥草的中藥三溫暖、韓國式刷澡等豐富選項。另有收費休憩所。

大分 生龍溫泉

●たからおんせん

たから溫泉

有

0973-78-8303 書末地圖 23B

所玖珠郡九重町町田1906-4 L9:00～21:00 休不定休 ¥成人300日圓、兒童（1歲～小學生）150日圓 施設 男女別露天浴池、包租室內浴池7 JR久大本線豐後森站搭往宝泉寺方向的玖珠觀光巴士25分，生竜下車，步行3分 P15輛（免費）

無中、英文對應

有男女別露天浴池和7間包租室內浴池，由於價格平實，因此吸引不少人來純泡湯。泉量豐富，屬於源泉放流式的天然溫泉。

 有休憩所  有餐飲設施 無

大分 瀨之本溫泉

●こうげんのかくれが スパ・グリネス

高原の隠れ家 スパ・グリネス

0967-44-0899 書末地圖 23F

所 玖珠郡九重町湯坪瀨の本628-2 L 10:00～18:30 休 不定休 ¥ 包租浴池(2名以上受理)1名1.5小時1960日圓、2230日圓、2770日圓(需預約)、1名3小時3850日圓、4390日圓、5470日圓、6550日圓(需預約) 施設 包租室內浴池6、包租露天+室內浴池2 🚌 JR豐肥本線豐後竹田站搭經由久住往直入支所方向的大野竹田巴士24分，久住支所前下車，搭計程車7分 P 40輛(免費)

※有中、英文對應

複合設施「COCO VILLAGE」內的住宿設施，也提供不住宿純泡湯的服務。獨棟的客房共有8間、5種類型，2人以上才可利用，需事前預約。

宮崎 蝦野高原溫泉

●こくみんしゅくしゃ えびのこうげんそう

国民宿舎 えびの高原荘

0984-33-0161 書末地圖 8A

所 えびの市末永1489 L 11:30～19:00(包租室內浴池～18:00，附餐入浴～15:00) 休 無休 ¥ 成人520日圓、兒童(6～12歲)300日圓，包租室內浴池1小時1030日圓(入浴費另計)，附餐入浴3700日圓～(需預約) 施設 男女別室內浴池、男女別露天浴池、包租室內浴池4 🚌 JR吉都線小林站搭計程車40分 P 50輛(免費)

※有英文對應，無中文對應

能眺望韓國岳的露天浴池人氣度很高，吸引許多前來純泡湯的遊客。泉質為富含鈣、鎂的碳酸氫化鹽泉，具有美肌效果。

宮崎 山田溫泉

●かかしのさとゆぽっぽ かぞくゆ

かかしの里ゆぽっぽ 家族湯

0986-64-2131 書末地圖 19H

所 都城市山田町中霧島3340-2 L 9:00～21:00 休 第2週三(4月第2週二、三，10月第2週二～四，逢假日皆改翌日休) ¥ 包租室內浴池1小時1440日圓(每延長30分鐘720日圓) 施設 包租室內浴池11、身障者專用包租室內浴池1 🚌 JR日豐本線都城站搭往山田方向的宮崎交通巴士27分，かかしの里ゆぽっぽ下車，步行即到 P 370輛(免費)

※無中、英文對應

12間包租浴池皆為室內浴池，其中2間鋪有能產生負離子的磁磚。備有無障礙空間設計的福祉浴池，可於1星期前電話預約。

鹿兒島 新川溪谷溫泉

●かれいがわのゆ

かれい川の湯

0995-54-6060 書末地圖 20C

所 霧島市隼人町嘉例川4471-2

L 10:00～23:00 休 不定休

¥ 包租室內浴池1小時1300日圓、包租露天+室內浴池1.5小時2600日圓、3600日圓(3600日圓的包租浴池有附免費毛巾、浴巾) 施設 包租室內浴池12、包租露天+室內浴池6 🚌 JR日豐本線隼人站搭計程車15分 P 20輛(免費)

※無中、英文對應

18間包租浴池在天降川沿岸一字排開。皆為室內浴池樣式，又分成附半露天浴池、附露天浴池、附3疊大的休憩室等3種類型。

鹿兒島 日當山溫泉

●とうゆのもり にほんゆごやものがたり

湯癒の杜 日本湯小屋物語

0995-42-3406 書末地圖 20C

所 霧島市隼人町姫城2486 L 10:00～23:00 休 第4個週一(逢假日則翌日休) ¥ 一般包租浴池1小時400日圓(週六日、假日1小時500日圓)、家族露天浴池 お伽草紙1小時1800日圓(週六日、假日1小時2000日圓)、家族風情浴池 枕草子1小時1500日圓(週六日、假日1小時1700日圓) 施設 包租室內浴池12、包租露天+室內浴池4 🚌 JR肥薩線日當山站步行15分 P 30輛(免費)

※無中、英文對應

包租浴池的專用設施，有以日本文學為主題的「家族露天浴池 お伽草紙」、「家族風情浴池 枕草子」以及8間一般包租浴池。

鹿兒島 日當山溫泉

●いやしのゆ かぞくおんせん さんすい

いやしの湯 家族温泉 山翠

0995-45-2226 書末地圖 20C

所 霧島市国分剣之宇都町207-1

L 10:00～24:00 休 無休

¥ 包租浴池小學生以上最多4名1小時1800日圓、2500日圓、3000日圓、3500日圓(平日可免費延長30分鐘，繁忙期除外)

施設 包租露天+室內浴池21

🚌 JR日豐本線國分站搭計程車10分

P 32輛(免費)

※有中、英文對應

共21間包租浴池。包租浴池依費用和浴池數量分成4種，但以室內浴池+露天浴池為基本款。也有人會自帶外食，悠閒享受泡湯時光。

鹿兒島 船津溫泉

●ふなつおんせん

船津温泉

0995-65-7777 書末地圖 20C

所 姶良市船津2760 L 9:30～22:30(包租浴池21:30，附包廂休憩1日利用10:00～16:00) 休 無休，餐廳週四公休(逢假日則營業) ¥ 成人390日圓、小學生150日圓，包租室內浴池1小時1500日圓、包租露天+室內浴池1.5小時3000日圓、附包廂休憩1日利用1000日圓 施設 男女別室內浴池、男女別露天浴池、包租室內浴池8、包租露天+室內浴池2 🚌 JR日豐本線帖佐站搭計程車8分 P 80輛(免費)

※無中、英文對應

有附遠紅外線三溫暖和電氣浴池的室內浴池、露天浴池。還有10棟包租浴池，內有三溫暖、水浴池、氣泡湯等設備，部分還附露天浴池。

鹿兒島 指宿溫泉

●かぞくおんせん ののか

家族温泉 野の香

0993-22-4888 書末地圖 8F

所 指宿市東方834-1 L 10:00～22:00 休 第1、3、5個週二，5月第1、5個週二和第3個週二、三(逢假日皆照常營業) ¥ 包租浴池1小時1500日圓(每延長30分鐘500日圓。週六日、假日1小時1800日圓，每延長30分鐘700日圓) 施設 包租露天+室內浴池8 🚌 JR指宿枕崎線指宿站搭計程車7分 P 20輛(免費)

※有中、英文對應

共有8間包租室內浴池，每間都置有如燒酎蒸餾桶、信樂燒陶製浴槽之類充滿日式風情的露天浴池以及一座小中庭。

不住宿溫泉

開開心心出遊去♪ 適合親子住宿的飯店

有些人可能會覺得家庭出遊是一件麻煩的事，但最近許多住宿設施都有推出符合兒童、嬰幼兒需求的設備和方案，一起來看看有哪些深得親子遊客青睞的住宿選擇吧！

大分 別府市　能提供三代同樂的休閒飯店

○すぎのいホテル　地圖 22G

杉乃井大飯店

☎0977-24-1141

附2食
成人　12894日圓～
兒童　8260日圓～

供HANA館房客享用的World Dining「Ceada Palace」

擁有本館、HANA館、中館等建築物的大型度假飯店。建於別府的高地上，從5層浴池所組成的大展望露天浴池「棚湯」的眺望視野美得令人屏息。備有菜色琳瑯滿目的自助餐廳、卡拉OK、保齡球場等，需著泳衣入場的露天型溫泉「The Aqua Garden」也很受歡迎。

大展望露天浴池「棚湯」

DATA IN 14:30 OUT 11:00 客房 和室29、西式客房170、和洋室437 特別室8 所 別府市観海寺1 交 JR日豐本線別府站搭免費接駁巴士15分 P 1400輛(免費)

熊本 南阿蘇村　在滿天星斗下入眠

○あそファームヴィレッジ　地圖 24E

阿蘇農場村莊

☎0967-67-2323

附2食
成人　14150日圓～
兒童　9100日圓～

每間客房的設計風格都各異其趣

位於阿蘇農場（請參照P.58）內的住宿設施。近450棟的圓頂型客房分別佇立在村莊區域、皇家區域和夢幻區域，除雙床房、四人房等西式客房外還有可容納6人入住的和室房型。牆壁和天花板一體成型的「圓滾滾」客房，給人一種沉靜安穩的感覺。

圓頂造型的飯店很討小朋友歡心

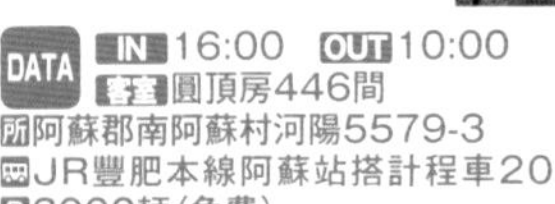

DATA IN 16:00 OUT 10:00 客房 圓頂房446間 所 阿蘇郡南阿蘇村河陽5579-3 交 JR豐肥本線阿蘇站搭計程車20分 P 3000輛(免費)

福岡 朝倉市　可享受選擇多元的泡湯樂趣

○たいせんかく　地圖 15C

泰泉閣

☎0946-62-1140

附2食
成人　12960～29700日圓
兒童　6480日圓～

晚餐會依季節和方案調整餐點內容(照片為示意圖)

除了著名的叢林浴池外，還有露天浴池、河童之湯、女性專用的雅之湯等別具特色的溫泉。客房以和室為主，依類型有的還能飽覽筑後川的風光。晚餐則提供能品嘗山海豪華拼盤的宴席料理。7～8月戶外游泳池會開放使用。

男女浴池會每日互換的叢林浴池

DATA IN 15:00 OUT 10:00 客房 和室65、和洋室5、獨棟3 所 朝倉市杷木志波20 交 JR久大本線筑後吉井站搭計程車10分 P 100輛(免費)

一起來check!

圖示凡例：出租嬰兒床／出租嬰兒車／嬰兒房、兒童區／提供兒童餐、副食品／游泳池／房內浴池、包租浴池

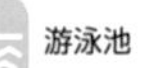
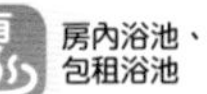

福岡 福岡市

離博多站步行僅5分的絕佳位置

エイエヌエイクラウンプラザホテルふくおか 書末地圖 21F

福岡ANA皇冠假日酒店

092-471-7111

¥ 雙床房 16500～35000日圓

位於交通便利的地點，很適合作為商務、觀光的據點。共有320間兼具舒適性與機能性的客房，也備有能享受更高等級休憩時光的Club Room。

讓人難以忘懷的一流服務

DATA IN 14:00 OUT 11:00 客房 單人房18、雙床房206、雙人房96 所 福岡市博多区博多駅前3-3-3 交 JR博多站步行5分 P 98輛(1晚1550日圓)

一起來check!

福岡 福岡市

以服務周到及高品質設備為特色

ホテルにっこうふくおか 書末地圖 21F

福岡日航酒店

092-482-1111

¥ 雙床房 34500～65900日圓

離車站很近，不論商務洽公、觀光都很方便，備有各種住宿方案和優惠活動。另有專屬教堂、健身中心及8間餐廳、酒吧等設施。

Luxury Twin房型的客房

DATA IN 14:00 OUT 12:00 客房 單人房141、雙床房170、雙人房41 所 福岡市博多区博多駅前2-8-25 交 JR博多站步行3分 P 117輛(1晚1500日圓)

一起來check!

福岡 福岡市

位於博多運河城一隅

キャナルシティ・ふくおかワシントンホテル 書末地圖 21F

福岡運河城華盛頓酒店

092-282-8800

¥ 雙床房 16200日圓～

(已含服務費，稅金另計)

座落在博多運河城的一角，緊鄰著鬧區中洲。早餐可另外付費享受日式及西式百匯自助餐，能吃到九州當地捕獲的烤魚等多樣知名美食。

總共有11種類型的客房

DATA IN 14:00 OUT 11:00 客房 單人房270、雙床房135、雙人房18 所 福岡市博多区住吉1-2-20 交 JR博多站搭經由國體道路往天神方向的西鐵巴士7分，キャナルシティ博多前下車，步行即到 P 1300輛(1晚1700日圓)

一起來check!

福岡 福岡市

散發歐洲品味的典雅飯店

ホテルモントレ ラ・スールふくおか 書末地圖 21F

福岡蒙特利拉蘇瑞酒店

092-726-7111

¥ 雙床房 28000日圓～

在設計上大量運用比利時裝飾藝術、新藝術風格元素的飯店，客房內則提供蓬鬆飽滿的羽絨寢具。

客房皆為木質地板

DATA IN 15:00 OUT 11:00 客房 單人房9、雙床房97、小雙人房75、雙人房9 所 福岡市中央区大名2-8-27 交 地下鐵天神站步行即到 P 28台(1晚1500日圓)

一起來check!

福岡 福岡市

寬敞的客房更增添幾分度假氣圍

ザ・レジデンシャルスイート・ふくおか 書末地圖 21F

福岡住宿套房酒店

092-846-8585

¥ 雙床房 14000日圓～

即便是雙床房面積也有44㎡以上，能享受舒適悠閒的住宿空間。所有房間皆備有小廚房、微波爐，徒步至福岡YAHUOKU！DOME僅需10分鐘。

空間寬敞的家庭客房

DATA IN 15:00 OUT 11:00 客房 單人房20、雙床房100 所 福岡市早良区百道浜1-3-70 交 地下鐵西新站步行10分 P 132輛(1晚1620日圓)

一起來check!

福岡 宗像市

以溫泉和料理自豪的度假飯店

げんかいロイヤルホテル 書末地圖 2B

玄海皇家度假大飯店

0940-62-4111

¥ 附2食 成人 11880日圓～ 兒童 8316日圓～

佇立於風光明媚的五月松原旁。度假飯店內除了291間客房外，還有露天溫泉岩石浴池、溫泉大浴場、卡拉OK酒吧、購物廣場等設施。晚餐可選擇日式或西式料理。

可一望玄界灘的度假飯店

DATA IN 15:00 OUT 11:00 客房 和室90、西式客房175、和洋室20等 所 宗像市田野1303 交 JR鹿兒島本線東鄉站搭計程車15分 P 200輛(免費)

一起來check!

福岡 朝倉市

筑後川河畔的度假飯店式住宿

はらづるグランドスカイホテル 書末地圖 15C

原鶴天空大飯店

0946-62-1951

¥ 附2食 成人 8550～13150日圓 兒童 5580日圓～

總計共121間客房，其中有82間和洋室以及39間西式客房。備有源泉放流的大浴場與露天浴池，晚餐可享使用當季食材的半宴席料理和自助百匯。

能近距離眺望筑後川與耳納連山

DATA IN 15:30 OUT 10:00 客房 西式客房39、和洋室82 所 朝倉市杷木久喜宮1820-1 交 JR久大本線筑後吉井站搭計程車10分 P 100輛(免費)

一起來check!

福岡 北九州市

地處小倉市中心、以無微不至的服務著稱

書末地圖 22B

和諧五號酒店

093-592-5401

¥ 雙床房 10000日圓～

以西式客房為主的飯店，共91間客房、可提供130人入住。席夢思床墊搭配羽絨寢具打造出舒適的睡眠環境，針對女性需求的衛浴用品也相當齊全。

緊鄰綠意盎然的勝山公園

DATA IN 15:00 OUT 11:00 客房 單人房17、雙床房17、雙人房48、和室8、和洋室1 所 北九州市小倉北区大手町12-3 交 JR鹿兒島本線西小倉站步行15分 P 40輛(1晚500日圓)

一起來check!

佐賀 武雄市

坐擁15萬坪的大片綠地

みふねやまかんこうホテル 書末地圖 13E

御船山観光ホテル

0954-23-3131

¥ 附2食 成人 10700日圓～ 兒童 5650日圓～

能享受大浴場「らかんの湯」、野趣十足和風露天浴池的溫泉旅館。晚餐可至餐廳品嘗充滿季節特色的宴席料理，能吃到手作豆腐的豆乳鍋宴席也人氣度很高。

附露天浴池的大浴場「らかんの湯」

DATA IN 15:00 OUT 10:00 客房 和室33、西式客房1 所 武雄市武雄町武雄4100 交 JR佐世保線武雄溫泉站搭往嬉野溫泉或彼杵方向的JR九州巴士8分，御船山楽園下車，步行4分 P 30輛(免費)

一起來check!

無 有

以上所示的價格，「雙床房」等代表2人份的客房費用，「附2食」等則代表1人份的住宿費用。

佐賀 武雄市 四季更迭的庭園與舒適住宿空間

○たけおセンチュリーホテル 書末地圖 13E

武雄世紀飯店

☎0954-22-2200

¥ 附2食 成人 12960日圓～ 兒童 9072日圓～（已含服務費，稅金另計）

飯店地處御船山的山麓，一年四季都能欣賞到不同的美麗風貌。旁邊還有優美的日本庭園「慧州園」、以中國陶瓷器為主要展示品的陽光美術館等設施。

春天的杜鵑妝點了日本庭園

DATA IN 15:00 OUT 11:00 客房 和室11、西式客房37、獨棟2 所 JR佐世保線武雄溫泉站搭往嬉野溫泉或彼杵方向的JR九州巴士7分，枯木塔下車，步行即到 P 300輛(免費)

一起來check!

佐賀 唐津市 休閒設施充實的城市度假飯店

○からつロイヤルホテル 書末地圖 13B

唐津皇家度假大飯店

☎0955-72-0111

¥ 雙床房 19440日圓～

唐津市最大的度假飯店。和室和西式客房超過200間以上，雙床房也能做為三人、四人房使用。設有日西式料理的餐廳以及咖啡廳、沙發酒吧。

地處名勝虹之松原的附近

DATA IN 15:00 OUT 11:00 客房 單人房30、雙床房102、和室48、和洋室26 所 唐津市東唐津4-9-20 🚌 JR筑肥線東唐津站搭計程車5分 P 131輛(免費)

一起來check!

長崎 長崎市 極盡奢華的長崎屈指知名旅館

○にっしょうかん べってい こうようてい 書末地圖 25C

日昇館 別館 紅葉亭

☎095-824-2152

¥ 附2食 成人 14000日圓～ 兒童 成人價的70%

位於能俯瞰長崎市區的西坂之丘半山腰。僅三層樓高的建築物給人厚重的印象，別具特色。客房面積皆超過60㎡以上，還有5間獨棟形式、備有火爐和檜木浴池等設施的特別室。

別具風情的橫樑木門

DATA IN 14:00 OUT 11:00 客房 和室19、和洋室4 所 長崎市立山5-13-65 🚌 JR長崎站搭計程車15分 P 20輛(免費)

一起來check!

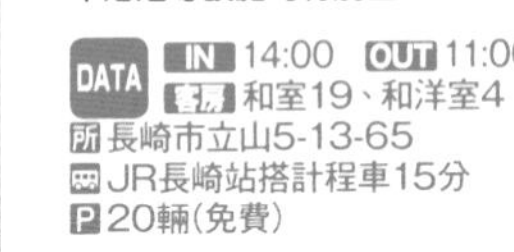

長崎 長崎市 在露天浴池遠眺的景致美不勝收

○にっしょうかん しんかん ばいしょうかく 書末地圖 25C

日昇館 新館 梅松鶴

☎095-824-2153

¥ 附2食 成人 10000～25000日圓 兒童 成人價的70%

以和室為主有57間客房，皆可一望長崎港和長崎市區的風景。可至展望露天浴池悠閒地泡湯，享受如繁星點點的閃爍城市夜景。晚餐可選擇懷石料理或長崎特有的桌袱料理。

兩間相連的寬敞和室

DATA IN 15:00 OUT 10:00 客房 和室29、和洋室28 所 長崎市浜平2-14-1 🚌 JR長崎站搭計程車15分 P 50輛(免費)

一起來check!

長崎 長崎市 可將百萬夜景盡收眼底

○ながさき にっしょうかん 書末地圖 25C

長崎 日昇館

☎095-824-2151

¥ 附2食 成人 7000日圓～ 兒童 成人價的70%

矗立於高台上的大型飯店，能飽覽長崎市區和稻佐山的夜色風光。館內有自助百匯餐廳、大浴場、卡拉OK等多樣設施，還可從2樓的大廳眺望絕佳美景。

床鋪擺放在榻榻米上，住起來很舒適

DATA IN 15:00 OUT 10:00 客房 西式客房156 所 長崎市西坂町20-1 🚌 JR長崎站搭計程車15分 P 50輛(收費，需至少1天前預約)

一起來check!

長崎 長崎市 能夠盡享長崎夜景與小酒館料理

書末地圖 25C

盧克廣場酒店

☎095-861-0055

¥ 雙床房 19440～30240日圓

地處稻佐山的山腰、擁有美麗迷人的夜景，從餐廳等處可眺望長崎市的風光。夜景側客房呈現極簡風格的設計品味，空間寬敞並提供舒適的羽絨寢具。

能欣賞庭園景致的Comfort Twin房型

DATA IN 14:00 OUT 11:00 客房 雙床房83、和室4 所 長崎市江の浦町17-15 🚌 JR長崎站搭往稻佐山方向的長崎巴士11分，觀光ホテル前下車，步行即到 P 90輛(免費)

一起來check!

長崎 雲仙市 坐擁雲仙首屈一指的日本庭園

○うんぜんみやざきりょかん 書末地圖 17D

雲仙宮崎旅館

☎0957-73-3331

¥ 附2食 成人 19590日圓～ 兒童 15552日圓～

擁有季節花卉的美麗日本庭園，以及引自雲仙溫泉源泉的大浴場及包租浴池。晚餐提供以當地食材入菜的宴席料理。旅館旁即著名的觀光景點雲仙地獄。

季節花卉綻放的雲仙第一日本庭園

DATA IN 14:00 OUT 10:30 客房 和室53、西式客房2、和洋室43 所 雲仙市小浜町雲仙320 🚌 JR長崎本線諫早站搭往雲仙方向的島鐵巴士1小時20分，雲仙お山の情報館前下車，步行即到 P 70輛(免費)

一起來check!

長崎 雲仙市 充滿木質溫暖的民藝旅館

○みんげいモダンのやど うんぜんふくだや 書末地圖 17D

民芸モダンの宿 雲仙福田屋

☎0957-73-2151

¥ 附2食 成人 12150～27050日圓 兒童 6000日圓～

散發出木質的溫馨感，以摩登民藝風格設計而成的住宿設施。以大量當地特產烹煮的「好いちょる鍋」，是道湯頭風味獨特的原創料理。另有庭園露天浴池和包租浴池。

共有8座源泉放流的浴場

DATA IN 15:00 OUT 10:00 客房 和室11、和洋室23 所 雲仙市小浜町雲仙380-2 🚌 JR長崎本線諫早站往雲仙方向的島鐵巴士1小時20分，西入口下車，步行即到 P 50輛(免費)

一起來check!

熊本 熊本市 注重睡眠及居住品質的城市飯店

○エイエヌエイクラウンプラザホテルくまもとニュースカイ 書末地圖 25G

ANA皇冠假日酒店 Kumamoto New Sky

☎096-354-2111

¥ 雙床房 14400日圓～

客房備有席夢思床墊與歐洲風格的亞麻寢具，衛浴用品也一應俱全。餐廳和酒吧還提供物超所值、酒藏豐富的葡萄酒，廣受歡迎。

以白色為主調的Superior Double房型

DATA IN 14:00 OUT 11:00 客房 單人房25、雙床房145、雙人房12 所 熊本市中央区東阿弥陀寺町2 🚌 JR熊本站步行8分 P 200輛(1晚1000日圓)

一起來check!

圖示凡例  出租嬰兒床  出租嬰兒車  嬰兒房、兒童區  提供兒童餐、副食品  游泳池  房內浴池、包租浴池

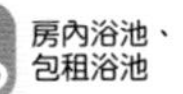

熊本 熊本市 以機能性和舒適度為優先考量

○ホテルくまもとテルサ 書末地圖 25G

熊本特爾薩酒店

0096-387-7777

¥ 雙床房 10500日圓～

鄰近水前寺成趣園的商務飯店，兼具舒適與機能性的設施一應俱全。除單人房、雙床房外還有無障礙空間客房、和室等，設備完善。

寬敞舒適的單人房

DATA IN 15:00 OUT 10:00 客房 單人房47、雙床房10、和室2、和洋室2 所 熊本市中央区水前寺公園28-51 🚌 JR熊本站搭往健軍町方向的市電A系統35分，市立体育館前下車，步行10分 P 170輛(1晚300日圓)

一起來check!

熊本 南小国町 坐擁一覽無遺遼闊視野的露天浴池

○さんあいこうげんホテル 書末地圖 23F

三愛高原飯店

0967-44-0121

¥ 附2食 成人 15270～26070日圓 兒童 7560日圓～

號稱當地第一的開闊露天浴池和一望無際的草原。白天可眺望草原風光、晚上則有滿天星斗相伴，讓人忘卻時間的流逝，只沉浸在泡湯的醍醐味中。

能飽覽阿蘇草原風光的露天浴池

DATA IN 15:00 OUT 10:00 客房 西式客房2、和洋室30 所 阿蘇郡南小国町満願寺5644 🚌 JR豐肥本線阿蘇站搭往由布院方向的產交九州横斷巴士(預約制)1小時，瀬の本下車，步行10分 P 50輛(免費)

一起來check!

熊本 小國町 擁有11條源泉，泉量豐富

○つえたてかんこうホテルひぜんや 書末地圖 15E

杖立肥前觀光飯店

0967-48-0141

¥ 附2食 成人 10800日圓～ 兒童 7560日圓～

杖立溫泉區最大的飯店，可供700人住宿、大部分客房皆能眺望溪流的景色。除了大浴場、景觀露天浴池外，還有源泉放流的大露天浴池「吉祥の湯」。

共有熊本館、大分館、數寄屋丸3棟建築物

DATA IN 15:00 OUT 10:00 客房 和室84、西式客房11、和洋室48 所 阿蘇郡小国町下城4223 🚌 JR久大本線日田站搭往杖立方向的日田巴士50分，終點站下車，步行即到 P 150輛(免費)

一起來check!

熊本 天草市 面天草西海岸的海景旅館

○ジャルディン・マールぼうようかく 書末地圖 16H

ジャルディン・マール望洋閣

0969-42-3111

¥ 附2食 成人 12960日圓～ 兒童 9072日圓～

面朝天草西海岸、可一望東海景色。欣賞夕陽的同時，還能邊大啖天草的在地美味海鮮。置有大浴場，能享受開湯已800年歷史的下田溫泉魅力。

從客房就能眺望沉入天草灘的夕陽美景

DATA IN 15:00 OUT 10:00 客房 和室50、西式客房7、和洋室5 所 天草市天草町下田北1201 🚌 JR熊本站搭往天草(本渡)‧下田溫泉方向的產交巴士2小時20分，在本渡巴士中心搭往下田溫泉方向的產交巴士46分，終點站下車步行即到 P 70輛(免費)

一起來check!

※客房浴池隨房型而異

大分 大分市 在大分的迎賓館體驗傳統的待客之道

○レンブラントホテルおおいた 書末地圖 19A

大分倫勃朗飯店

097-545-1040

¥ 雙床房 15000日圓～

備有面積23㎡的寬敞單人房，及豪華雙床房、高級雙床房等房型。附設以嚴選食材著稱的餐廳，提供自助百匯、日式料理、鐵板燒等多元菜色。

雙床房型的浴、廁是獨立空間

DATA IN 14:00 OUT 11:00 客房 單人房20、雙床房78、雙人房42、和室1 所 大分市田室町9-20 🚌 JR大分站步行8分 P 200輛(免費)

一起來check!

大分 別府市 提供美容沙龍、芳香療程等多樣服務

○しおさいのやど せいかい 書末地圖 22F

潮騷の宿 晴海

0977-66-3680

¥ 附2食 成人 24990日圓～ 兒童 10800日圓～

佇立海邊的度假旅館，客房窗戶就能欣賞別府灣早中晚皆各異其趣的風貌。晚餐提供2間和食和1間創作料理餐廳供選擇，也備有附餐的純泡湯不住宿方案。

位於海邊的露天浴池

DATA IN 15:00 OUT 11:00 客房 和室2、西式客房19、和洋室25 所 別府市上人ヶ浜町6-24 🚌 JR日豐本線龜川站搭往別府站方向的大分交通巴士4分，亀川バイパス入口下車，步行即到 P 60輛(免費)

一起來check!

大分 別府市 可眺望別府灣的景觀露天浴池和大浴場

○うみかおるやど ホテルニューまつみ 書末地圖 22G

海薰 新松實酒店

0977-23-2201

¥ 附早餐(已含服務費，稅金另計) 成人 9000日圓～ 兒童 成人價的70%

面別府灣的7樓高飯店。頂樓能欣賞別府風光的大浴場與6樓的露天浴池都擁有絕佳的景觀視野，另外還有包租浴池。晚餐可至別府街上的餐飲店享用。

可一望別府灣的展望露天浴池

DATA IN 15:00 OUT 10:00 客房 和室27、西式客房1、和洋室6 所 別府市北浜3-14-8 🚌 JR日豐本線別府站步行10分 P 40輛(1晚540日圓)

一起來check!

大分 日出町 景觀拔群的度假飯店

○べっぷわんロイヤルホテル 書末地圖 3E

別府灣皇家度假大飯店

0977-72-9800

¥ 附2食 成人 11880～33480日圓 (可能會有變動) 兒童 8316日圓～

可飽覽別府灣景致的度假飯店。1樓大廳以「深海」為主題打造出深藍色的牆面，瀰漫著一股高級度假空間的氛圍。

能享受日出溫泉滋潤的露天浴池

DATA IN 15:00 OUT 11:00 客房 和室74、西式客房199、和洋室7 所 速見郡日出町平道入江1825 🚌 JR日豐本線別府站搭計程車25分 P 240輛(免費)

一起來check!

大分 由布市 附露天浴池的獨棟客房

○おやど ごりんか 書末地圖 22H

お宿 五輪花

0977-85-3435

¥ 住宿費1棟 17000日圓～

腹地內只設置5棟獨棟樣式的客房，而且皆附有源泉放流的露天浴池。空間寬敞可容納4、5人利用，只有2人入住時的價位設定也相當合理。

附設在客房內的露天浴池

DATA IN 15:00 OUT 10:00 客房 和洋室5 所 由布市湯布院町川北177 🚌 JR久大本線由布院站步行15分 P 5輛(免費)

一起來check!

以上所示的價格，「雙床房」等代表2人份的客房費用，「附2食」等則代表1人份的住宿費用。

大分 由布市 打造如花朵般恬靜優雅的空間為宗旨

○ゆふいんことぶきはなのしょう 書末地圖 22H

由布院ことぶき花の庄

0977-84-2161

¥ 附2食 成人 14190～40110日圓 兒童 成人價的70、100%

泡湯時有能眺望由布岳風光的浴池，晚餐則可享宴席料理和豐後牛的鐵板燒。設有附露天浴池的客房、貴賓室、結婚會場、酒吧，9月還會舉辦夜能表演。

露天浴池還設有類似涼亭的屋頂

DATA IN 14:00 OUT 10:00 客房 和室36、西式客房4 所 由布市湯布院町川上2900-5 JR久大本線由布院站步行5分 P 30輛(免費)

一起來check!

大分 由布市 遊逛由布院的最佳據點

○ゆふいんやわらぎのさとやどや 書末地圖 22H

湯布院やわらぎの郷やどや

0977-28-2828

¥ 附2食 成人 20520日圓～ 兒童 成人價的70%

為大分縣第一個獲得日本Heartful Building Law認定，全館採通用設計的無障礙住宿設施。晚餐可在旅館內的餐廳享用豐後牛壽喜燒或涮涮鍋。

和洋室與和室房型設有殘障廁所

DATA IN 15:00 OUT 10:00 客房 和室3、西式客房9、和洋室7 所 由布市湯布院町川上2717-5 JR久大本線由布院站搭計程車5分 P 20輛(免費)

一起來check!

大分 由布市 以獨棟式客房、露天浴池、款待之心受到好評

○りょそう まきばのいえ 書末地圖 22H

旅荘 牧場の家

0977-84-2138

¥ 附2食(稅別) 成人 13000日圓～ 兒童 7560日圓～

以茅葺屋頂的主建物為中心，一旁並排佇立著獨棟式的客房。大露天浴池的人氣度很高，由布岳景觀就近在眼前。提供大分在地山珍海味的餐點也有口皆碑。

從露天浴池可以望見由布岳

DATA IN 15:00 OUT 10:00 客房 和室12 所 由布市湯布院町川上2870-1 JR久大本線由布院站步行10分 P 17輛(免費)

一起來check!

大分 由布市 位居由布院的中心地帶交通便捷

○ゆふいんさんすいかん 書末地圖 22H

ゆふいん山水館

0977-84-2101

¥ 附2食 成人 14190～37950日圓 兒童 9828日圓～

創業於1911年的老字號旅館，以飽覽由布院風光的露天浴池、可品嘗宴席料理等美味的餐廳「木綿鄉」著稱。男女別大浴場也提供給不住宿純泡湯的遊客使用。

能眺望由布岳的男用浴池「ゆふの湯」

DATA IN 15:00 OUT 10:00 客房 和室37、西式客房39、和洋室5 所 由布市湯布院町川南108-1 JR久大本線由布院站步行8分 P 40輛(免費※住宿房客專用)

一起來check!

大分 由布市 由花由區和夢之里區所組成

○ゆふいんはなよし 書末地圖 22H

ゆふいん花由

0977-85-5000

¥ 附2食 成人 20670日圓～ 兒童 成人價的50、70%

廣大腹地內分成花由區和夢之里區共計有25間獨棟客房，皆附室內浴池和露天浴池。花由區的本館和洋室內還設有專用的室內浴池。

位於夢之里區的女用浴場「めぐみの湯」

DATA IN 15:00 OUT 10:00 (夢之里區11:00) 客房 西式客房3、和洋室26 所 由布市湯布院町川北913-11 JR久大本線由布院站搭計程車7分 P 20輛(免費)

一起來check!

大分 由布市 一天只接待7組客人的旅館享受良泉與美食

○わふうりょかん つえのしょう 書末地圖 22H

和風旅館 津江の庄

0977-84-2100

¥ 附2食 成人 19590日圓～ 兒童 13600日圓～

7間客房皆為兩個房間相連的格局，分別為8張與6張榻榻米大小。另有1間獨棟客房，備有寬敞的檜木室內浴池。男女別的大浴場內還附設露天浴池。餐點則提供四季應時食材的宴席料理。

擺滿豐後牛牛排等當地食材的晚餐

DATA IN 15:00 OUT 10:00 客房 和室8 所 由布市湯布院町川上2093-4 JR久大本線由布院站搭計程車5分 P 10輛(免費)

一起來check!

大分 國東市 依季節變化的海鮮料理有口皆碑

○ホテルベイグランドくにさき 書末地圖 3D

HOTEL BAYGRAND KUNISAKI

0978-72-4111

¥ 附2食 成人 9180～17315日圓 兒童 5292日圓～

鄰近黑津崎海岸，備有人工陶瓷球粒溫泉、附三溫暖的大浴場。季節料理廣受好評，初夏時節能享用城下鰈魚、初秋則有美味的明蝦。

可一望周防灘還能從浴池欣賞日出美景

DATA IN 15:00 OUT 10:00 客房 和室24、西式客房6、和洋室3 所 國東市国東町小原4005 JR日豐本線杵築站搭往杵築バスターミナル的大分交通巴士10分，終點站下車後轉搭往国東方向的大分交通巴士48分，黒津崎海岸下車，步行即到 P 100輛(免費)

一起來check!

大分 日田市 設施、環境、浴場及各種備品一應俱全

書末地圖 15D

みるき～すぱサンビレッヂ

0973-57-3461

¥ 附2食 成人 10800～32400日圓 兒童 7560日圓～

建於小山丘上的度假式旅館。除了大浴場、露天浴池、包租浴池外，還有夏天營業的室外游泳池等多樣設施，很受家庭遊客的青睞。

除大浴場外還有男女別的岩浴池

DATA IN 15:00 OUT 10:00 客房 和室63、西式客房6、和洋室1 所 日田市天瀬町赤岩108-1 JR久大本線天瀬站步行15分 P 100輛(免費)

一起來check!

※は客室により異なる

宮崎 宮崎市 沉浸在四季如夏的度假氣氛

○エイエヌエイ ホリデイ・インリゾート みやざき 書末地圖 19H

宮崎ANA假日酒店

0985-65-1555

¥ 附早餐 成人 7650～43650日圓 兒童 5250日圓～

具都市風格的度假飯店。備有健身房、季節營業的室內溫水游泳池、溫泉展望大浴場，客房以海景房為大宗。料理皆取自當地食材烹調而成。

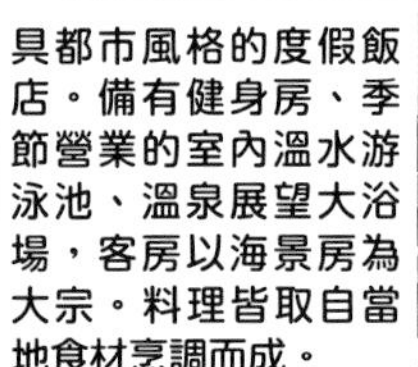
品味優雅的客房空間

DATA IN 15:00 OUT 11:00 客房 和室72、西式客房142 所 宮崎市青島1-16-1 JR日南線兒童之國站步行7分 P 200輛(免費)

一起來check!

圖示凡例  出租嬰兒床  出租嬰兒車  嬰兒房、兒童區   提供兒童餐、副食品  游泳池  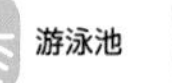 房內浴池、包租浴池 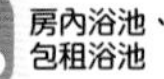

宮崎 宮崎市

青島觀光的據點，高台上的視野絕佳

○ルートイングランティアあおしまたいようかく 書末地圖 19H

露櫻GRANTIA青島太陽閣店

✆0985-65-1531

¥ 附2食 成人 9000日圓～ 兒童 3500日圓～

座落於宮崎的主要觀光地青島。以商務客群的單人房為主，也有家庭遊客需求的雙床房與和室。還附設有洞窟風呂、壺風呂等7種浴槽的純泡湯不住宿溫泉設施。

夜間點燈裝飾的露天浴池

DATA IN 14:00 OUT 10:00 客房 和室18、西式客房134、和洋室1 所 宮崎市青島西1-16-2 🚃JR日南線兒童之國站步行10分 P 90輛(免費※按先來後到順序)

一起來check!

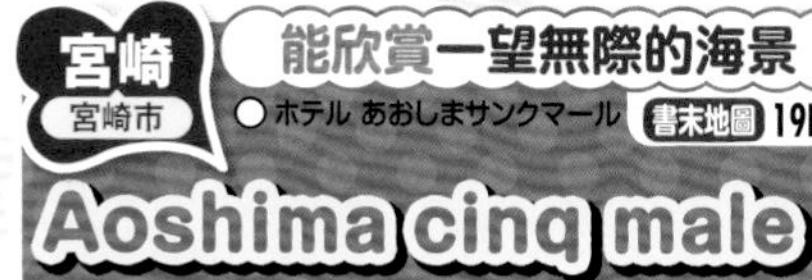

宮崎 宮崎市

能欣賞一望無際的海景

○ホテル あおしまサンクマール 書末地圖 19H

Aoshima cinq male

✆0985-55-4390

¥ 附2食 成人 10584日圓～ 兒童 8100日圓～

地處海岬突出處。從自家源泉所汲取的溫泉水為質地黏稠的美人湯，人氣度很高。備有住宿可免費使用包租露天浴池，還能品嘗以宮崎當地時令食材入菜的宴席料理。

讓人身心都獲得療癒的絕景風光

DATA IN 15:00 OUT 10:00 客房 和室29、西式客房9、和洋室2 所 宮崎市折生迫7408 🚃JR日南線青島站搭計程車5分 P 100輛(免費)

一起來check!

鹿兒島 鹿兒島市

可眺望錦江灣上的櫻島

○ベストウェスタンレンブラントホテルかごしまリゾート 書末地圖 25D

最佳西方鹿兒島倫勃朗度假飯店

✆099-257-2411

¥ 雙床房 12000日圓～

櫻島就近在眼前的灣岸飯店。備有5層禁菸樓層，可於預約時提出需求。備有游泳池、溫泉SPA、日西式料理餐廳、海洋教室等，設施相當完善。

座落於鴨池港附近的飯店

DATA IN 13:00 OUT 11:00 客房 單人房61、雙床房120、雙人房15 所 鹿兒島市鴨池新町22-1 🚃JR鹿兒島中央站搭往鴨池港方向的市營巴士30分，終點站下車，步行3分 P 45輛(1晚800日圓)

一起來check!

鹿兒島 指宿市

提供精心料理與誠心款待的純和風旅館

○いぶすきしゅうすいえん 書末地圖 8F

いぶすき秀水園

✆0993-23-4141

¥ 附2食 成人 21750～48750日圓 兒童 15120日圓～

離砂蒸會館「砂楽」步行僅3分鐘。提供四季風味鮮明的宴席料理及無微不至的接待服務，能盡享受舒適自在的度假時光。男女別大浴場、半露天包租浴池也都很受歡迎。

美味料理有口皆碑

DATA IN 14:00 OUT 10:30 客房 和室44、和洋室2 所 指宿市湯の浜5-27-27 🚃JR指宿枕崎線指宿站搭往山川棧橋方向的鹿兒島交通巴士5分，砂むし会館下車，步行3分 P 50輛(免費)

一起來check!

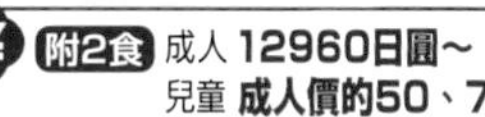

鹿兒島 指宿市

腹地內的黑薩摩燒窯場也很吸睛

○いぶすきロイヤルホテル 書末地圖 8F

指宿皇家酒店

✆0993-23-2211

¥ 附2食 成人 12960日圓～ 兒童 成人價的50、70%

大廳、餐廳、客房皆以明亮氛圍為基調的度假飯店，洋溢著一股南國風情。設有大浴場、游泳池、私人海灘、黑薩摩燒窯場等設施。

房型以西式客房為主

DATA IN 15:00 OUT 10:00 客房 和室13、西式客房36、和洋室19 所 指宿市十二町4232-1 🚃JR指宿枕崎線指宿站搭計程車5分 P 50輛(免費)

一起來check!

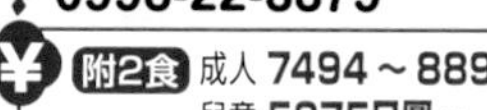

鹿兒島 指宿市

可享鄉土料理的質樸風格民宿

○いぶすきみんしゅく せんなりそう 書末地圖 8F

指宿民宿 千成荘

✆0993-22-3379

¥ 附2食 成人 7494～8898日圓 兒童 5875日圓～

客房皆為和室房型的家庭式民宿。提供免費Wi-Fi和LAN，餐點以鄉土料理和家常菜為主，浴場只提供包租室內浴池。砂蒸溫泉就近在咫尺。

提供家庭式的款待服務

DATA IN 15:30 OUT 9:30 客房 和室7 所 指宿市湯の浜5-10-9 🚃JR指宿枕崎線指宿站搭往山川棧橋方向的鹿兒島交通巴士5分，砂むし会館下車，步行即到 P 15輛(免費)

一起來check!

鹿兒島 指宿市

自然環繞舒適幽靜的飯店

○いぶすきベイテラス ホテルアンドスパ 書末地圖 8F

Ibusuki Bay Terrace HOTEL & SPA

✆0993-23-5552

¥ 附2食 成人 10800日圓～ 兒童 7560日圓～

可一望指宿市區和錦江灣的景色。有展望大浴場、包租露天浴池、岩盤浴、陶瓷球粒溫泉等豐富設施，還能吃到自家栽種蔬菜和當令食材的料理。

美得令人忘記時間流逝的景色

DATA IN 15:00 OUT 11:00 客房 和室36、西式客房12、和洋室12 所 指宿市東方5000 メディポリス指宿 🚃JR指宿枕崎線指宿站搭計程車20分 P 150輛(免費)

一起來check!

鹿兒島 霧島市

體驗山屋造型的露天浴池

○きりしまこくさいホテル 書末地圖 8B

霧島國際酒店

✆0995-78-2621

¥ 附2食 成人 11880～35000日圓 兒童 8316日圓～

提供外觀有如山間小屋的露天浴池「霧乃湯」以及乳白色硫磺泉、日本庭園風格的岩風呂「白紫」。還能品嘗充滿薩摩鄉土風味的宴席料理。

呈白濁色的露天浴池「白紫」

DATA IN 15:00 OUT 10:00 客房 和室60、西式客房30、和洋室40 🚃JR日豐本線霧島神宮站搭往霧島いわさきホテル方向的鹿兒島交通巴士30分，丸尾下車，步行即到 P 100輛(免費)

一起來check!

鹿兒島 さつま町

運動和休閒設施一應俱全

○インターナショナルゴルフリゾートきょうセラ 書末地圖 8A

京瓷國際高爾夫度假飯店

✆0996-57-1511

¥ 附2食 成人 12960日圓～ 兒童 6480日圓～

位在廣大丘陵的度假型飯店。設有高爾夫球場、足球場、網球場、附露天風呂的大浴場、備有多座游泳池的水上設施等，能享受充滿活力的假期時光。

能體驗多元豐富的戶外活動

DATA IN 15:00 OUT 10:00 客房 和室5、西式客房52、和洋室5 所 JR九州新幹線出水站搭往機場方向的南國交通巴士52分，薩摩支所前下車後搭計程車10分 P 250輛(免費)

一起來check!

以上所示的價格，「雙床房」等代表2人份的客房費用，「附2食」等則代表1人份的住宿費用。

按筆畫 INDEX

●遊樂園·主題樂園 ●動物園·水族館·牧場 ●公園·植物園 ●博物館·美術館·科學館 ●其他體驗 ●其他

※標示複數頁數的景點以其分類色優先表示

數字、外文字母

日文假名

一劃～五劃

六劃～八劃

九劃

十劃～十一劃

十二劃

十三劃以上

九州出遊MAP

好想到處走走！

附近有好玩的景點嗎？

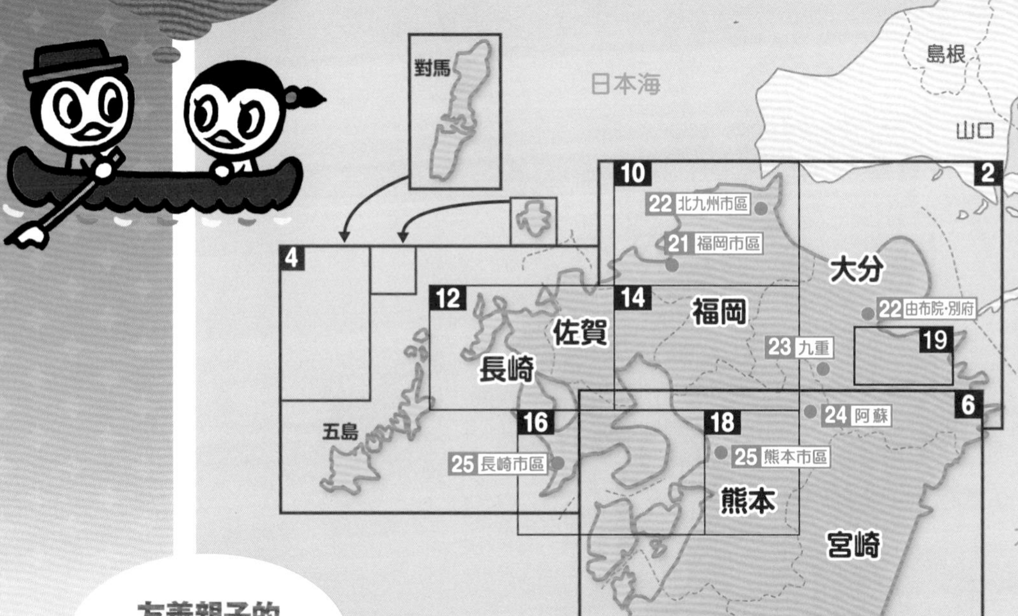

友善親子的
SA・PA

休假來趟
遠一點
的旅行吧！

地圖記號

P.70 ●そよ風パーク 本書介紹設施	★ 賞花名勝	⛩ 神社	海水浴
◯ 都道府縣廳	★ 紅葉名勝	卍 寺院	⛺ 露營
◎ 市公所	公路休息站	∴ 其他名勝	♨ 溫泉
⊙○ 町村公所			⌂ 住宿

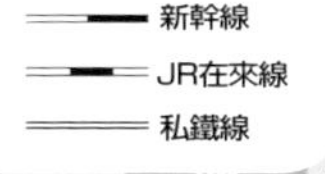

大型休息站(SA) 小型休息站(PA) 高速公路

3 高規格 收費 國道

5 收費 都道府縣道

一般道路

新幹線

JR在來線

私鐵線

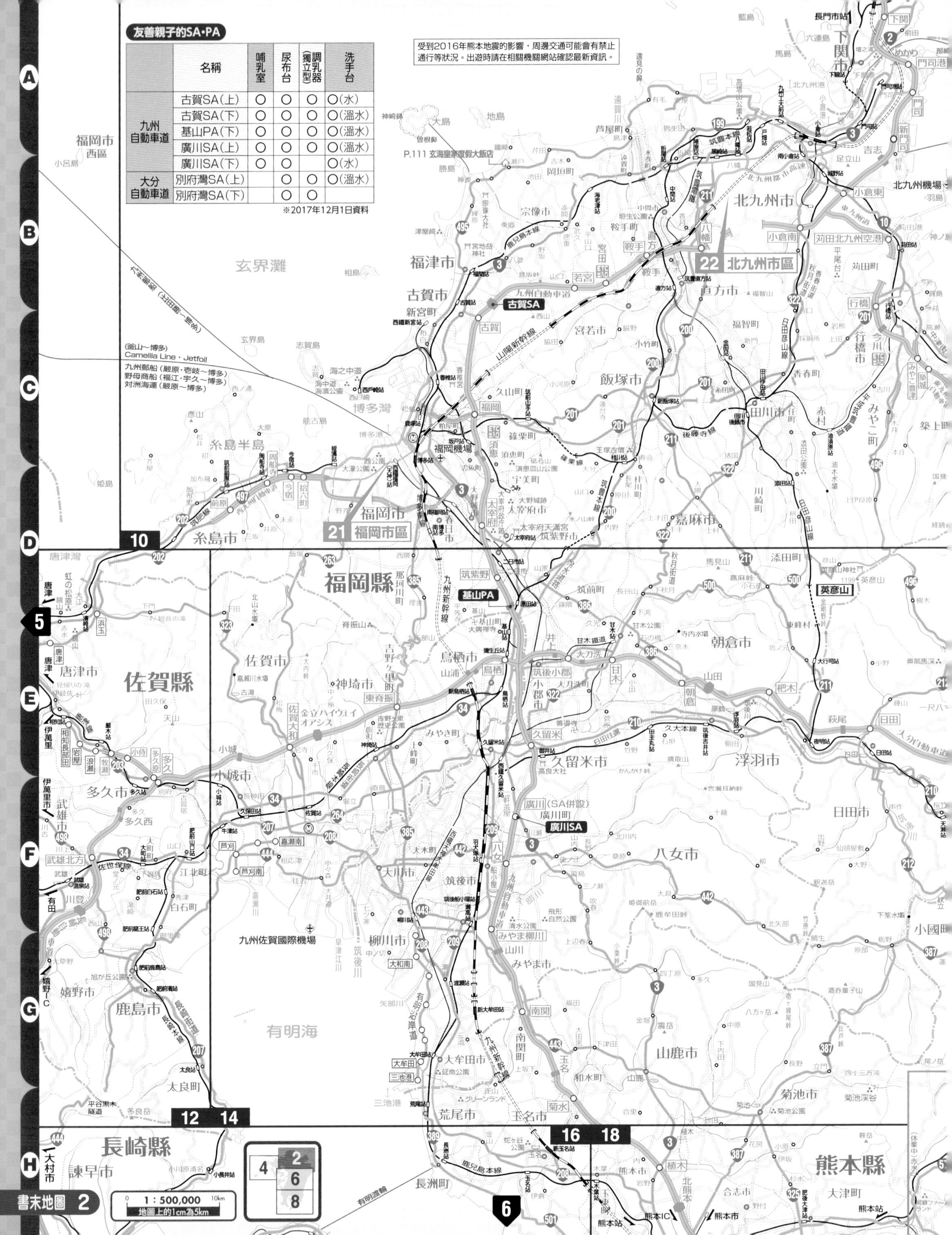

友善親子的SA‧PA

	名稱	哺乳室	尿布台	調乳器(獨立型)	洗手台
九州自動車道	古賀SA(上)	○	○	○	○(水)
	古賀SA(下)	○	○	○	○(溫水)
	基山PA(下)	○	○	○	○(溫水)
	廣川SA(上)	○	○	○	○(溫水)
	廣川SA(下)	○	○		○(水)
大分自動車道	別府灣SA(上)		○	○	○(溫水)
	別府灣SA(下)		○	○	

※2017年12月1日資料

受到2016年熊本地震的影響，周邊交通可能會有禁止通行等狀況。出遊時請在相關機關網站確認最新資訊。

1：500,000 地圖上的1cm為5km

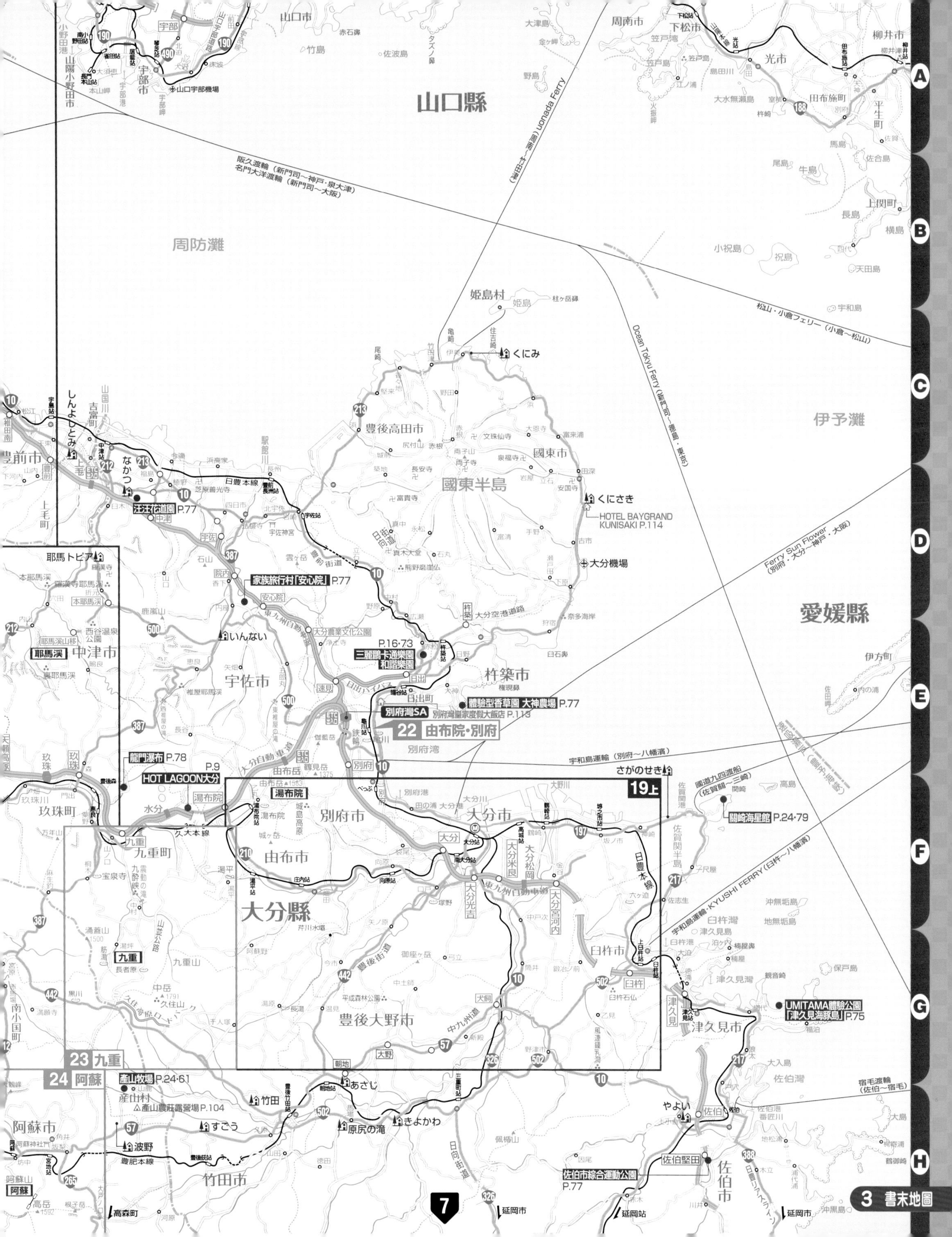

山口縣
山口市
周南市
下松市
光市
柳井市
宇部市
山陽小野田市
周防灘
阪久渡輪（新門司～神戶・泉大津）
名門大洋渡輪（新門司～大阪）
姬島村
姬島
くにみ
豐後高田市
國東半島
國東市
くにさき
HOTEL BAYGRAND KUNISAKI P.114
大分機場
伊予灘
愛媛縣
松山・小倉フェリー（小倉～松山）
Ocean Tokyu Ferry（新門司～德島・東京）
Ferry Sun Flower（別府・大分～神戶・大阪）
豐前市
しんよしとみ
なかつ
中津市
汪汪花道園 P.77
耶馬トピア
耶馬溪
宇佐市
家族旅行村「安心院」P.77
いんなんい
三麗鷗卡通樂園 和諧樂園 P.16・73
杵築市
體驗型香草園 大神農場 P.77
別府灣SA
別府灣皇家度假大飯店 P.113
22 由布院・別府
別府灣
宇和島運輸（別府～八幡濱）
さがのせき
國道九四渡船（佐賀關～三崎）
關崎海星館 P.24・79
龍門瀑布 P.78
HOT LAGOON大分 P.9
玖珠町
九重町
由布市
別府市
大分市
19上
大分縣
臼杵市
津久見市
UMITAMA體驗公園「津久見海豚島」P.75
宇和島運輸・KYUSHI FERRY（臼杵～八幡濱）
豐後大野市
23 九重
24 阿蘇
產山牧場 P.24・61
產山村
產山農莊露營場 P.104
竹田
あさじ
すごう
きよかわ
原尻の滝
波野
阿蘇市
竹田市
やよい
佐伯市
佐伯堅田
佐伯市綜合運動公園 P.77
宿毛渡輪（佐伯～宿毛）
延岡市
高森町
7
A
B
C
D
E
F
G
H

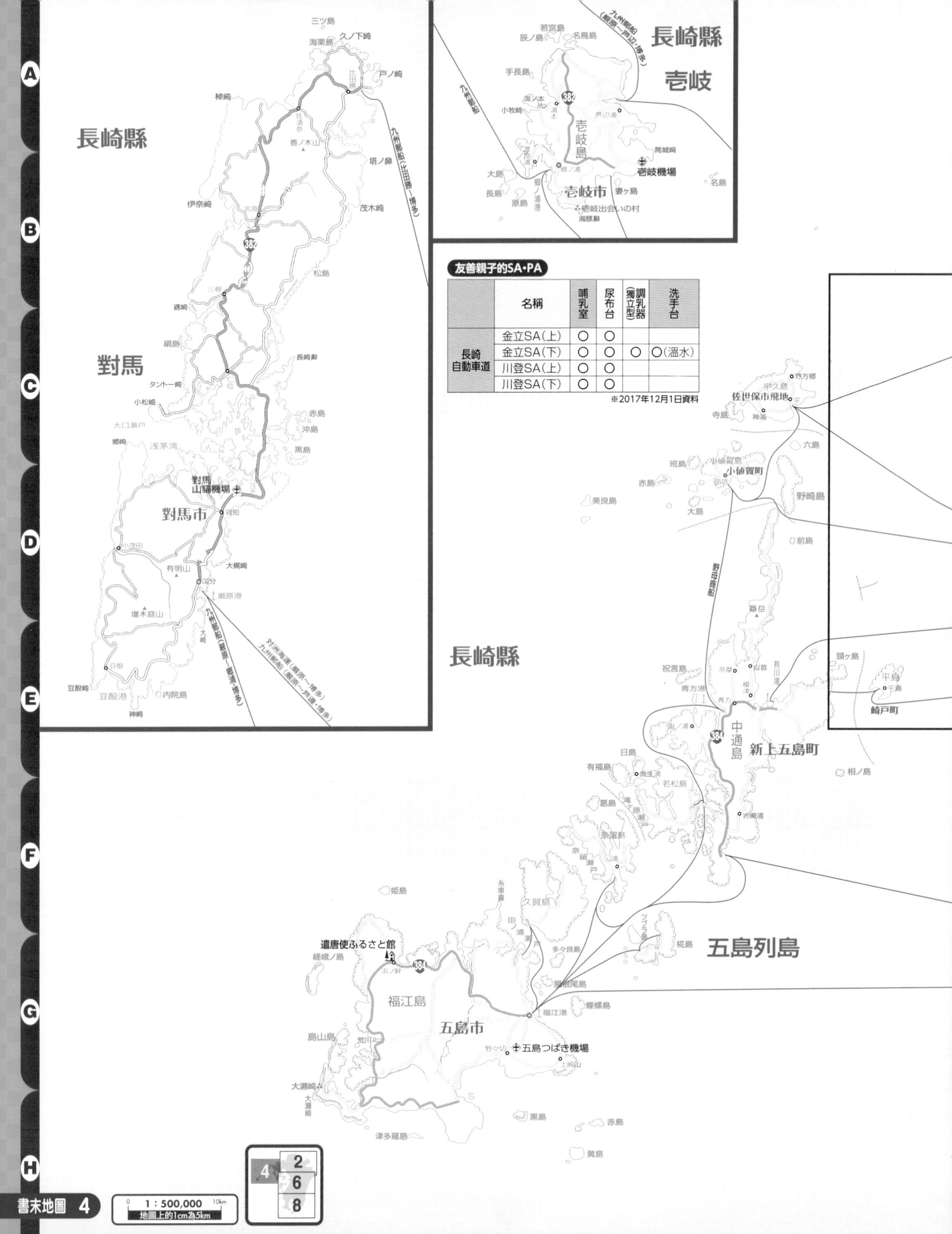

友善親子的SA·PA

	名稱	哺乳室	尿布台	調乳器（獨立型）	洗手台
長崎自動車道	金立SA(上)	○	○		
	金立SA(下)	○	○	○	○(溫水)
	川登SA(上)	○	○		
	川登SA(下)	○	○		

※2017年12月1日資料

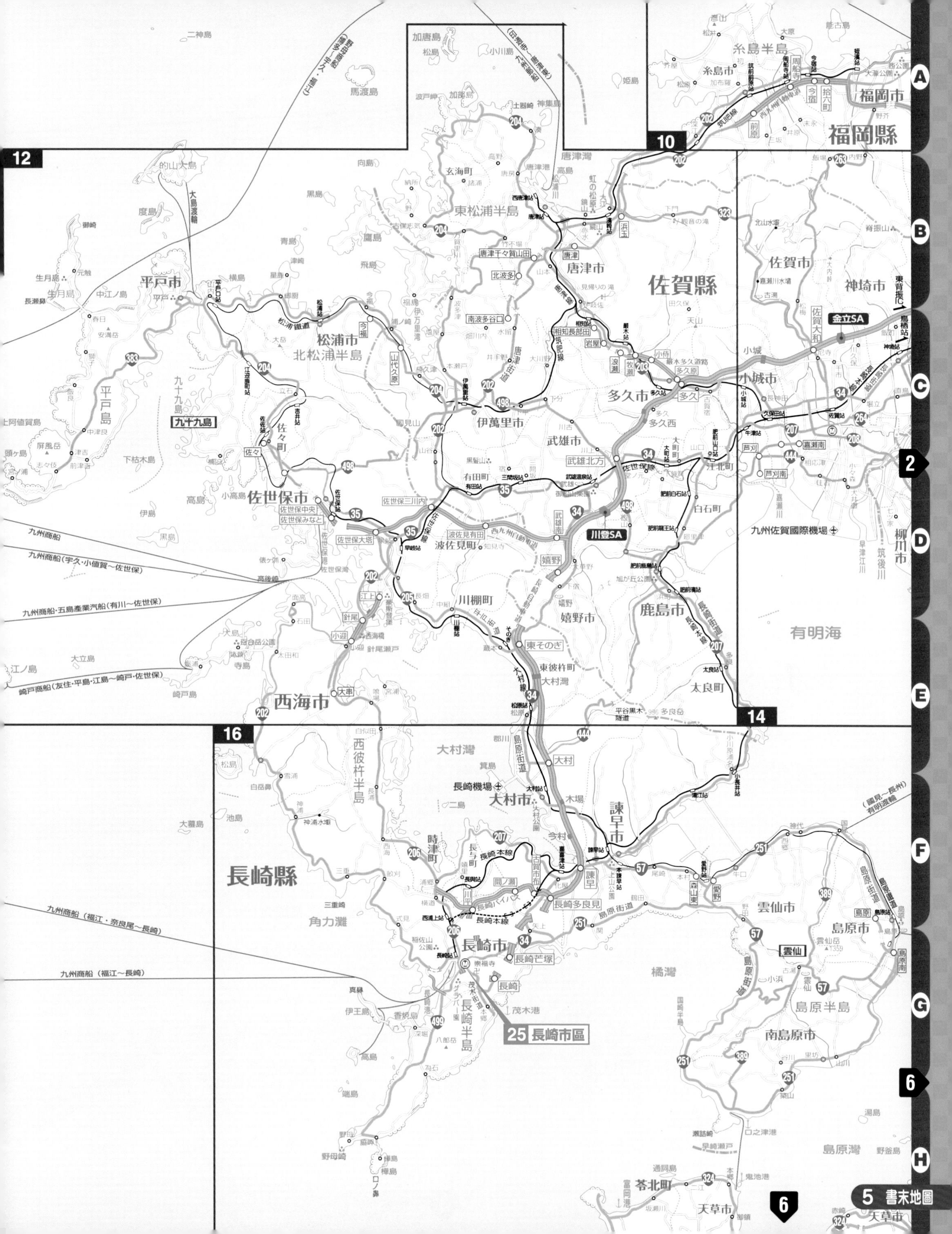

福岡縣
福岡市
糸島半島
糸島市
佐賀縣
佐賀市
神埼市
唐津市
唐津灣
東松浦半島
玄海町
伊萬里市
有田町
武雄市
多久市
小城市
江北町
白石町
鹿島市
嬉野市
太良町
有明海
九州佐賀國際機場
柳川市
平戸市
平戸島
松浦市
北松浦半島
佐々町
九十九島
佐世保市
波佐見町
川棚町
東彼杵町
大村灣
西海市
西彼杵半島
大村市
長崎機場
諫早市
時津町
長與町
長崎縣
長崎市
長崎半島
角力灘
橘灣
雲仙市
島原市
島原半島
南島原市
島原灣
苓北町
天草市
金立SA
川登SA
25 長崎市區
5 書末地圖

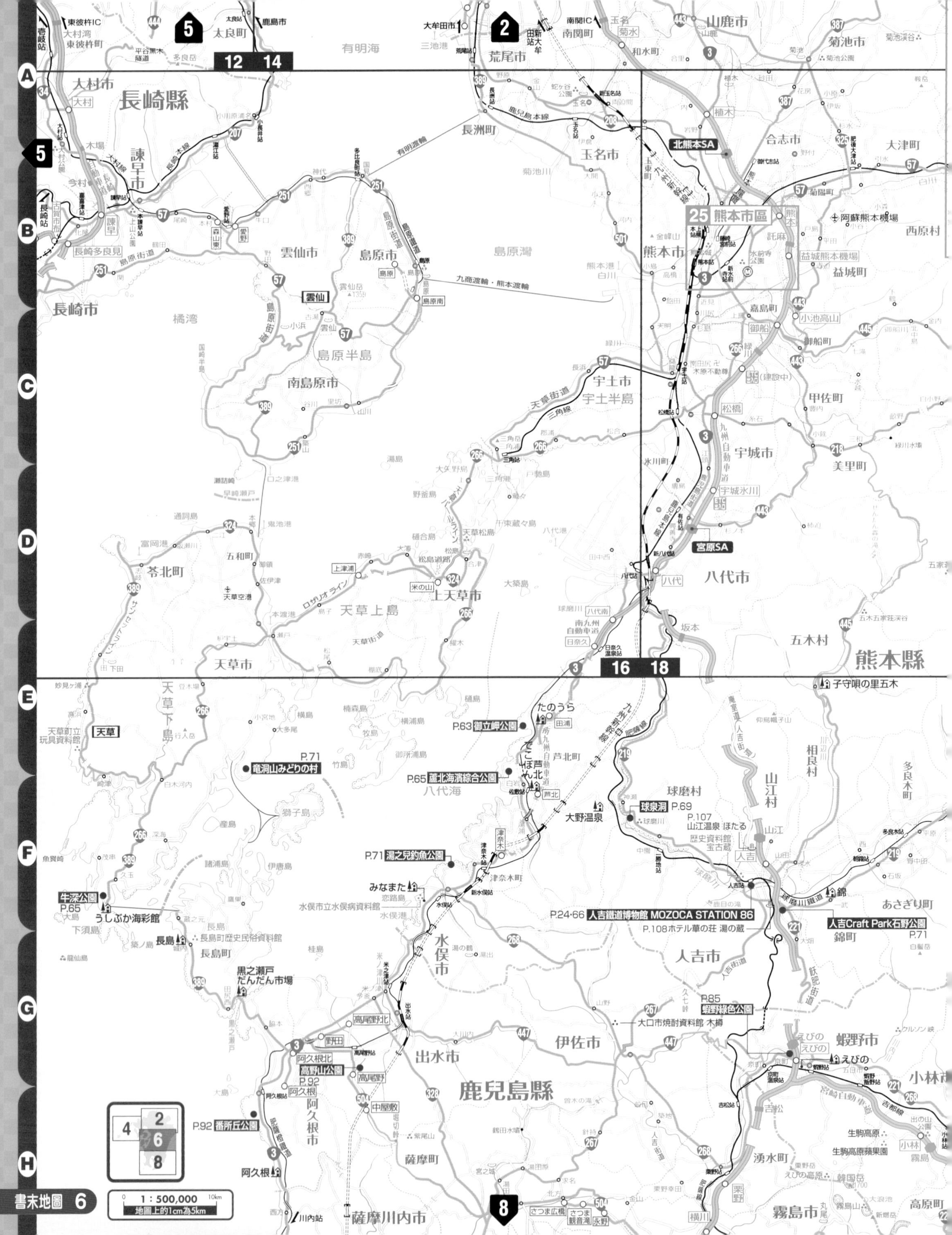
長崎縣
熊本縣
鹿兒島縣
大村市
諫早市
長崎市
雲仙市
島原市
南島原市
島原半島
島原灣
有明海
橘灣
荒尾市
玉名市
長洲町
山鹿市
菊池市
合志市
大津町
熊本市
25 熊本市區
西原村
益城町
嘉島町
御船町
甲佐町
宇土市
宇土半島
宇城市
美里町
八代市
五木村
苓北町
五和町
上天草市
天草上島
天草市
天草下島
八代海
芦北町
球磨村
山江村
相良村
多良木町
水俣市
長島町
出水市
阿久根市
伊佐市
人吉市
錦町
あさぎり町
蝦野市
小林市
湧水町
霧島市
薩摩町
薩摩川內市
高原町
P.63 御立岬公園
P.71 竜洞山みどりの村
P.65 蘆北海濱綜合公園
P.69 球泉洞
P.107 山江溫泉 ほたる
P.71 湯之兒釣魚公園
P.65 牛深公園
うしぶか海彩館
P.24·66 人吉鐵道博物館 MOZOCA STATION 86
P.108 ホテル華の荘 湯の蔵
人吉Craft Park石野公園 P.71
P.85 蝦野綠色公園
大口市燒酎資料館 木樽
P.92 高野山公園
P.92 番所丘公園
黒之瀬戸 だんだん市場
みなまた
水俣市立水俣病資料館
長島町歴史民俗資料館
天草町立玩具資料館
子守唄の里五木
北熊本SA
宮原SA
阿蘇熊本機場
九商渡輪・熊本渡輪
有明渡輪
1 : 500,000
地圖上的1cm為5km

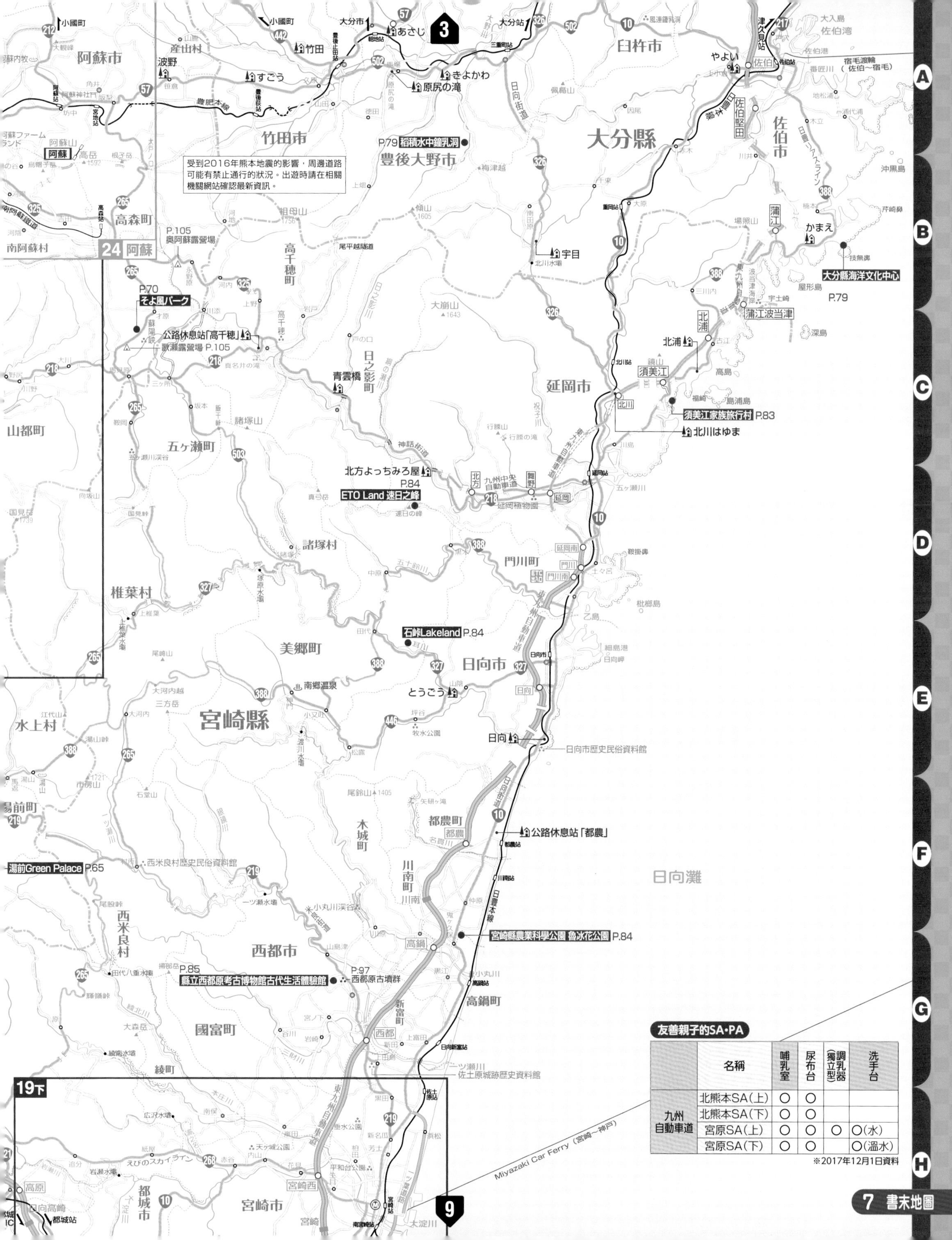

友善親子的SA・PA

	名稱	哺乳室	尿布台	調乳器（獨立型）	洗手台
九州自動車道	北熊本SA(上)	○	○		
	北熊本SA(下)	○	○		
	宮原SA(上)	○	○	○	○(水)
	宮原SA(下)	○	○		○(溫水)

※2017年12月1日資料

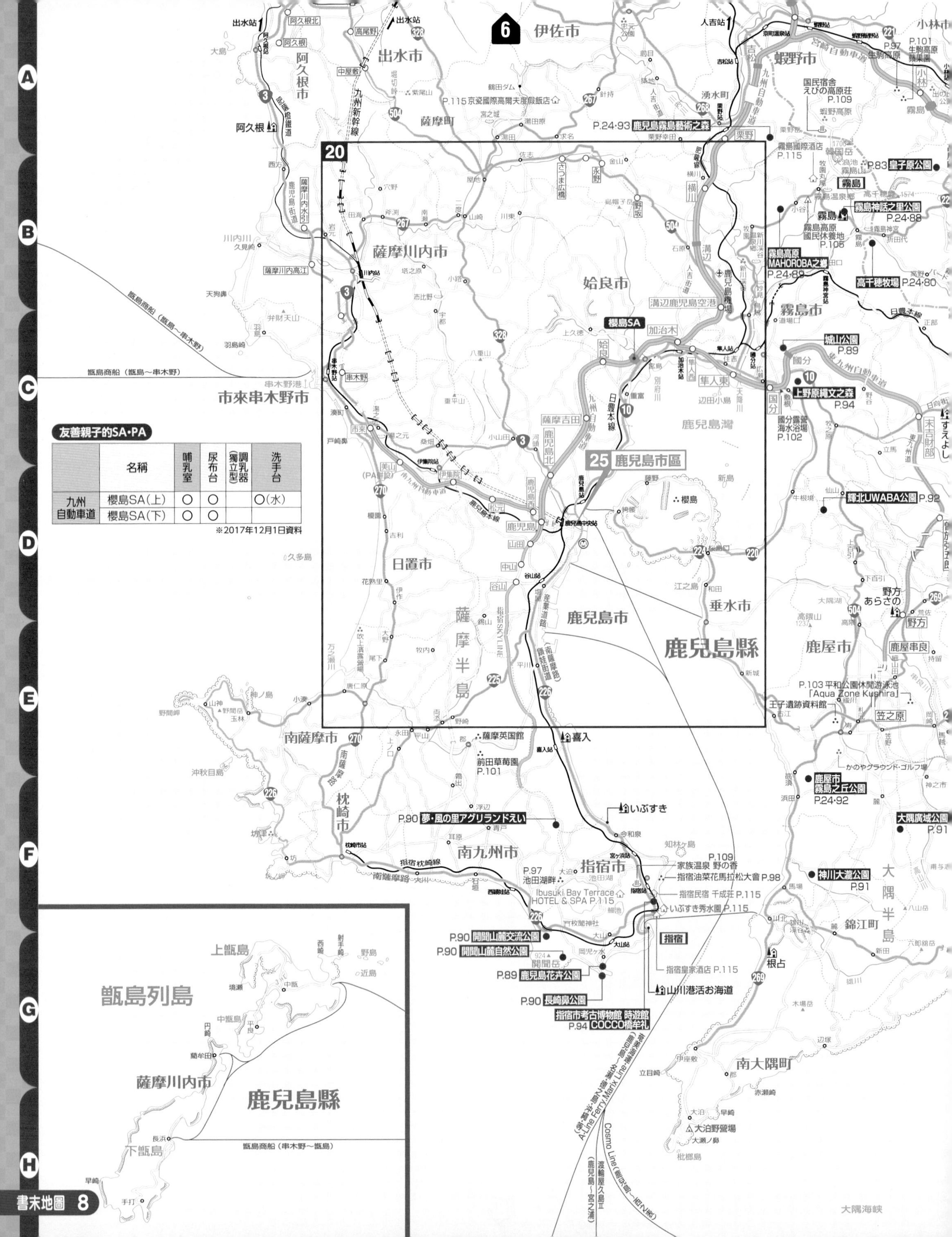

友善親子的SA・PA

	名稱	哺乳室	尿布台	調乳器（獨立型）	洗手台
九州自動車道	櫻島SA(上)	○	○		○(水)
	櫻島SA(下)	○	○		

※2017年12月1日資料

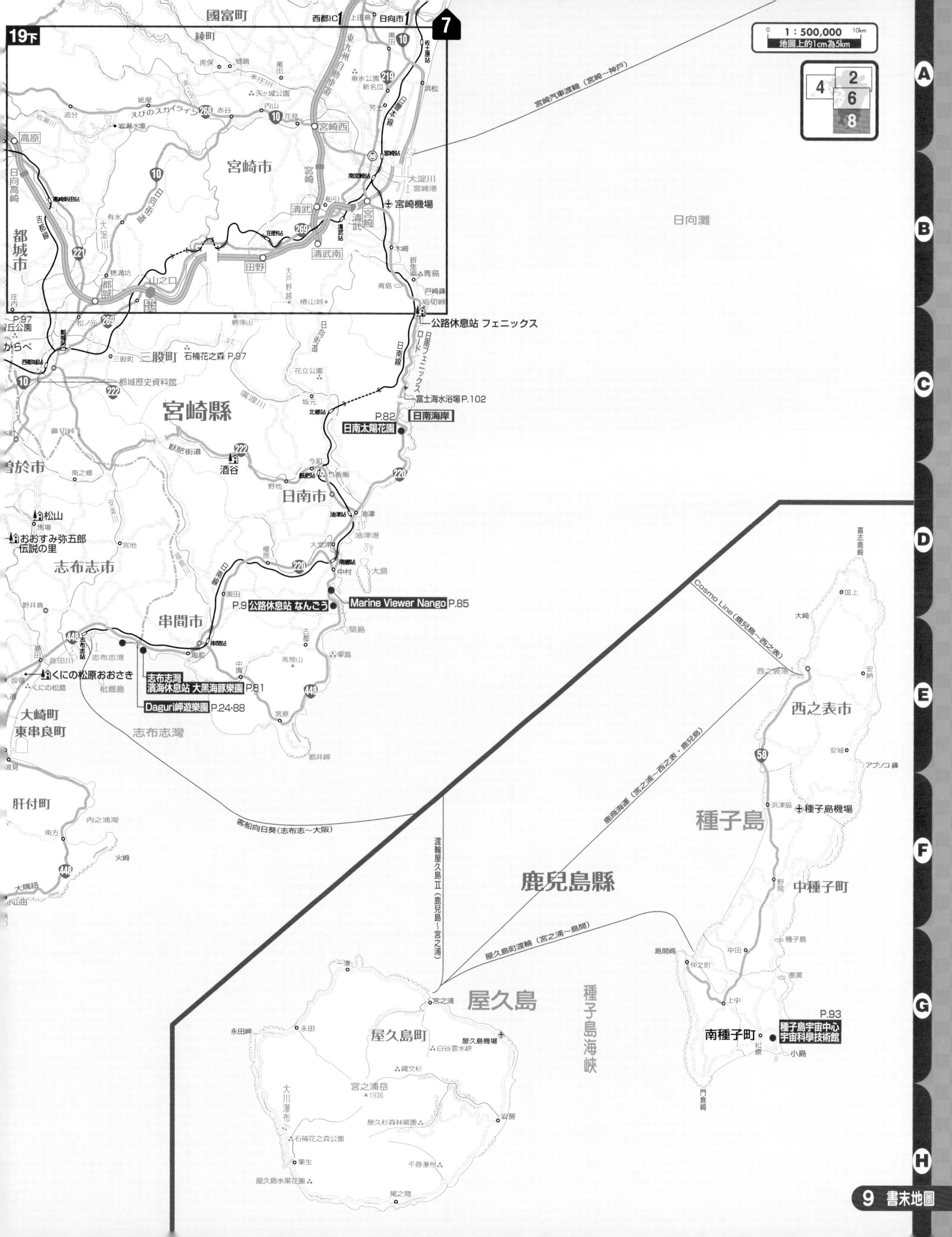
1：500,000
地圖上的1cm為5km
19下
7
國富町
西都IC
日向市
綾町
東九州自動車道
宮崎汽車渡輪（宮崎～神戸）
天ヶ城公園
えびのスカイライン
宮崎西
高原
宮崎市
宮崎
大淀川
宮崎港
宮崎機場
日向灘
都城市
清武
清武南
田野
山之口
都城
青島
公路休息站 フェニックス
日南フェニックスロード
日南線
P.97
三股町
石楠花之森 P.97
都城歷史資料館
宮崎縣
富土海水浴場 P.102
P.82
日南海岸
日南太陽花園
酒谷
曽於市
日南市
油津
油津港
松山
おおすみ弥五郎伝説の里
志布志市
大島
P.9 公路休息站 なんごう
Marine Viewer Nango P.85
串間市
志布志港
くにの松原おおさき
志布志灣濱海休息站 大黒海豚樂園 P.81
Daguri岬遊樂園 P.24·88
大崎町
東串良町
志布志灣
都井岬
肝付町
客船向日葵（志布志～大阪）
火崎
Cosmo Line（鹿兒島～西之表）
西之表市
鹿商海運（宮之浦～西之表・鹿兒島）
渡輪屋久島Ⅱ（鹿兒島～宮之浦）
種子島機場
種子島
鹿兒島縣
中種子町
屋久島町渡輪（宮之浦～島間）
屋久島
種子島海峽
宮之浦
屋久島町
屋久島機場
白谷雲水峽
繩文杉
宮之浦岳
1936
大川瀑布
屋久杉森林樂園
石楠花之森公園
安房
千尋瀑布
屋久島水果花園
尾之間
永田岬
P.93
種子島宇宙中心宇宙科學技術館
南種子町
門倉崎
A
B
C
D
E
F
G
H

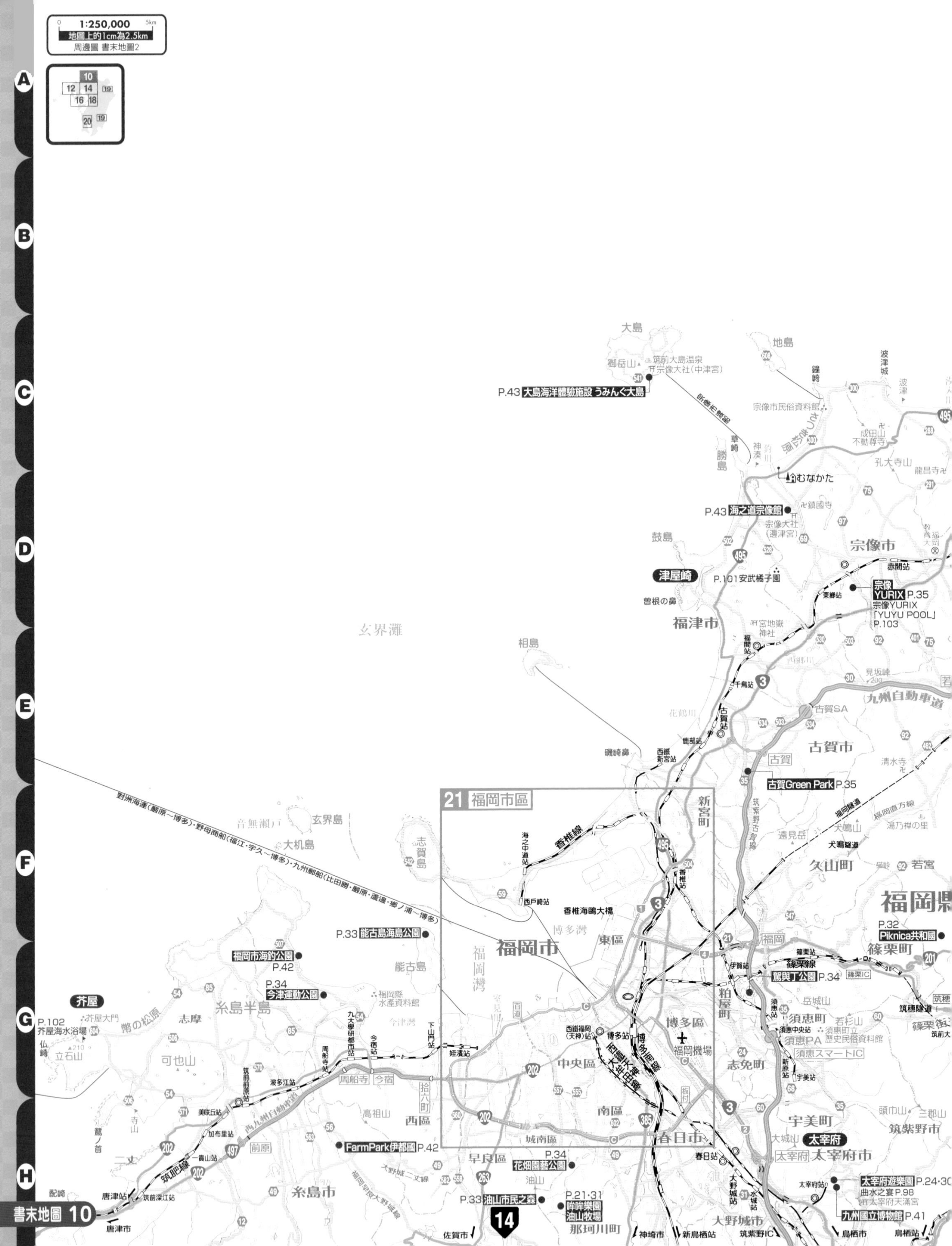

1:250,000
地圖上的1cm為2.5km
周邊圖 書末地圖2
大島
御岳山
筑前大島溫泉
宗像大社(中津宮)
P.43 大島海洋體驗施設 うみんぐ大島
地島
鐘崎
波津
宗像市民俗資料館
成田山不動尊寺
孔大寺山
勝島
むなかた
P.43 海之道宗像館
鎮國寺
宗像大社(邊津宮)
鼓島
宗像市
赤間站
津屋崎
P.101 安武橘子園
宗像YURIX P.35
宗像YURIX「YUYU POOL」P.103
東鄉站
曽根の鼻
福津市
宮地嶽神社
福間站
玄界灘
相島
千鳥站
見坂峠
古賀SA
九州自動車道
花鶴川
古賀站
鹿部站
西鐵新宮站
磯崎鼻
古賀市
古賀
清水寺
古賀Green Park P.35
21 福岡市區
新宮町
對洲海運(嚴原〜博多)・野母商船(福江・宇久〜博多)・九州郵船(比田勝・嚴原・蘆邊・鄉ノ浦〜博多)
音無瀬戸
玄界島
大机島
志賀島
海之中道站
香椎線
香椎站
西戸崎站
香椎海鷗大橋
博多灣
東區
遠見岳
犬鳴山
犬鳴隧道
湯乃神の里
久山町
若宮
福岡縣
P.33 能古島海島公園
福岡市
福岡灣
能古島
福岡市海釣公園 P.42
P.34 今津運動公園
福岡縣水產資料館
糸島半島
芥屋
P.102 芥屋海水浴場
芥屋大門
幣の松原
志摩
立石山
可也山
九大學研都市站
今宿站
下山門站
姪濱站
周船寺站
周船寺
今宿
拾六町
波多江站
筑前前原站
美咲丘站
加布里站
高祖山
西區
FarmPark伊都國 P.42
前原
一貴山站
二丈
筑肥線
糸島市
唐津站
筑前深江站
唐津市
西鐵福岡(天神)站
博多站
博多區
福岡機場
中央區
南區
城南區
早良區
P.34 花畑園藝公園
油山
P.33 油山市民之森
P.21・31 畔畔樂園 油山牧場
那珂川町
春日市
春日站
大野城站
水城站
大野城市
筑紫野IC
神埼市
新鳥栖站
佐賀市
粕屋町
伊賀站
篠栗站
篠栗線
篠栗町
P.32 Piknica共和園
鷲與丁公園 P.34
篠栗IC
筑穗隧道
須惠町
須惠中央站
若杉山
須惠PA
須惠町立歷史民俗資料館
須惠スマートIC
新原站
宇美站
志免町
宇美町
頭巾山
三郡山
大城山
太宰府
太宰府市
筑紫野市
太宰府站
太宰府遊樂園 P.24・30
曲水之宴 P.98
太宰府天滿宮
九州國立博物館 P.41
鳥栖市
鳥栖站

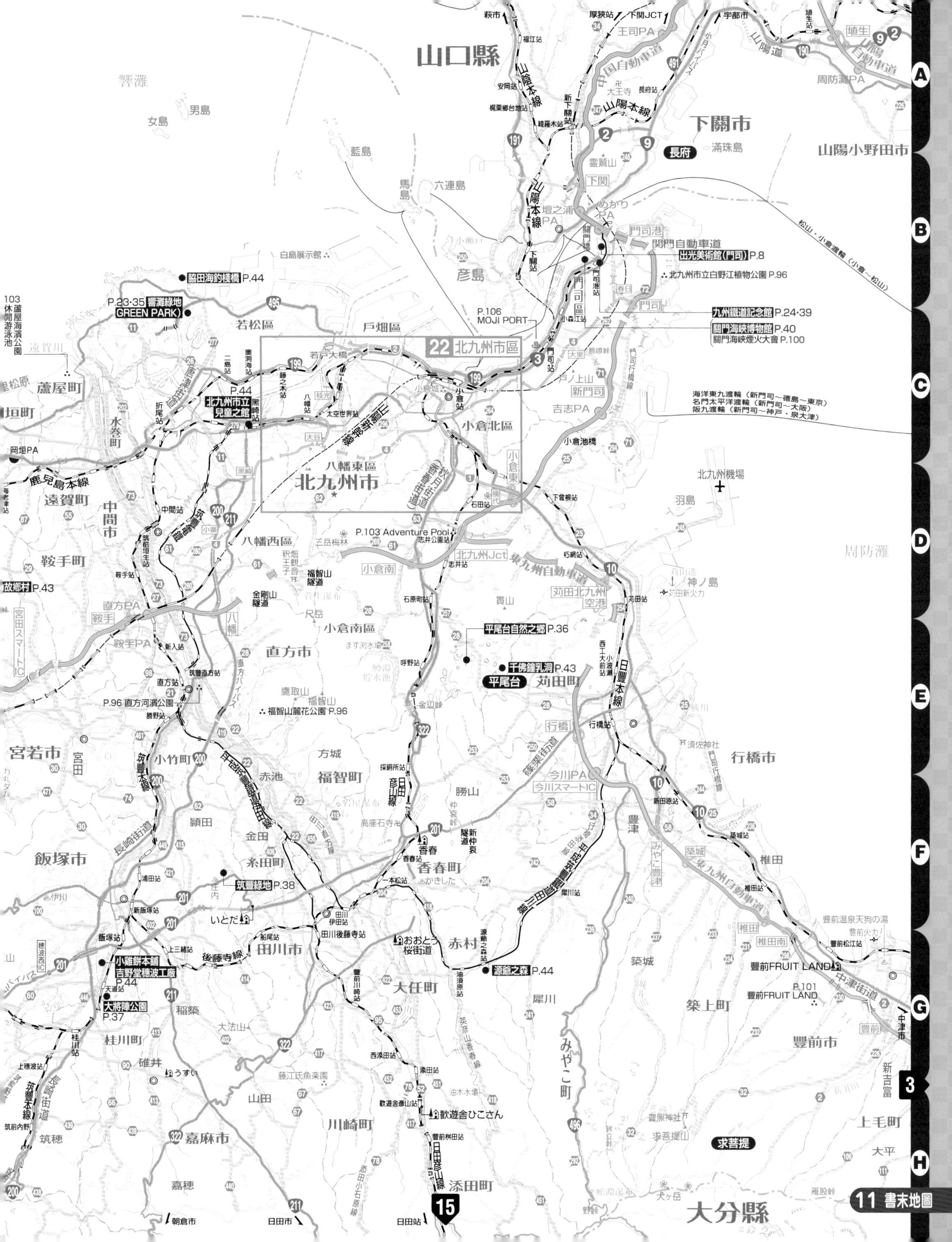
山口縣
響灘
女島
男島
藍島
馬島
六連島
彥島
下關市
長府
滿珠島
山陽小野田市
山陰本線
山陽本線
中國自動車道
山陽自動車道
下關JCT
王司PA
壇之浦PA
めかりPA
門司港
關門自動車道
出光美術館(門司) P.8
北九州市立白野江植物公園 P.96
九州鐵道記念館 P.24·39
關門海峽博物館 P.40
關門海峽煙火大會 P.100
P.106 MOJI PORT
門司區
白島展示館
脇田海釣棧橋 P.44
P.23·35 響灘綠地 (GREEN PARK)
103 休蘆屋海濱公園游泳池
若松區
戶畑區
若戶大橋
22 北九州市區
北九州市立兒童之館 P.44
蘆屋町
遠賀川
水巻町
岡垣町
岡垣PA
鹿兒島本線
遠賀町
中間市
八幡東區
北九州市
小倉北區
小倉東
吉志PA
新門司
海洋東九渡輪（新門司～德島～東京）
名門太平洋渡輪（新門司～大阪）
阪九渡輪（新門司～神戶・泉大津）
松山・小倉渡輪（小倉～松山）
北九州機場
羽島
周防灘
八幡西區
P.103 Adventure Pool
北九州Jct
小倉南
東九州自動車道
苅田北九州空港
神ノ島
苅田新火力
鞍手町
故鄉村 P.43
直方PA
鞍手PA
宮田スマートIC
小倉南區
直方市
平尾台自然之鄉 P.36
千佛鐘乳洞 P.43
平尾台
苅田町
日豐本線
P.96 直方河濱公園
福智山麓花公園 P.96
行橋
行橋市
宮若市
小竹町
筑豐本線
方城
福智町
赤池
日田彥山線
勝山
今川PA
今川スマートIC
飯塚市
長崎街道
糸田町
香春
香春町
筑豐綠地 P.38
田川市
後藤寺線
いとだ
おおとう桜街道
赤村
源爺之森 P.44
築城
豐前FRUIT LAND
P.101 豐前FRUIT LAND
豐前溫泉天狗の湯
椎田
築上町
豐前市
小雑餅本舖 吉野堂穂波工廠 P.44
大將陣公園 P.37
桂川町
稻築
大任町
みやこ町
歓遊舎ひこさん
川崎町
嘉麻市
筑穗
嘉穗
添田町
求菩提
上毛町
大平
大分縣
15
3
11 書末地圖

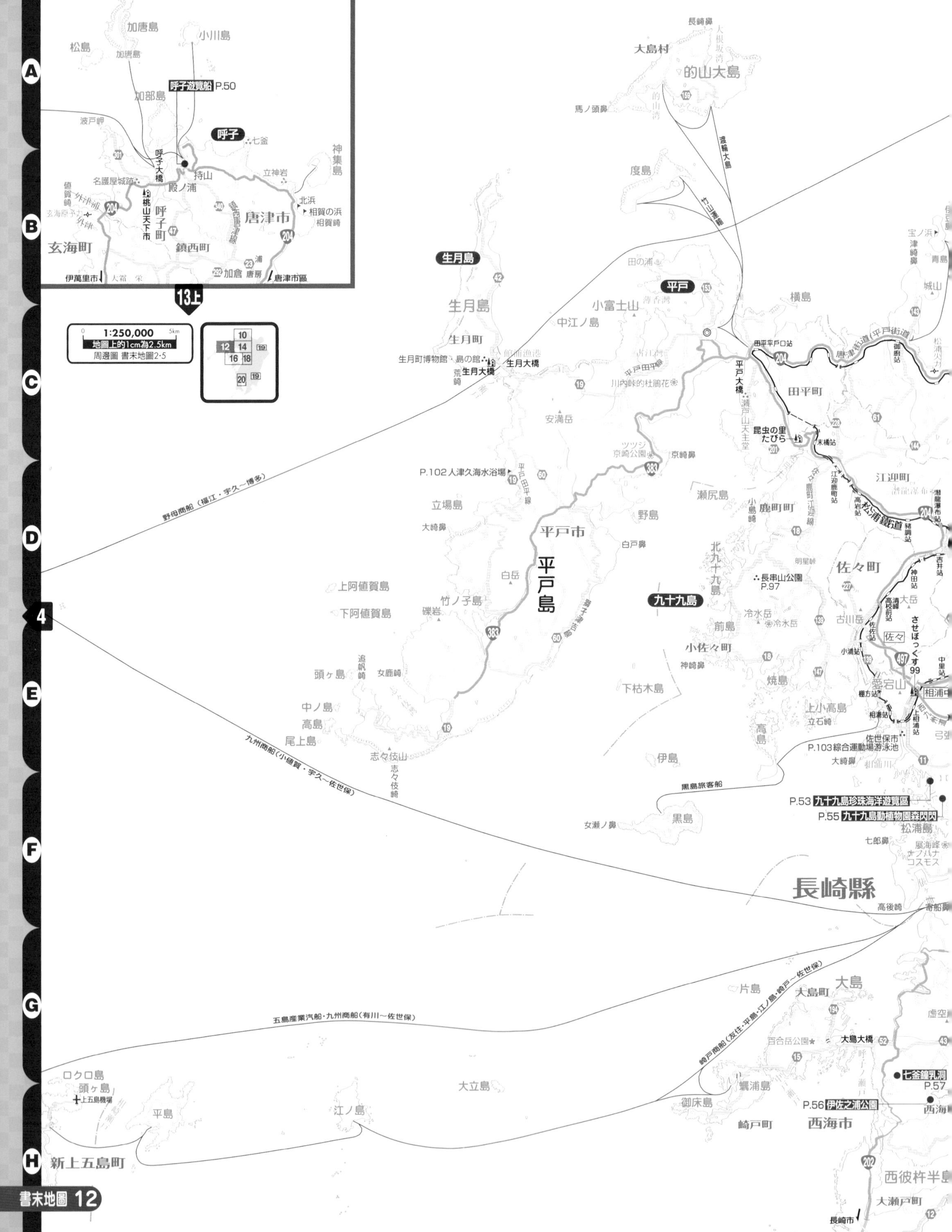

加唐島
小川島
松島
呼子遊覽船 P.50
加部島
波戸岬
呼子
七釜
神集島
呼子大橋
名護屋城跡
殿ノ浦
持山
立神岩
北浜
相賀の浜
相賀崎
桃山天下市
呼子町
唐津市
玄海町
鎮西町
加倉
唐房
伊萬里市
唐津市區
13上
1:250,000
地圖上的1cm為2.5km
周邊圖 書末地圖2·5
大島村
的山大島
長崎鼻
馬ノ頭鼻
度島
渡輪大島
竹山重庵
生月島
生月島
生月町
生月町博物館・島の館
生月大橋
小富士山
中江ノ島
平戸
田の浦
横島
田平平戸口站
唐津街道(平戸街道)
田平町
平戸大橋
川内峠的杜鵑花
安滿岳
昆虫の里たびら
ツツジ京崎公園
京崎鼻
P.102 人津久海水浴場
立場島
大崎鼻
平戸市
平戸島
瀬尻島
野島
鹿町町
江迎町
松浦鐵道
白戸鼻
白岳
上阿値賀島
下阿値賀島
竹ノ子島
北九十九島
九十九島
長串山公園 P.97
佐々町
冷水岳
前島
小佐々町
神崎鼻
焼島
頭ヶ島
女鹿崎
追帆崎
下枯木島
上小高島
愛宕山
相浦中
中ノ島
高島
尾上島
志々伎山
志々伎崎
伊島
高島
佐世保市
P.103 綜合運動場游泳池
大崎鼻
野母商船(福江・宇久~博多)
九州商船(小値賀・宇久~佐世保)
黒島旅客船
黒島
女瀬ノ鼻
P.53 九十九島珍珠海洋遊覽區
P.55 九十九島動植物園森閃閃
松浦島
七郎鼻
長崎縣
高後崎
寄船鼻
片島
大島町
大島
五島産業汽船・九州商船(有川~佐世保)
崎戸商船(友住・平島・江ノ島・崎戸~佐世保)
百合岳公園
大島大橋
ロクロ島
頭ヶ島
上五島機場
大立島
七釜鐘乳洞 P.57
平島
江ノ島
蠣浦島
御床島
P.56 伊佐之浦公園
崎戸町
西海市
新上五島町
西彼杵半島
大瀬戸町
長崎市

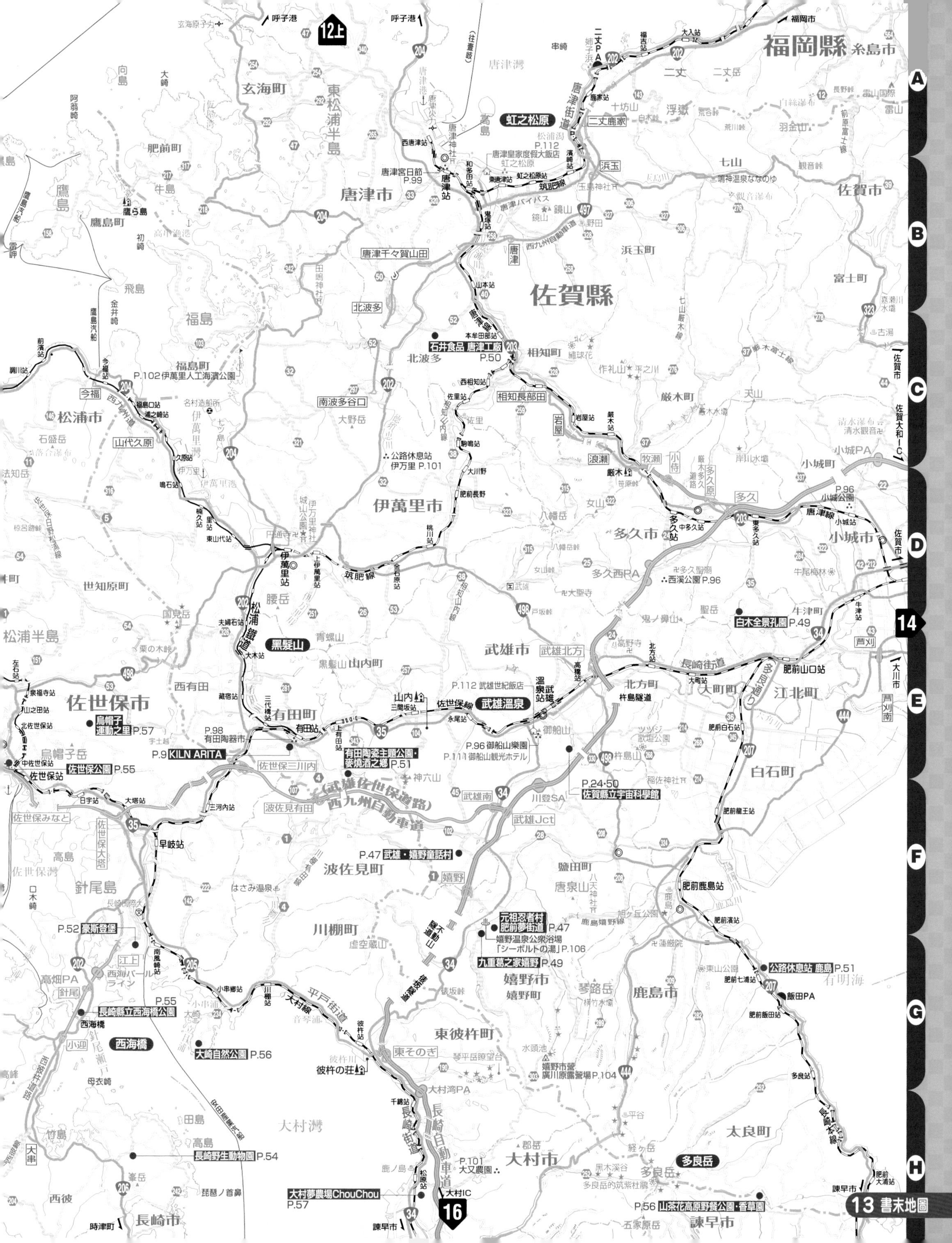

12上
呼子港
福岡縣
糸島市
唐津灣
玄海町
東松浦半島
虹之松原
唐津市
唐津宮日節 P.99
唐津皇家度假大飯店 虹之松原 P.112
二丈鹿家
浜玉
筑肥線
唐津バイパス
西九州自動車道
鏡山
浜玉町
七山
佐賀市
唐津千々賀山田
佐賀縣
富士町
北波多
石井食品 唐津工廠 P.50
相知町
相知長部田
南波多谷口
肥前町
鷹島
鷹島町
福島
福島町
P.102 伊萬里人工海濱公園
今福
松浦市
山代久原
伊萬里市
公路休息站 伊万里 P.101
巌木町
多久市
多久
小城市
小城町
唐津線
西溪公園 P.96
多久西PA
牛津町
白木全景孔園 P.49
14
世知原町
松浦半島
黒髪山
有田町
山内町
武雄市
武雄北方
武雄温泉
P.112 武雄世紀飯店
P.96 御船山樂園
P.111 御船山観光ホテル
長崎街道
北方町
大町町
江北町
白石町
佐世保市
烏帽子運動之里 P.57
P.98 有田陶器市
P.9 KILN ARITA
有田陶瓷主題公園・麥燒酒之鄉 P.51
佐世保公園 P.55
佐世保三川内
波佐見有田
(武雄佐世保道路)
西九州自動車道
武雄南
武雄Jct
川登SA
佐賀縣立宇宙科學館 P.24・50
P.47 武雄・嬉野童話村
波佐見町
嬉野
鹽田町
肥前鹿島站
針尾島
佐世保灣
P.52 豪斯登堡
川棚町
元祖忍者村 肥前夢街道 P.47
嬉野温泉公眾浴場「シーボルトの湯」P.106
九重葛之家嬉野 P.49
嬉野市
嬉野町
鹿島市
公路休息站 鹿島 P.51
有明海
長崎縣立西海橋公園 P.55
西海橋
大崎自然公園 P.56
彼杵の荘
東彼杵町
東そのぎ
大村湾PA
長崎自動車道
大村灣
長崎野生動物園 P.54
大村市
多良岳
太良町
P.101 大又農園
大村夢農場ChouChou P.57
16
P.56 山茶花高原野餐公園・香草園
諫早市
西彼
長崎市
13 書末地圖

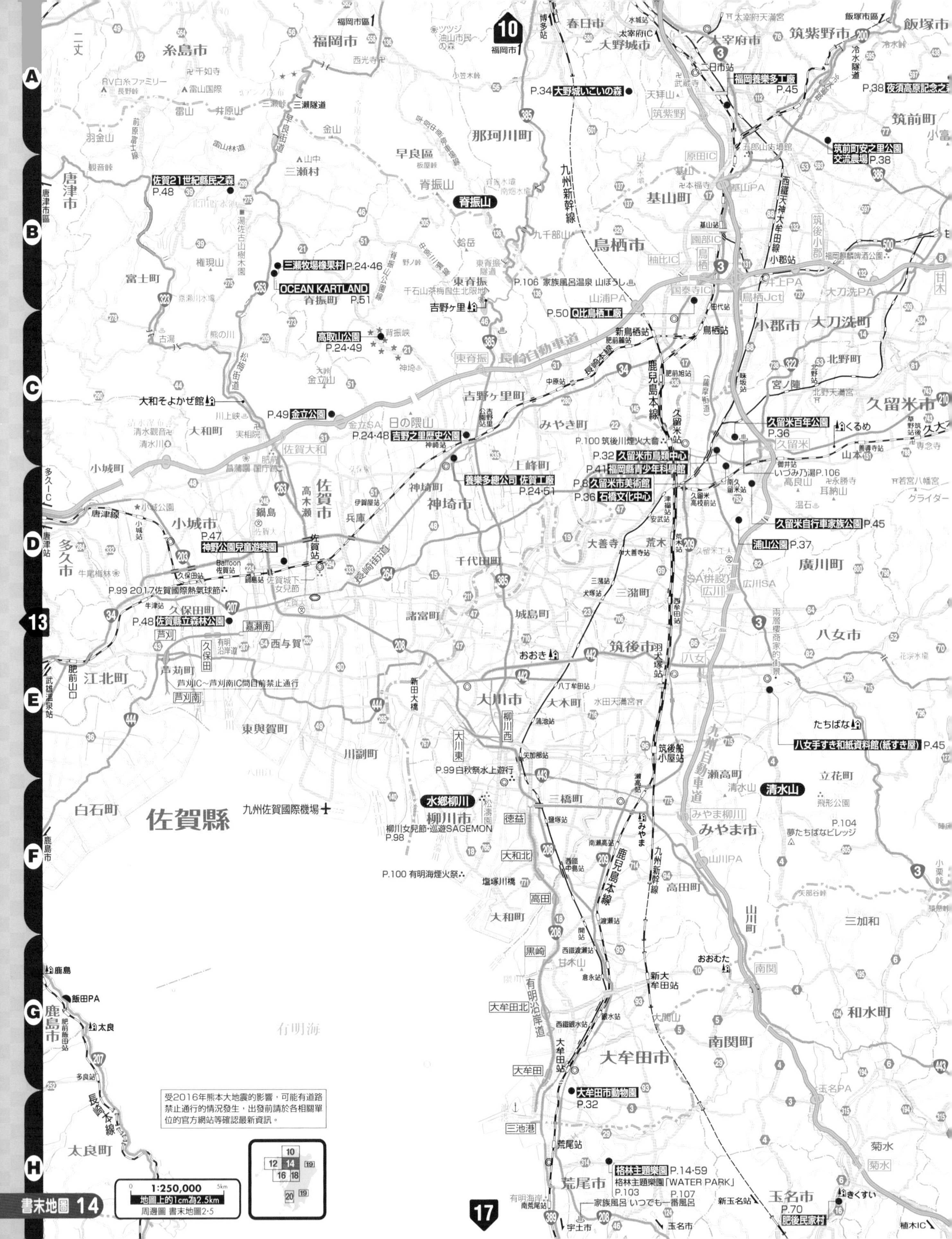

10
福岡市
糸島市
福岡市區
春日市
大野城市
太宰府市
筑紫野市
飯塚市
二丈
芥屋
RV白糸ファミリー
雷山國際
雷山
井原山
金山
羽金山
早良區
三瀬村
三瀬隧道
背振山
那珂川町
P.34 大野城いこいの森
二日市站
福岡養樂多工廠 P.45
P.38 夜須高原記念の森
筑前町
筑前町安之里公園交流農場 P.38
天拝山
筑紫野
原田IC
基山町
基山PA
西鐵天神大牟田線
鹿兒島本線
九州新幹線
唐津市
佐賀21世紀縣民之森 P.48
脊振山
鳥栖市
九千部山
蛤岳
權現山
富士町
三瀬牧場橡果村 P.24·46
OCEAN KARTLAND
脊振町 P.51
東脊振
吉野ヶ里
P.106 家族風呂温泉 山ぼうし
P.50 Q比鳥栖工廠
山浦PA
鳥栖IC
鳥栖Jct
鳥栖站
新鳥栖站
小郡市
小郡站
大刀洗町
大刀洗PA
筑後小郡
高取山公園 P.24·49
古湯
金立山
長崎自動車道
東脊振
大和そよかぜ館
P.49 金立公園
金立SA
日の隈山
P.24·48 吉野之里歷史公園
吉野ヶ里町
みやき町
大和町
小城町
佐賀大和
北野町
宮ノ陣
久留米市
久留米百年公園 P.36
くるめ
P.100 筑後川煙火大會
P.32 久留米市鳥類中心
P.41 福岡縣青少年科學館
P.8 久留米市美術館
P.36 石橋文化中心
養樂多總公司 佐賀工廠 P.24·51
上峰町
神埼町
神埼市
佐賀市
高木瀬
兵庫
鍋島
小城市
P.47 神野公園兒童遊樂園
佐賀站
多久市
唐津線
千代田町
大善寺
荒木
久留米自行車家族公園 P.45
浦山公園 P.37
廣川町
廣川SA
P.99 2017佐賀國際熱氣球節
久保田町
P.48 佐賀縣立森林公園
嘉瀬南
西与賀
三瀦町
城島町
諸富町
芦刈
芦刈町
久保田
芦刈IC~芦刈南IC間目前禁止通行
芦刈南
江北町
おおき
筑後市
羽犬塚站
八女
八女市
大川市
大木町
東與賀町
川副町
たちばな
八女手すき和紙資料館(紙すき屋) P.45
瀬高町
清水山
立花町
白石町
佐賀縣
九州佐賀國際機場
水鄉柳川
柳川市
P.99 白秋祭水上遊行
柳川女兒節·巡遊SAGEMON P.98
三橋町
みやま
みやま市
P.104 夢たちばなビレッジ
P.100 有明海煙火祭
高田町
大和町
山川町
三加和
鹿島市
鹿島
飯田PA
太良
有明海
おおむた
南関
南関町
和水町
大牟田市
大牟田站
大牟田市動物園 P.32
三池港
荒尾站
荒尾市
格林主題樂園 P.14·59
格林主題樂園「WATER PARK」 P.103 P.107
家族風呂 いつでも一番風呂
玉名市
P.70 肥後民家村
きくすい
菊水
太良町
長崎本線
受2016年熊本大地震的影響，可能有道路禁止通行的情況發生，出發前請於各相關單位的官方網站等確認最新資訊。
1:250,000
地圖上的1cm為2.5km
周邊圖 書末地圖2·5
13
17

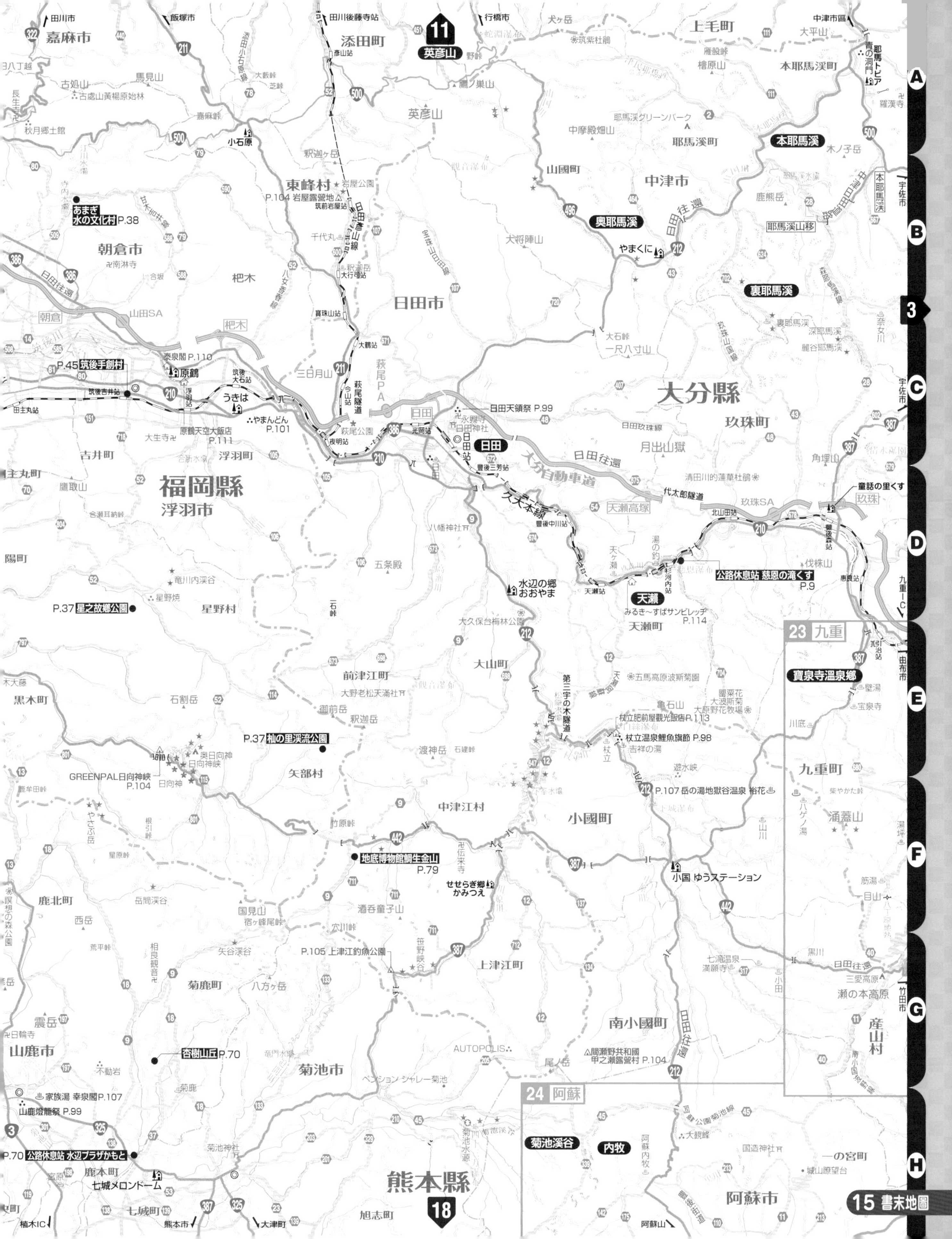

11
英彦山
18
3
田川市
飯塚市
田川後藤寺站
行橋市
犬ヶ岳
中津市
上毛町
嘉麻市
添田町
彦山站
英彦山
鷹ノ巣山
耶馬トピア
青の洞門
羅漢寺
本耶馬渓町
本耶馬渓
檜原山
雁股山
筑紫杜鵑
大平山
馬見山
古処山
古處山黃楊原始林
秋月郷土館
嘉麻峠
小石原
釈迦ヶ岳
耶馬溪グリーンパーク
中摩殿畑山
耶馬溪町
木ノ子岳
東峰村
岩屋公園
P.104 岩屋露營地
筑前岩屋站
あまぎ水の文化村 P.38
朝倉市
南淋寺
杷木
千代丸
宝珠山站
大鶴站
日田市
犬将陣山
山國町
中津市
奥耶馬溪
やまくに
耶馬溪山移
鹿熊岳
裏耶馬溪
裏耶馬溪
深耶馬溪
麗谷耶馬溪
朝倉
山田SA
杷木
大石峠
一尺八寸山
P.45 筑後手創村
泰泉閣 P.110
原鶴
筑後吉井站
田主丸站
うきは
三日月山
萩尾PA
萩尾隧道
今山站
日田
日田天領祭 P.99
永興寺
日田神社
日田站
日田
光岡站
夜明站
萩尾公園
大分縣
玖珠町
月出山獄
日田玖珠線
やまんどん P.101
原鶴天空大飯店 P.111
大生寺
浮羽町
吉井町
田主丸町
日田往還
大分自動車道
久大本線
豊後三芳站
清田川的蓮華杜鵑
角埋山
代太郎隧道
童話の里くす
玖珠
玖珠SA
北山田站
福岡縣
浮羽市
鷹取山
合瀬耳納峠
八幡神社
天瀬高塚
豊後中川站
豊後森站
伐株山
恵良站
五条殿
陽町
竜川内渓谷
星野焼
P.37 星之故郷公園
星野村
一石峠
水辺の郷 おおやま
天ヶ瀬
天瀬站
湯の釣
杉河内站
慈恩瀑布
公路休息站 慈恩の滝くす P.9
天瀬
みるき～すばサンビレッジ P.114
天瀬町
九重IC
大久保台梅林公園
23 九重
寶泉寺温泉鄉
壁湯
宝泉寺
大山町
黒木町
前津江町
大野老松天満社
石割岳
御前岳
釈迦岳
第三宇の木隧道
五馬高原波斯菊園
鏡石山
杖立肥前屋觀光飯店 P.113
杖立温泉鯉魚旗節 P.98
吉祥の湯
杖立
大波斯菊
大原野花牧場
川底
P.37 杣の里溪流公園
奥日向神
日向神峡
GREENPAL日向神峡 P.104
日向神
矢部村
渡神岳
避水峡
P.107 岳の湯地獄谷温泉 裕花
九重町
ハゲノ湯
涌蓋山
やぶ岳
中津江村
小國町
山川
竹原峠
地底博物館鯛生金山 P.79
伝来寺
せせらぎ郷 かみつえ
小国 ゆうステーション
筋湯
鹿北町
西岳
岳間渓谷
国見山
宿ヶ峰尾峠
酒呑童子山
穴川峠
笹野峡谷
相良観音
矢谷渓谷
P.105 上津江釣魚公園
上津江町
七滝温泉
満願寺
黒川
日田往還
三愛高原
瀬の本高原
菊鹿町
八方ヶ岳
震岳
山鹿市
不動岩
杏樹山丘 P.70
菊池市
AUTOPOLIS
尾ノ岳
間瀬野共和國 甲之瀬露營村 P.104
南小國町
産山村
家族湯 幸泉閣 P.107
山鹿燈籠祭 P.99
菊鹿
ペンション シャレー菊池
24 阿蘇
菊池溪谷
内牧
阿蘇内牧
菊池水源
菊池神社
大観峰
国造神社
一の宮町
城山展望台
P.70 公路休息站 水辺プラザかもと
鹿本町
七城メロンドーム
七城町
熊本縣
旭志町
阿蘇市
植木IC
熊本市
大津町
阿蘇山
15 書末地圖

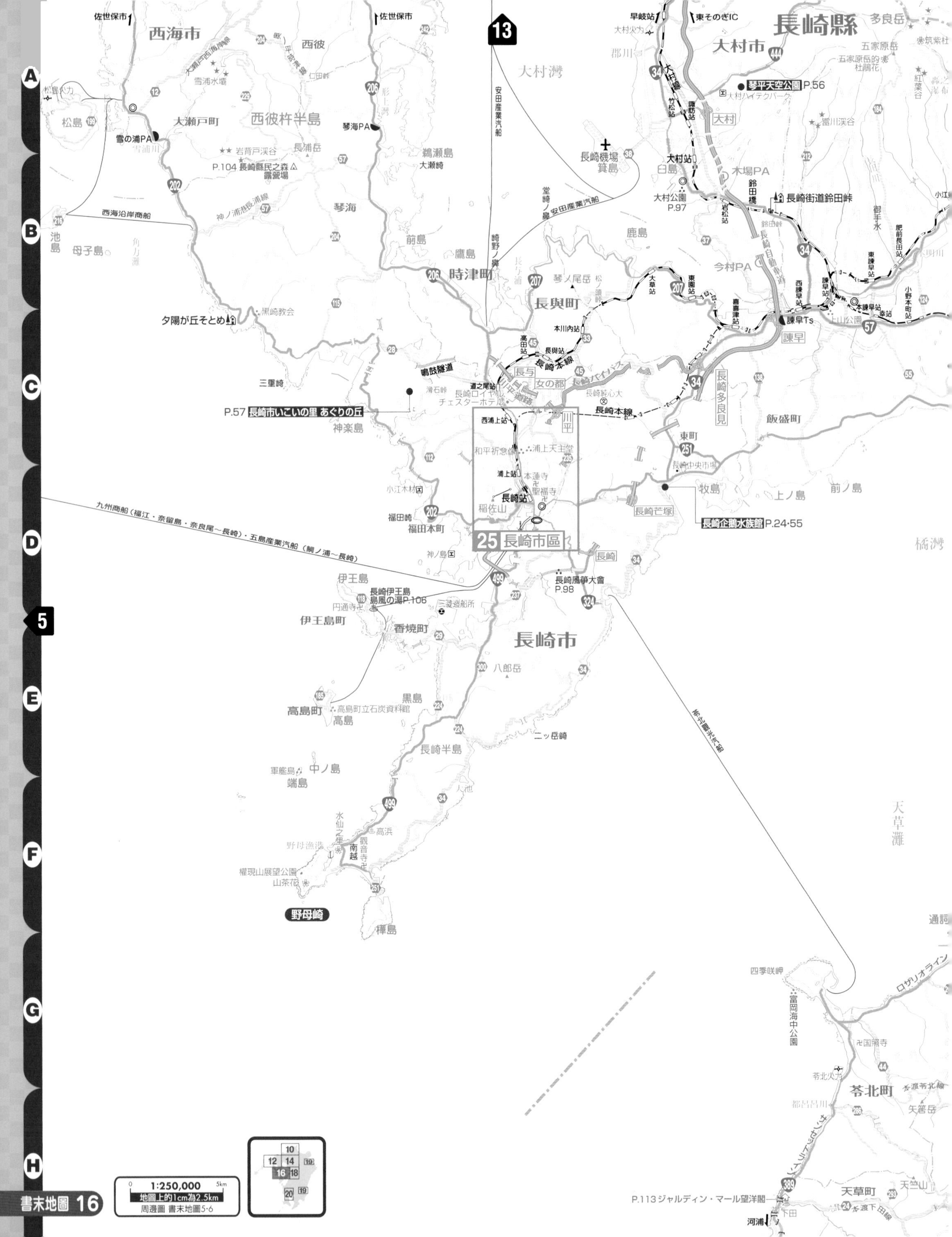

長崎縣
大村市
西海市
長崎市
佐世保市
大村灣
西彼杵半島
大瀬戶町
西彼
雪の浦PA
松島
岩背戶渓谷
P.104 長崎縣民之森
長浦岳
鵜瀬島
大瀬崎
琴海PA
琴海
時津町
長與町
琴ノ尾岳
西海沿岸商船
安田産業汽船
池島
母子島
前島
鷹島
夕陽が丘そとめ
黒崎教会
鳴鼓隧道
三重崎
P.57 長崎市いこいの里 あぐりの丘
神楽島
長崎ロイヤルチェスターホテル
長崎機場
箕島
大村站
白島
大村公園
P.97
木場PA
鈴田橋
長崎街道鈴田峠
長崎自動車道
今村PA
鹿島
琴平天空公園 P.56
大村ハイテクパーク
五家原岳
多良岳
早岐站
東そのぎIC
諫早
諫早IC
長崎本線
長崎バイパス
飯盛町
東町
長崎中央市場
牧島
上ノ島
前ノ島
長崎企鵝水族館 P.24·55
長崎芒塚
橘灣
25 長崎市區
浦上天主堂
和平祈念像
浦上站
長崎站
本蓮寺
聖福寺
稲佐山
西浦上站
道之尾站
長與站
高田站
本川内站
小江木材
福田崎
福田本町
神ノ島
九州商船（福江・奈良尾・奈良尾～長崎）・五島産業汽船（鯛ノ浦～長崎）
伊王島
長崎伊王島 島風の湯 P.106
円通寺
伊王島町
香焼町
三菱造船所
長崎風箏大會
P.98
八郎岳
黒島
高島町
高島町立石炭資料館
高島
二ッ岳崎
長崎半島
軍艦島
中ノ島
端島
水仙之里
高浜
野母漁港
観音寺
南越
権現山展望公園
山茶花
野母崎
樺島
天草灘
苓北町
四季咲岬
富岡海中公園
国照寺
苓北火力
都呂々川
矢筈岳
天草町
天竺山
P.113 ジャルディン・マール望洋閣
河浦
ロザリオライン
1:250,000
地圖上的1cm為2.5km
周邊圖 書末地圖5·6

14
有明海
鹿島市
肥前大浦站
太良町
長崎本線
小長井町
小長井站
長里站
湯江站
大牟田站
大牟田市
荒尾市
新大牟田站
九州新幹線
玉名市
和水町
新玉名站
蛇ヶ谷公園
玉名市立歷史博物館
長洲町
長洲站
大野下站
鹿兒島本線
肥後伊倉站
玉名站
熊本市
北八幡宮
南八幡宮
木葉站
上熊本站
ユニバーサル造船
名石浜
岱明町
玉東町
熊本站
有明渡輪(多比良～長州)
北下原
西郷站
長浜
多比良町站
神代町站
大正站
古部站
吾妻站
諫早市
森山東
阿母崎站
釜之鼻站
愛野站
愛野
瑞穂町
国見町
有明町
吾妻町
森山町
愛野町
雲仙市
吾妻岳
杜鵑花
愛野展望台
千々石町
唐比
橘公園
礫石原
島原
P.96 島原城
島原站
島原
島原半島
島原市
眉山
島原外港站
南島原站
島原
雲仙
九千部岳
雲仙岳
普賢岳
平成新山
マリーンアート館
池之原
九州杜鵑
熊本渡輪・九商渡輪(島原～熊本)
熊本港大橋
島原南
鬼石
くつろぎの宿 旅館山田屋
雲仙宮崎旅館P.112
民芸モダンの宿 雲仙福田屋P.112
国民宿舎 青雲荘
みずなし本陣ふかえ
深江町
横島町
天水町
熊本市
岩戸観音
金峰山
金峰山
西區
南區
宇土市
P.97 住吉自然公園
住吉神社
天草街道
18
小濱溫泉
西有家町
布津町
小浜町
有家町
南串山町
北有馬町
南島原市
島原灣
加津佐町
南有馬町
須川
富士山
岩戸山
宇土市
轟水源
熊本縣
宇土マリーナ
三角線
宇土半島
宇城市
不知火
白壁建築的聚落
三角町
高野山
三角站
湯島
口之津町歷史民俗資料館
口之津町
島鐵渡輪(口之津～鬼池)
早崎瀨戶
上天草 さんぱーる
大矢野町
大矢野島
戸馳島
維和島
若宮
氷川町
鏡町
八代不知火線
上天草市
海豚預訂中心 P.71
亀島
長崎鼻
五和
高杢島
P.102 Sun Pearl Beach
天草富士
天草松島
前島橋
三ッ島
千丁町
新八代站
松島有明道路
上津浦
有明
米の山
千巌山
高舞登山
金比羅山
八代大橋
八代站
P.100 八代全國煙火競技大會
城木場
天草機場
本渡 P.102 海水浴場
太郎丸岳
次郎丸岳
上津浦
有明
老岳
八代市
大築島
球磨川
八代南
坂本町
明徳寺
瀬戸大橋
本渡市立歴史民俗資料館
天草市
上島
松島町
白岳
八代海
九州新幹線
染岳
十万山
本渡
栖本
倉岳
矢筈岳
念珠岳
姫戸町
6
牛深港
日奈久
水俣站

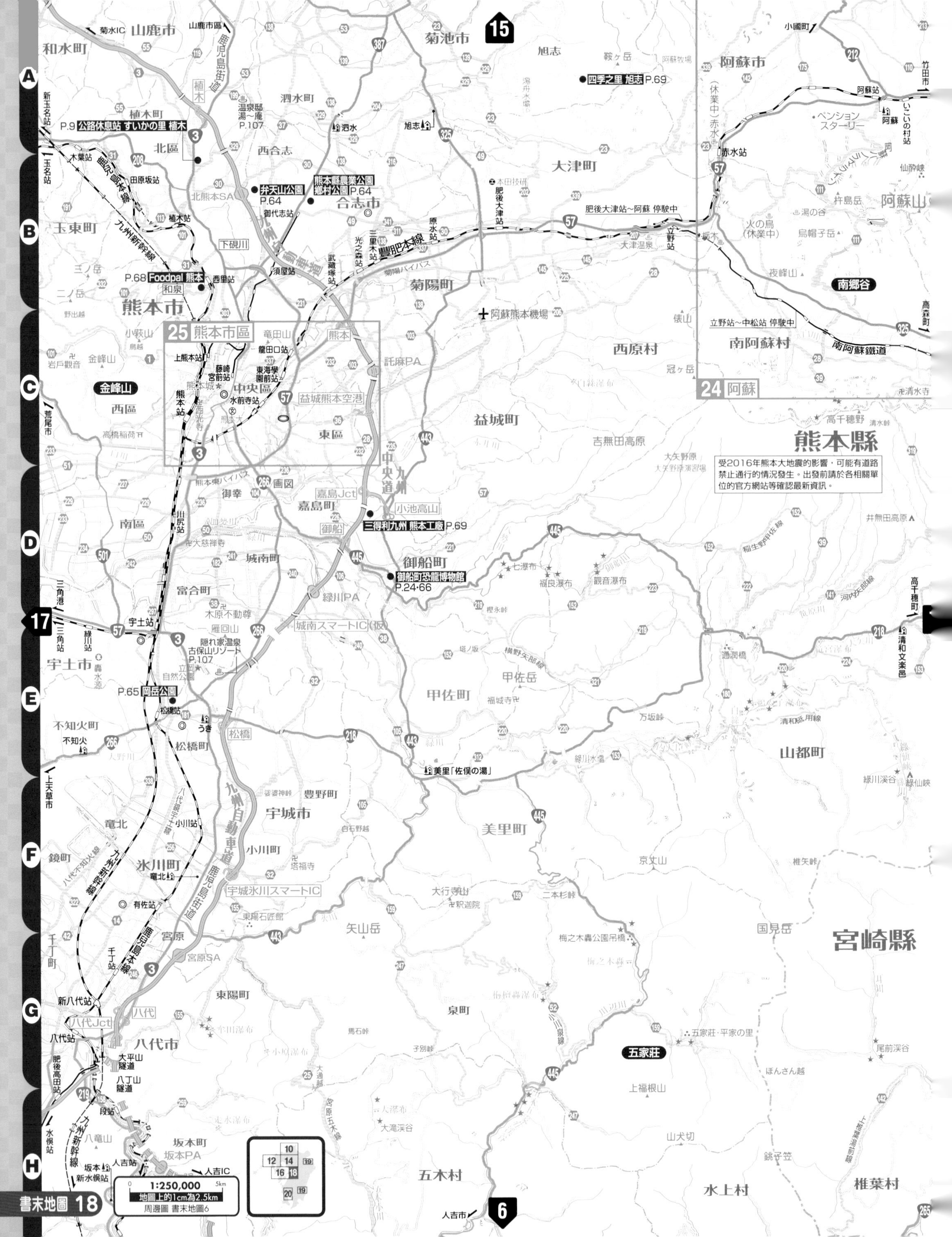
菊池市
15
旭志
鞍ヶ岳
阿蘇牧場
四季之里 旭志 P.69
阿蘇市
小國町
竹田市
阿蘇站
いこいの村站
阿蘇
ペンション スターリー
(休業中)赤水
赤水站
仙酔峡
杵島岳
阿蘇山
湯の谷
火の鳥 (休業中)
烏帽子岳
夜峰山
南郷谷
高森町
立野站~中松站 停駛中
南阿蘇村
南阿蘇鐵道
俵山
冠ヶ岳
24 阿蘇
清水寺
菊水IC
山鹿市
山鹿市區
和水町
鹿児島街道
新玉名站
植木町
P.9 公路休息站 すいかの里 植木
植木
泗水町
温泉郷 湯〜庵 P.107
泗水
旭志
北區
西合志
弁天山公園 P.64
熊本縣農業公園 鄉村公園 P.64
合志市
大津町
本田技研
肥後大津站
肥後大津站~阿蘇 停駛中
原水站
大津温泉
立野站
玉名站
木葉站
田原坂站
北熊本SA
御代志站
植木站
玉東町
九州新幹線
下硯川
三里木站
光之森站
豊肥本線
武蔵塚站
三ノ岳
二ノ岳
P.68 Foodpal 熊本
西里站
和泉
須屋站
熊陽バイパス
菊陽町
阿蘇熊本機場
熊本市
野出越
小萩山
鳥越
金峰山
岩戸観音
25 熊本市區
竜田山
龍田口站
熊本
上熊本站
藤崎宮前站
東海學園前站
託麻PA
西原村
金峰山
熊本城
中央區
水前寺站
益城熊本空港
西區
熊本站
益城町
荒尾市
高橋稲荷
東區
高千穂野
清水峠
熊本縣
吉無田高原
大矢野原
受2016年熊本大地震的影響，可能有道路禁止通行的情況發生。出發前請於各相關單位的官方網站等確認最新資訊。
熊本東バイパス
画図
中央道
九州
嘉島Jct
嘉島町
小池高山
御幸
南區
川尻站
三得利九州 熊本工廠 P.69
御船
井無田高原
大慈禅寺
城南町
御船町
御船町恐龍博物館 P.24・66
七滝界布
福良瀑布
観音瀑布
稲生野甲佐線
河内矢部線
三角港
富合町
緑川PA
木原不動尊
雁回山
城南スマートIC(仮)
高千穂町
17
宇土站
三角站
緑川站
宇土市
隠れ家温泉 古保山リゾート P.107
立田
轟水源
自然公園
塔ノ坂
樽野矢部線
甲佐岳
甲佐町
福城寺
通潤橋
清和文楽邑
P.65 岡岳公園
松橋站
うき
万坂峠
清和砥用線
不知火町
不知火
松橋
松橋町
緑川水源
山都町
上天草市
美里「佐俣の湯」
緑川渓谷
緑仙峡
婆婆神社
豊野町
宇城市
九州自動車道
竜北
小川站
白石野越
美里町
鏡町
小川町
塔福寺
京丈山
椎矢峠
氷川町
竜北
八代不知火線
宇城氷川スマートIC
大行寺山
釈迦院
二本杉峠
有佐站
東陽石匠館
矢山岳
国見岳
梅之木轟公園吊橋
梅之木轟
宮崎縣
千丁町
宮原
千丁站
宮原SA
鹿児島本線
新八代站
東陽町
八代
八代Jct
泉町
梅樹轟瀑布
八代站
八代市
馬石峠
五家荘・平家の里
五家荘
尾前渓谷
肥後高田站
大平山隧道
八丁山隧道
子別峠
ほんさん越
段站
上福根山
大滝渓谷
九州新幹線
八竜山
山犬切
水俣站
坂本町
坂本PA
銚子笠
坂本站
人吉站
人吉IC
新水俣站
五木村
水上村
椎葉村
1:250,000
地圖上的1cm為2.5km
周邊圖 書末地圖6
人吉市
6
10
12
14
19
16
18
20

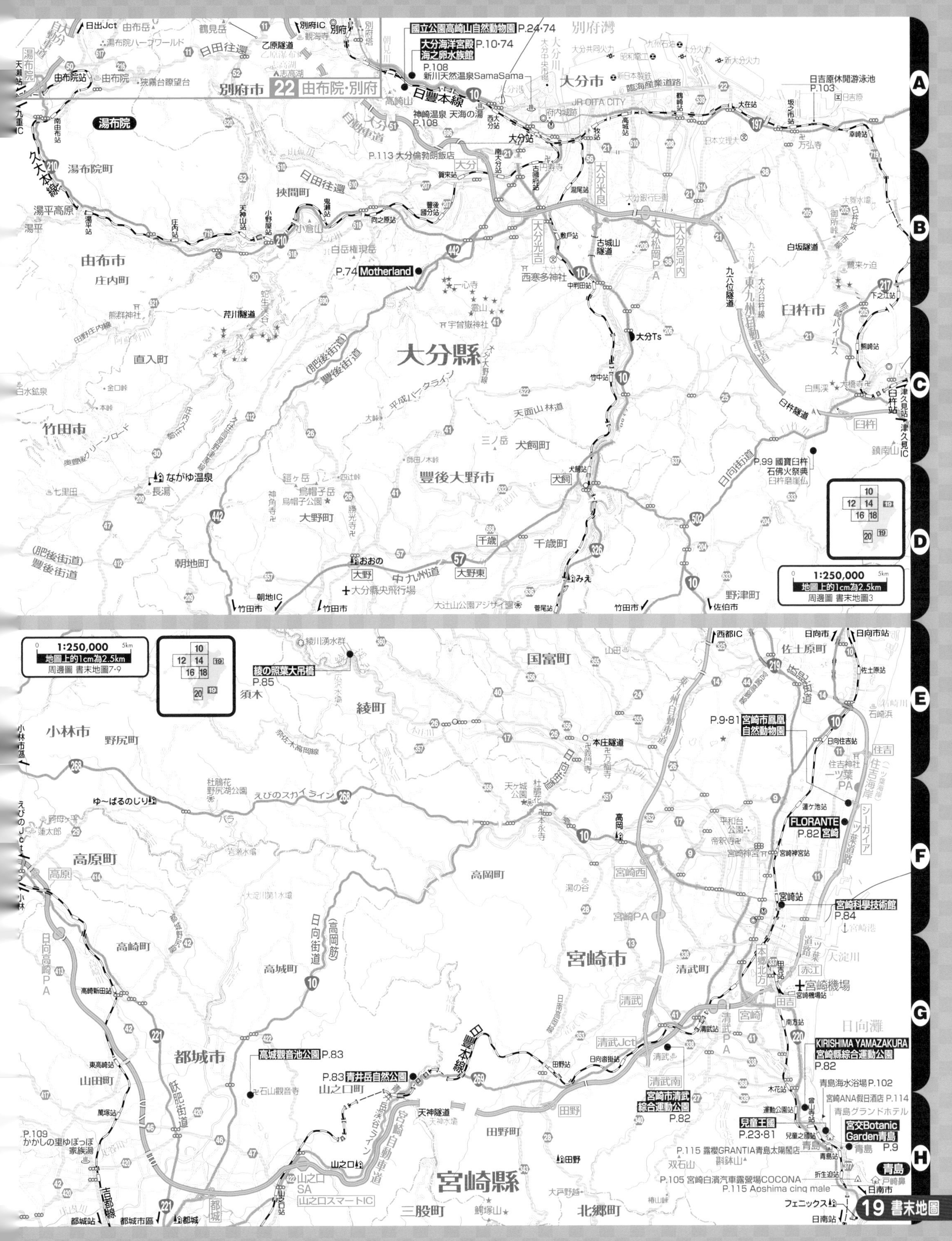

國立公園高崎山自然動物園 P.24·74
大分海洋宮殿海之卵水族館 P.10·74
P.108 新川天然溫泉SamaSama
別府灣
別府IC
日出Jct
由布岳
鶴見岳
湯布院ハーブワールド
日田往還
乙原隧道
志高湖
別府市
22 由布院·別府
由布院站
由布院
狭霧台展望台
湯布院
大分市
JR OITA CITY
臨海產業道路
日吉原休閒游泳池 P.103
高崎山
日豐本線
神崎溫泉 天海の湯 P.108
大分站
P.113 大分倫勃朗飯店
湯布院町
久大本線
狭間町
湯平高原
湯平
由布市
庄内町
白岳権現岳
P.74 Motherland
一心寺
霊山
宇曾嶽神社
西寒多神社
古城山隧道
大分松岡PA
大分宮河内
大分光吉
大分米良
東九州自動車道
九六位隧道
白坂隧道
臼杵市
臼杵隧道
臼杵
鷲来ヶ岳
白馬渓
大分Ts
熊野神社
芹川隧道
大分縣
平成パークライン
天面山林道
三ノ岳
犬飼町
肥後街道
豐後街道
直入町
竹田市
白水鉱泉
ながゆ温泉
長湯
七里田
鎧ヶ岳
烏帽子岳
烏帽子公園
大野町
豐後大野市
犬飼
千歳
千歳町
おおの
大野
中九州道
大野東
大分縣央飛行場
朝地町
朝地IC
竹田市
野津町
佐伯市
P.99 國寶臼杵石佛火祭典
臼杵磨崖仏
日向街道
1:250,000
地圖上的1cm為2.5km
周邊圖 書末地圖3
1:250,000
地圖上的1cm為2.5km
周邊圖 書末地圖7·9
綾の照葉大吊橋 P.85
須木
綾町
国富町
小林市
野尻町
えびのスカイライン
ゆ~ぱるのじり
高原町
高原
本庄隧道
高岡
高岡町
宮崎西
宮崎PA
宮崎市
清武町
清武
清武Jct
清武南
P.9·81 宮崎市鳳凰自然動物園
一ツ葉PA
FLORANTE P.82 宮崎
シーガイア
宮崎神宮
宮崎站
宮崎科學技術館 P.84
宮崎機場
赤江
田吉
日向灘
KIRISHIMA YAMAZAKURA 宮崎縣綜合運動公園 P.82
青島海水浴場 P.102
宮崎ANA假日酒店 P.114
青島グランドホテル
兒童王國 P.23·81
宮交Botanic Garden青島 P.9
P.115 露櫻GRANTIA青島太陽閣店
P.105 宮崎白濱汽車露營場COCONA
P.115 Aoshima cinq male
青島
日南市
日南站
都城市
高崎町
高城町
日向街道(高岡筋)
高城觀音池公園 P.83
P.83 青井岳自然公園
山之口町
天神隧道
田野町
田野
宮崎縣
宮崎市清武綜合運動公園 P.82
山之口SA
山之口スマートIC
三股町
北郷町
都城
山田町
吉都線
日向高崎PA
P.109 かかしの里ゆぽっぽ家族湯

出水站
出水市
人吉市
蝦野站
栗野IC
觀音瀧公園 P.91
さつま広橋
さつま町
永野
さつま観音滝
湧水町
横川町
東郷町
雲龍膏尾
竹林公園
大隅横川站
野坂
牧園町
横川
霧島溫泉站
霧島市
溝辺PA
肥薩線
矢止岳
P.89
鹿兒島縣縣民之森
P.105 鹿兒島縣縣民之森丹生附
汽車露營場
縣民之森
茶梅
祁答院町
薩摩川內市
藺牟田池
入來
飯盛山
泥炭形成植物群落
溝辺町
川內市街地
川內站
川內川煙火大會 P.100
新田神社
阿久根站
肥薩橙鐵道
薩摩川內高江IC
川內宇宙館 P.93
樋脇町
市比野
姶良市
入來町
鹿兒島機場
P.109 かれい川の湯
溝辺鹿兒島空港
表木山站
隼人町
P.109 いやしの湯 家族溫泉 山翠
P.109 湯癒の杜 日本湯小屋物語
蒲生町
加治木町
蒲生的大樟樹
薩摩川內都
九州新幹線
鹿兒島縣
冠岳
いちき串木野市
串木野站
串木野
八重山
船津溫泉 P.109
加治木Jct
加治木
鹿兒島神宮
隼人站
日當山站
隼人西
國分站
霧島神宮站
桜島SA
姶良
錦江站
加治木站
帖佐站
姶良站
東九州自動車道
隼人東
市來
重富站
辺田小島
沖小島
國分IC
國分
觀音ヶ池「市民の森」杜鵑花
東市來町
湯之元
三重岳
轟瀑布
市來站
戸崎鼻
郡山
薩摩吉田
大崎ノ鼻
龍水站
中ノ島
東市來站
伊集院町
鹿兒島本線
美山
(PA併設)
美山陶遊館 P.94
伊集院站
麦生田隧道
鹿兒島街道
(薩摩街道)(出水筋)
鹿兒島北
P.88
縣立吉野公園
鹿兒島錦江灣 P.100
夏夜煙火大會
南九州自動車道
伊集院
新島
矢筈岳
薩摩松元站
松元
鹿兒島西
25 鹿兒島市區
中村晋也美術館
上伊集院站
城山
鹿兒島站
鹿兒島市
櫻島
大燃崎
向江山
鹿兒島
鹿兒島中央站
櫻島火之島祭 P.100
鹿兒島市櫻島海釣公園 P.94
日吉町
廣木站
郡元站
山田
吹上浜
鹿兒島市
中山
南鹿兒島站
たるみず
日置市
P.88 鹿兒島運動園區
宇宿站
產業道路
沖小島
佐多街道
霧島市
伊作街道
谷山站
吹上町
谷山
慈眼寺站
垂水渡輪(鴨池一垂水)
有村
江之島
杜鵑花丘公園
鹿兒島中央市場
鹿兒島臨海トラックターミナル
海潟
垂水市
高峠高原
吹上
坂之上站
垂水市場
鹿兒島加世田線
錫山
指宿スカイライン
兒玉美術館
鹿兒島灣(錦江灣)
Cosmo Line(鹿兒島—西之表)
薩摩半島
金峯山
きんぽう木花館
五位野站
P.21·87
鹿兒島市平川動物公園
縣立吹上濱海濱公園 P.91 金峰町
縣立吹上濱海濱公園露營地 P.105
2017吹上濱砂之祭典
SAND & FLOWER節 in 南薩摩 P.99
万之瀬川
熊ヶ岳
川辺
平川站
浜平
南九州川辺ダム
南薩摩市
南九州市
森のかもなべ
瀨瀨串站
頴娃街道
指宿街道(谷山街道)
南九州神殿
川辺町
清水磨崖佛
やすらぎの郷
竹田神社
加世田
野間岬
吉井淳二美術館
知覽
南九州川辺
知覽町
母ヶ岳
中名站
新日本石油基地
枕崎市
頴娃IC
指宿站
鹿屋市
1:250,000
地圖上的1cm為2.5km
周邊圖 書末地圖8

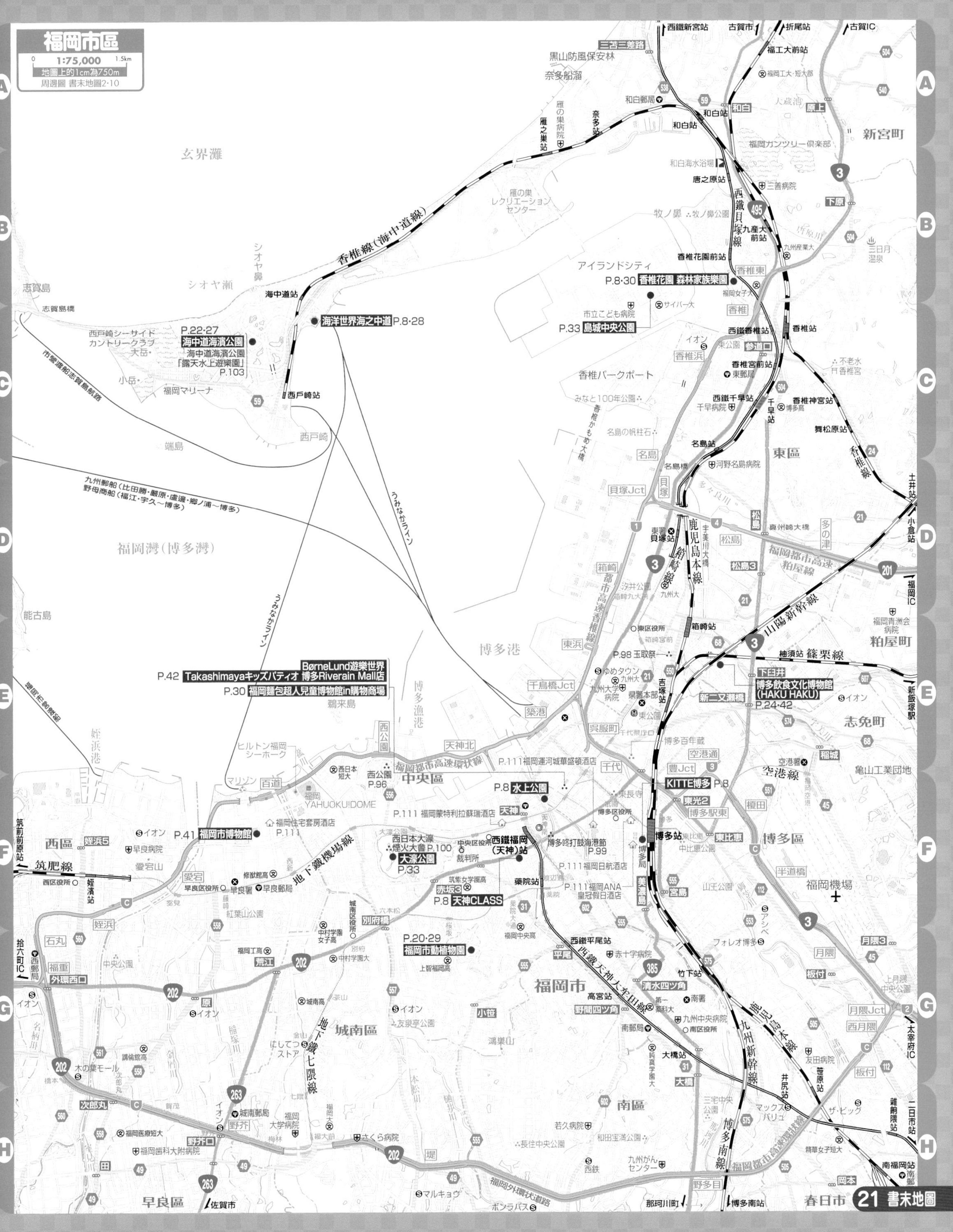

福岡市區
1:75,000
地圖上的1cm為750m
周邊圖 書末地圖2·10
西鐵新宮站
古賀市
折尾站
古賀IC
三苫三差路
黒山防風保安林
奈多船溜
福工大前站
和白郵局
和白
和白站
原上
新宮町
雁之巣站
雁の巣病院
奈多站
玄界灘
福岡カンツリー倶楽部
和白海水浴場
唐之原站
三善病院
下原
雁の巣レクリエーションセンター
牧ノ鼻
牧ノ鼻公園
西鐵貝塚線
九產大前站
九州產業大
三日月溫泉
香椎線(海中道線)
シオヤ鼻
シオヤ瀬
アイランドシティ
香椎花園前站
香椎東
P.8·30 香椎花園 森林家族樂園
志賀島
海中道站
福岡女子大
志賀島橋
海洋世界海之中道 P.8·28
市立こども病院
サイバー大
香椎
P.22·27
海中道海濱公園
海中道海濱公園「露天水上遊樂園」P.103
P.33 島城中央公園
西鐵香椎站
香椎站
西戸崎シーサイドカントリークラブ大岳
イオン
参道口
香椎浜
市營渡船志賀島航路
小岳
福岡マリーナ
香椎パークポート
香椎宮前站
東郵局
不老水
香椎宮
西戸崎站
みなと100年公園
西鐵千早站
千早病院
千早站
香椎神宮站
博多高
西戸崎
香椎かもめ大橋
名島の帆柱石
舞松原站
端島
名島站
東區
香椎線
名島
名島橋
河野名島病院
九州郵船(比田勝·嚴原·盧邊·郷ノ浦~博多)
野母商船(福江·宇久~博多)
貝塚Jct
貝塚
土井站
うみなかライン
東署
貝塚站
鹿兒島本線
宇美川大橋
松島
九州崎大橋
多の津
小倉站
福岡灣(博多灣)
箱崎線
九州大
松島3
福岡都市高速粕屋線
箱崎
福岡都市高速香椎線
汐井公園
福岡IC
能古島
うみなかライン
東區役所
箱崎站
山陽新幹線
福岡青洲会病院
箱崎宮
粕屋町
博多港
東浜
P.98 玉取祭
柚須站
篠栗線
ゆめタウン
九州大
下臼井
博多飲食文化博物館(HAKU HAKU) P.24·42
P.42 Takashimayaキッズパティオ
BørneLund遊樂世界
博多Riverain Mall店
P.30 福岡麵包超人兒童博物館in購物商場
千鳥橋Jct
九州大學病院
縣警本部
吉塚站
新二又瀬橋
イオン
新飯塚站
鵜来島
博多漁港
築港
東公園
志免町
姪浜港
地行中央線
西公園
千代縣廳口
天神北
博多百年藏
空港通
稲城
ヒルトン福岡シーホーク
P.111 福岡運河城華盛頓酒店
空港署
亀山工業団地
西日本短大
千代
豐Jct
マリゾン
百道
西公園 P.96
中央區
KITTE博多 P.8
空港線
福岡YAHUOKU!DOME
P.8 水上公園
東長寺
東光2
榎田
筑前前原站
福岡住宅套房酒店
P.111 福岡蒙特利拉蘇瑞酒店
天神
博多區役所
博多駅東
西區
姪浜5
イオン
P.41 福岡市博物館
P.111
西日本大濠煙火大會 P.100
中央區役所
西鐵福岡(天神)站
博多咚打鼓海港節 P.99
博多站
東比恵
博多區
早良病院
愛宕山
地下鐵機場線
大濠公園 P.33
裁判所
P.111 福岡日航酒店
中比恵公園
筑肥線
西區役所
姪濱站
愛宕
修猷館高
早良區役所
早良署
早良郵局
筑紫女學園高
赤坂3
藥院站
P.111 福岡ANA皇冠假日酒店
美野島
山王公園
半道橋
福岡機場
紅葉山公園
城南區役所
P.8 天神CLASS
宮島
アシベ
姪浜
六本松
別府橋
中村学園女子高
福岡中央高
フォレオ博多
拾六町IC
石丸
西郵局
福重
中央公園
福岡工高
荒江
P.20·29
福岡市動植物園
上智福岡高
中村学園大
西鐵平尾站
赤十字病院
平尾
月隈3
月隈
外環西口
西鐵天神大牟田線
竹下站
板付
上月隈中央公園
イオン
原
イオン
城南高
小笹
福岡市
清水四ツ角
南署
月隈Jct
高宮站
野間四ツ角
九州中央病院
南區役所
鹿兒島本線
太宰府IC
城南區
友泉亭公園
南郵局
西月隈
地下鐵七隈線
鴻巣山
九州新幹線
大橋站
友田病院
にしてつストア
講倫館高
木の葉モール
大橋
板付
笹原站
井尻站
次郎丸
福岡大學病院
福岡大
城南郵局
南區
三宅中央公園
マックスバリュ
ザ・ビッグ
雑餉隈站
二日市站
野芥
福岡医療短大
野芥口
さくら病院
若久病院
博多南線
福岡歯科大附病院
堤
長住中央公園
和田宝満公園
福岡都市高速環状線
精華女子短大
南福岡站
九州がんセンター
西鉄
野多目
福岡外環状道路
マルキョウ
早良區
佐賀市
ボンラパス
那珂川町
博多南站
春日市
岡本

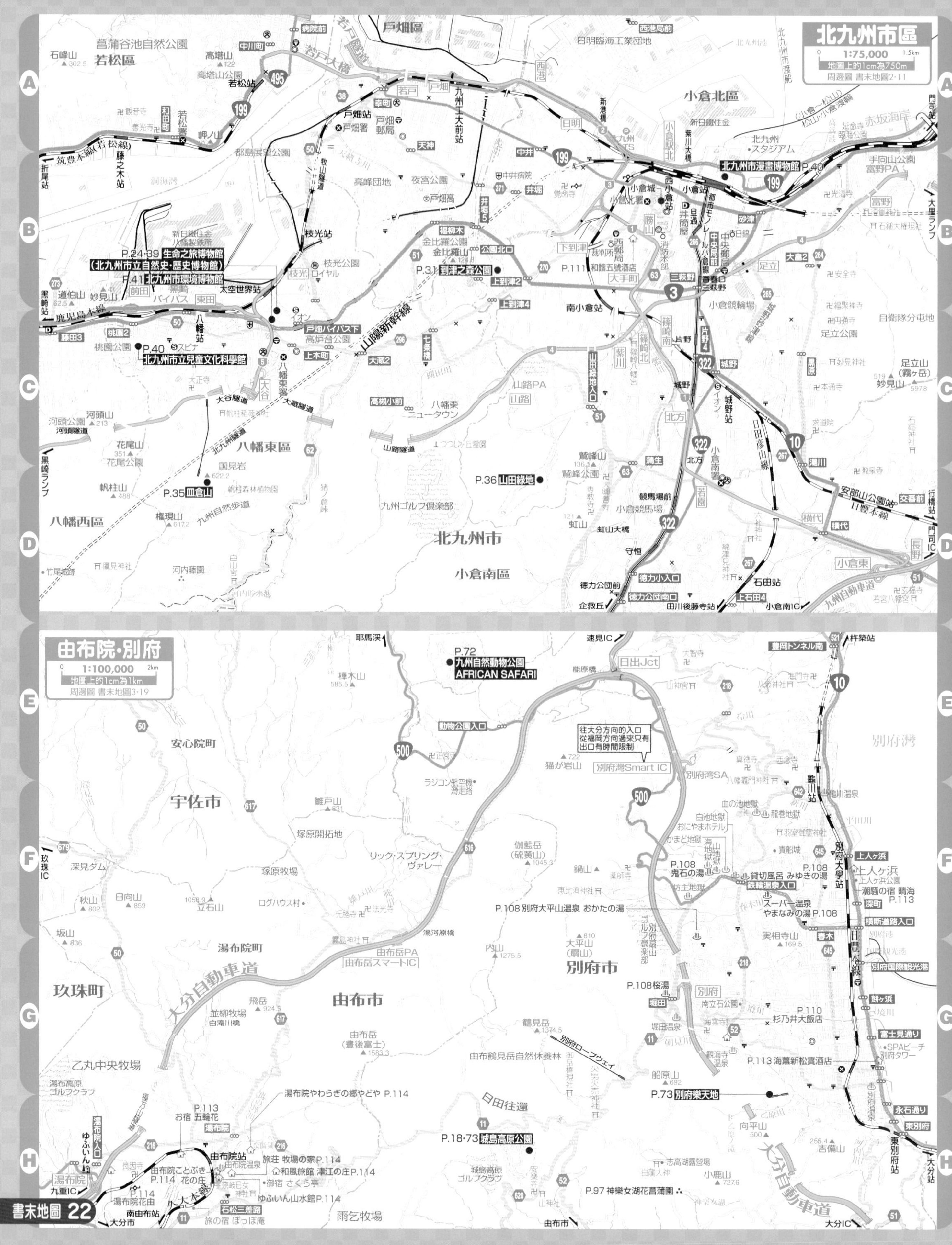
北九州市區
1:75,000
地圖上的1cm為750m
周邊圖 書末地圖2·11
若松區
戸畑區
小倉北區
八幡東區
八幡西區
北九州市
小倉南區
P.24·39 生命之旅博物館（北九州市立自然史・歷史博物館）
P.41 北九州市環境博物館
P.40 北九州市立兒童文化科學館
P.40 北九州市漫畫博物館
P.31 到津之森公園
P.35 皿倉山
P.36 山田綠地
由布院・別府
1:100,000
地圖上的1cm為1km
周邊圖 書末地圖3·19
宇佐市
由布市
別府市
玖珠町
湯布院町
大分自動車道
P.72 九州自然動物公園 AFRICAN SAFARI
往大分方向的入口 從福岡方向過來只有出口有時間限制
別府灣Smart IC
P.108 鬼石の湯
P.108 貸切風呂 みゆきの湯
P.108 別府大平山温泉 おかたの湯
P.108 桜湯
P.108 スーパー温泉 やまなみの湯
P.113 潮騒の宿 晴海
P.110 杉乃井大飯店
P.113 海薰新松實酒店
P.73 別府樂天地
P.18·73 城島高原公園
P.97 神樂女湖花菖蒲園
湯布院やわらぎの郷やどや P.114
P.113 お宿 五輪花
旅荘 牧場の家 P.114
和風旅館 津江の庄 P.114
御宿 さくら亭
ゆふいん山水館 P.114
由布院ことぶき 花の庄 P.114
湯布院花由 P.114

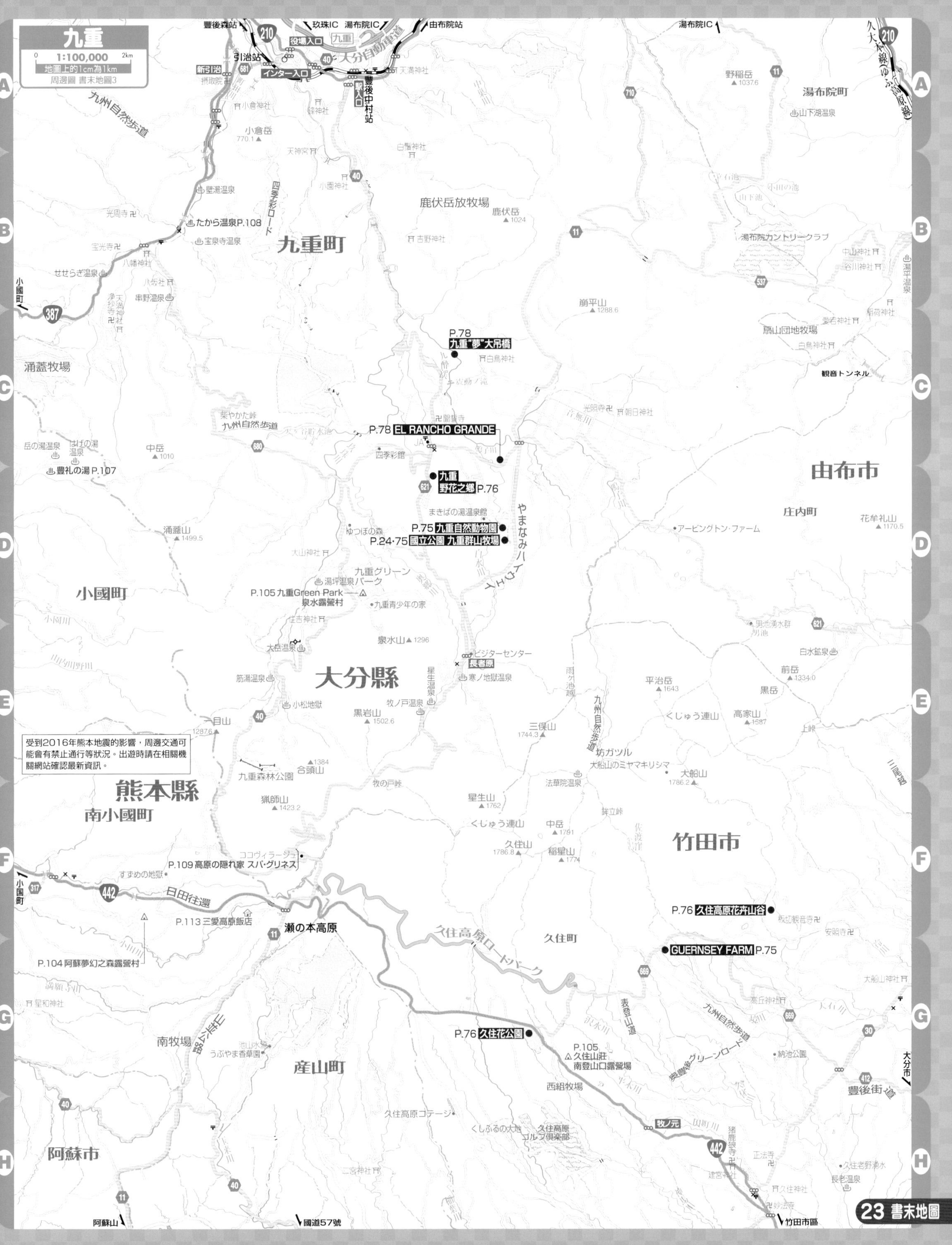
九重
1:100,000
0 2km
地圖上的1cm為1km
周邊圖 書末地圖3
受到2016年熊本地震的影響，周邊交通可能會有禁止通行等狀況。出遊時請在相關機關網站確認最新資訊。
豐後森站
玖珠IC
湯布院IC
由布院站
役場入口
九重
大分自動車道
引治站
新引治
インター入口
天満神社
豐後中村站
驛入口
九州自然步道
小倉岳
770.1
天神宮
白鳥神社
小園神社
四季彩ロード
壁湯溫泉
光岡寺
たから溫泉P.108
寶泉寺溫泉
宝光寺
鹿伏岳放牧場
鹿伏岳
1024
吉野神社
九重町
八幡神社
せせらぎ溫泉
八坂社
串野溫泉
小國町
387
崩平山
1288.6
P.78
九重"夢"大吊橋
白鳥神社
震動ノ滝
涌蓋牧場
柴やかた峠
九州自然步道
龍晉寺
光照寺
朝日神社
P.78 EL RANCHO GRANDE
岳の湯溫泉
はげの湯溫泉
中岳
1010
四季彩館
豊礼の湯P.107
九重野花之鄉P.76
まきばの湯溫泉館
ゆつぼの森
P.75 九重自然動物園
P.24·75 國立公園 九重群山牧場
やまなみハイウェイ
涌蓋山
1499.5
大山神社
九重グリーン
湯坪溫泉パーク
P.105 九重Green Park
泉水露營村
九重青少年の家
小國町
住吉神社
泉水山
1296
大岳溫泉
ビジターセンター
長者原
寒ノ地獄溫泉
星生溫泉
筋湯溫泉
大分縣
小松地獄
牧ノ戸溫泉
黒岩山
1502.6
一目山
1287.6
合頭山
1384
九重森林公園
牧の戸峠
熊本縣
南小國町
猟師山
1423.2
星生山
1762
三俣山
1744.3
坊ガツル
大船山のミヤマキリシマ
法華院溫泉
大船山
1786.2
くじゅう連山
中岳
1791
久住山
1786.8
稲星山
1774
ココヴィラージュ
P.109 高原の隠れ家 スパ·グリネス
すずめの地獄
小国町
日田往還
P.113 三愛高原飯店
瀬の本高原
P.104 阿蘇夢幻之森露營村
久住高原ロードパーク
久住町
竹田市
P.76 久住高原花卉山谷
GUERNSEY FARM P.75
P.76 久住花公園
P.105
久住山荘
南登山口露營場
西組牧場
南牧場
うぶやま香草園
産山町
久住高原コテージ
くしふるの大地
久住高原ゴルフ俱楽部
牧ノ元
阿蘇市
二宮神社
阿蘇山
國道57號
竹田市區
野稲岳
1037.6
湯布院町
山下湖溫泉
山下池
湯布院カントリークラブ
湯平溫泉
鳥山団地牧場
白鳥神社
観音トンネル
由布市
庄内町
アービングトン·ファーム
花牟礼山
1170.5
白水鉱泉
前岳
1334.0
平治岳
1643
黒岳
くじゅう連山
高塚山
1587
九州自然步道
大船山神社
九州自然步道
奥豊後グリーンロード
納池公園
大分市
豊後街道
久住老野湧水
長老溫泉
久住神社
久大本線(ゆふ高原線)

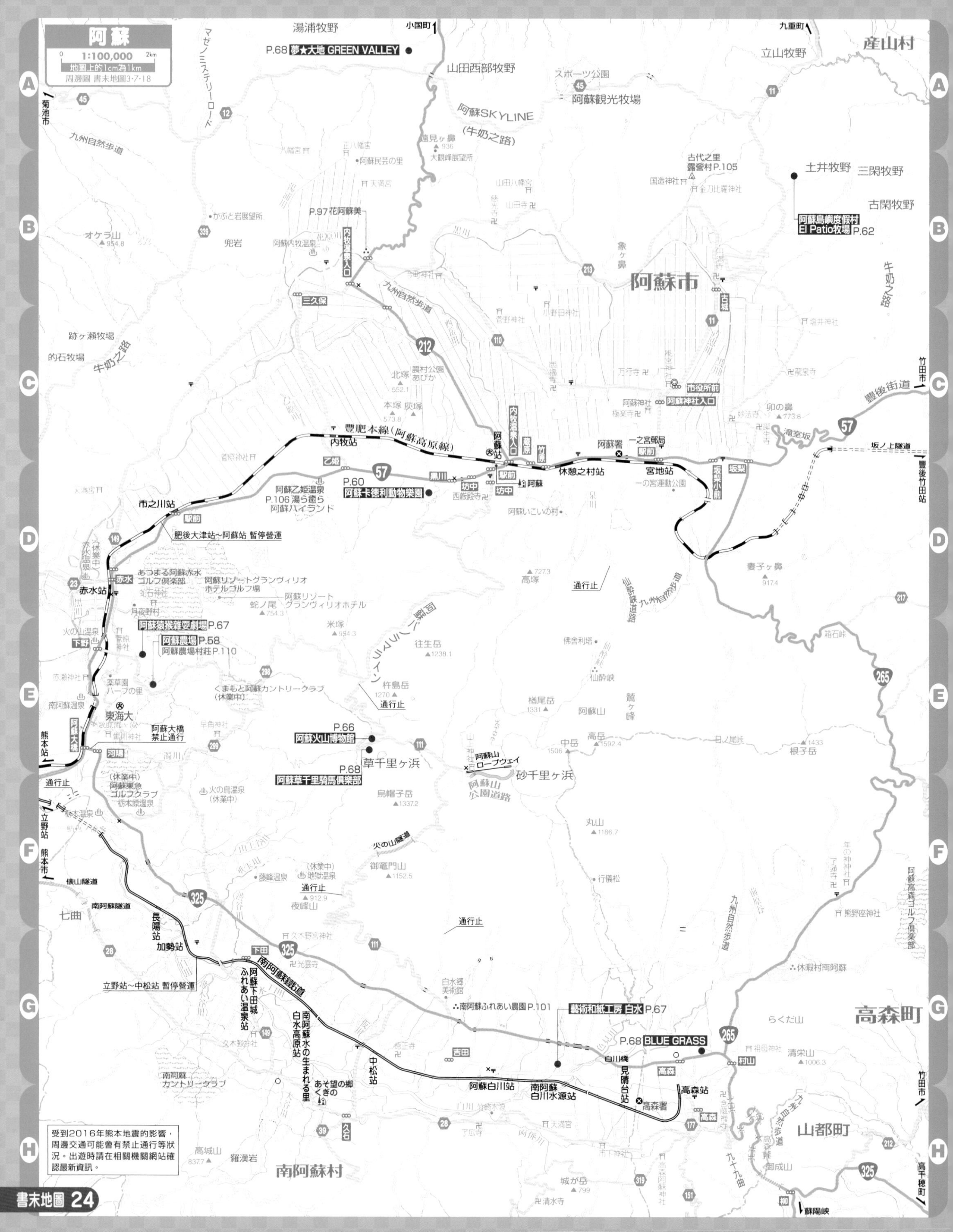
阿蘇
1:100,000
地圖上的1cm為1km
周邊圖 書末地圖3·7·18
P.68 夢★大地 GREEN VALLEY
P.97 花阿蘇美
P.60 阿蘇卡德利動物樂園
P.66 阿蘇火山博物館
P.68 阿蘇草千里騎馬俱樂部
阿蘇猿猴雜耍劇場 P.67
阿蘇農場 P.58
阿蘇農場村莊 P.110
阿蘇島嶼度假村 El Patio牧場 P.62
藝術和紙工房 白水 P.67
P.68 BLUE GRASS
南阿蘇ふれあい農園 P.101
古代之里 露營村 P.105
阿蘇市
高森町
山都町
南阿蘇村
產山村
豐肥本線(阿蘇高原線)
南阿蘇鐵道
肥後大津站~阿蘇站 暫停營運
立野站~中松站 暫停營運
阿蘇大橋 禁止通行
阿蘇SKYLINE (牛奶之路)
受到2016年熊本地震的影響,周邊交通可能會有禁止通行等狀況。出遊時請在相關機關網站確認最新資訊。

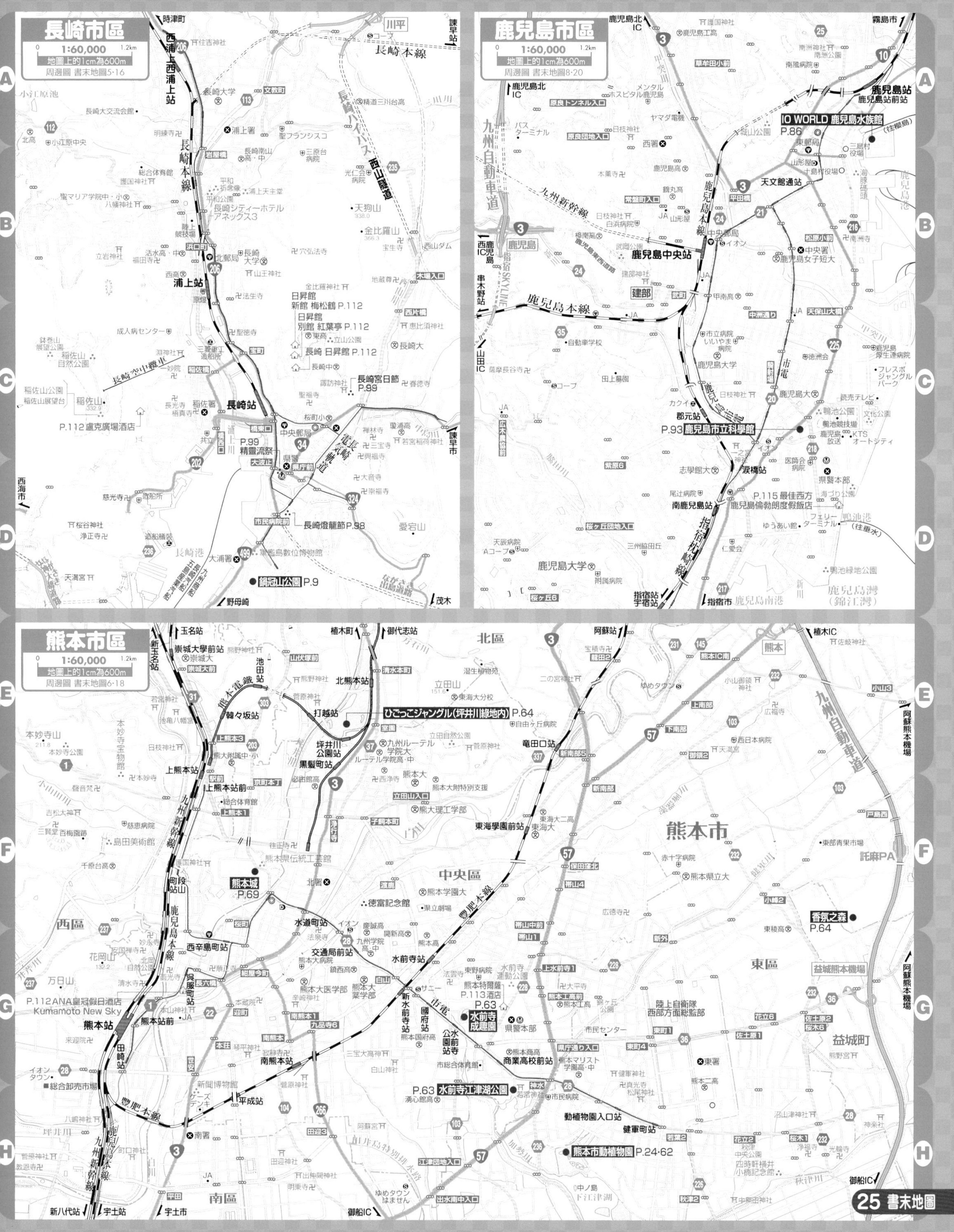

長崎市區
1:60,000
地圖上約1cm為600m
周邊圖 書末地圖5·16
時津町
西浦上站
浦上站
長崎本線
長崎站
長崎大學
浦上署
聖フランシスコ
長崎シティーホテル アネックス3
稲佐山
稲佐山公園
長崎空中纜車
P.112 盧克廣場酒店
P.99 精靈流祭
長崎宮日節 P.99
日昇館 新館 梅松鶴 P.112
日昇館 別館 紅葉亭 P.112
長崎 日昇館 P.112
長崎燈籠節 P.98
鍋冠山公園 P.9
長崎港
天狗山
金比羅山
長崎バイパス
西山隧道
大浦署
野母崎
茂木
諫早站
西海市
中央郵局
縣廳
愛宕山
鹿兒島市區
1:60,000
地圖上約1cm為600m
周邊圖 書末地圖8·20
鹿兒島北IC
霧島市
鹿兒島站
鹿兒島站前站
IO WORLD 鹿兒島水族館 P.86
九州自動車道
九州新幹線
鹿兒島本線
鹿兒島中央站
天文館通站
指宿SKYLINE
鹿兒島大學
P.93 鹿兒島市立科學館
郡元站
涙橋站
南鹿兒島站
P.115 最佳西方 鹿兒島倫勃朗度假飯店
指宿枕崎線
鹿兒島大學
指宿站 宇宿站
鹿兒島南港
鹿兒島灣（錦江灣）
串木野站
山田IC
西鹿兒島IC
縣警本部
熊本市區
1:60,000
地圖上約1cm為600m
周邊圖 書末地圖6·18
玉名站
崇城大學前站
北熊本站
植木町
御代志站
阿蘇站
植木IC
熊本電鐵
韓々坂站
池田站
打越站
ひごっこジャングル（坪井川綠地內） P.64
坪井川公園站
黒髪町站
上熊本站
上熊本站前
九州新幹線
鹿兒島本線
豊肥本線
竜田口站
東海學園前站
熊本市
中央區
北區
西區
東區
南區
熊本城 P.69
段山町站
水道町站
西辛島町站
交通局前站
水前寺站
新水前寺站
國府站
水前寺成趣園 P.63
熊本特闇蘊 P.113酒店
縣警本部
熊本站
P.112 ANA皇冠假日酒店 Kumamoto New Sky
田崎站
南熊本站
平成站
水前寺江津湖公園 P.63
熊本市動植物園 P.24·62
動植物園入口站
健軍町站
商業高校前站
香泉之森 P.64
益城熊本機場
九州自動車道
益城町
託麻PA
阿蘇熊本機場
御船IC
新八代站
宇土站
宇土市
立田山
本妙寺山
花岡山
万日山

【 MM哈日情報誌系列 13 】

親子遊九州

作者／MAPPLE昭文社編輯部
翻譯／許懷文、張嫚真、潘涵語
校對／王凱洵、眠魚、王姮婕
編輯／林德偉
發行人／周元白
排版製作／長城製版印刷股份有限公司
出版者／人人出版股份有限公司
地址／23145 新北市新店區寶橋路235巷6弄6號7樓
電話／（02）2918-3366（代表號）
傳真／（02）2914-0000
網址／www.jjp.com.tw
郵政劃撥帳號／16402311 人人出版股份有限公司
製版印刷／長城製版印刷股份有限公司
電話／（02）2918-3366（代表號）
經銷商／聯合發行股份有限公司
電話／（02）2917-8022
第一版第一刷／2018年11月
定價／新台幣380元
港幣127元

國家圖書館出版品預行編目(CIP)資料

親子遊九州 / MAPPLE昭文社
編輯部作 ； 許懷文, 張嫚真, 潘涵語翻譯. --
第一版.-- 新北市：人人, 2018.11
面； 公分. --（MM哈日情報誌系列 ; 13）
ISBN 978-986-461-159-1（平裝）

1.旅遊 2.親子 3.日本九州

731.7809 107014539

MM日本13
201811

就算你不是鐵道迷也心動！

豐富精采圖片讓你已置身在列車之旅中。

以地圖方式呈現周邊景點，為列車之旅量身打造專屬兩天一夜小旅行。

介紹多達67款的觀光列車，列出詳細乘車資訊，一目了然讓你輕鬆上手，選擇喜歡的列車去搭乘吧！

▶ 行程範例、票務資訊、延伸旅遊、乘務員才知道的職人推薦…超完備的日本觀光列車搭乘指南

哈日情報誌・帶您醉心日本

東京觀光／北海道／東北／沖繩

京阪神／親子遊關西／親子遊關東／親子遊九州

富士山・富士五湖・富士宮

岡山・倉敷・蒜山高原／城崎・天橋立・竹田城跡

滋賀・琵琶湖 長濱・彥根・大津／青森 弘前・津輕・十和田

仙台・松島 宮城／上高地 乘鞍・奧飛驒溫泉鄉

即將推出：**日光・那須 鬼怒川・鹽原／函館 大沼・松前・江差**

MM哈日情報誌13：親子遊九州

ISBN 978-986-461-159-1

9 789864 611591

00380

定價：新台幣380元
港幣127元